Responsa of Rav Moshe Feinstein

Translation and Commentary

Volume 1

Care of the Critically Ill

by

Moshe Dovid Tendler

KTAV Publishing House, Inc.
Hoboken, New Jersey

Copyright © 1959, 1960, 1973, 1982, 1985
M. Feinstein
New matter Copyright © 1996
Moshe David Tendler

Library of Congress Cataloging-in-Publication Data

Feinstein, Moses. 1892–
    [Igrot Mosheh. English. Selections]
    Responsa of Rav Moshe Feinstein : translation and commentary / by Moshe Dovid Tendler.
    p.   cm.
    Includes bibliographical references.
    Contents: v. 1. Care of the critically ill.
    ISBN 0–88125–444–4
    1. Responsa—1800—Translations into English. I. Tendler, Moshe David, 1926– . II. Title.
BM522.36.E3725 1996
296.1'8—dc20   96-11212
                                                                             CIP

Manufactured in the United States of America
KTAV Publishing House, 900 Jefferson Street, Hoboken NJ, 07030

לעלוי נשמות הורי זצ"ל
אמו"ר הגאון ר' יצחק אייזיק בן ר' דוד
וא"מ הרבנית בילא בת ר' שלום
שהרביצו תורה ויראת שמים למשפחתם
ולאנשי דורם במסירת נפש
ואהבה רבה.

―――――――

ולזכר עולם להאי גברא רבה
אוד מוצל מאש של השואה
שזכה להעמיד דור ישרים
אחד מן הפקודים לבית לוי מזרע אהרן הכהן
ר' יצחק בן אהרן זאב הכהן
למשפחת שונקופף זצ"ל

Contents

Preface vii

A Biography Of Greatness 1

Responsa of Rav Moshe Feinstein

Introduction 23

Preface to Iggeros Moshe, volume I (1959) 27

Iggeros Moshe, Yoreh De'ah III:132 32

Establishing the Time of Death 32

A New Teshuvah 35

Criteria for Determining Death 35

Iggeros Moshe, Choshen Mishpat II:72

Concerning Heart Transplants 37

Iggeros Moshe, Choshen Mishpat II:73

Short-term Prolongation of Life 38

Iggeros Moshe, Choshen Mishpat II:74

a. Medical Care of a Patient for Whom no Cure is Possible

b. Assumption of Risk in Attempting a Cure 53

Iggeros Moshe, Choshen Mishpat II:75

Definition of Short-term Prolongation of Life (Chayei Sha'ah) 62

The Anatomy of a Teshuvah 67

Indicia of Death 67

Talmudic Sources 69

Analysis of the Talmudic Sources 71

Later Sources 73

Quality and Sanctity of Life: A Torah View 76

The Anatomy of a Teshuvah: Medical Facts 82

Additional Note 91

v

Clarification of the Halakhic Rulings of Rav Moshe Feinstein and of Rav Shlomo Zalman Auerbach זצ"ל in Regard to Brain Death
Concerning the view of Rav Moshe זצ"ל   91
Iggeros Moshe, Yoreh De'ah I:145
  Why the Rambam Omitted the Law of "Your Life Comes First" (Hayecha Kodmin)   98
Iggeros Moshe, Orach Chaim IV:79
  The Conduct of a Doctor on the Sabbath   104
Iggeros Moshe, Orach Chaim IV:81
  Use of Beepers by Medical Personnel on the Sabbath   109
Iggeros Moshe, Orach Chaim IV:80
  Emergency Medical Personnel and the Observance of the Sabbath   111
Iggeros Moshe, Yoreh De'ah II:174
  Concerning Heart Transplants for Sick Patients   117
Iggeros Moshe, Yoreh De'ah II:166
  May a Kohein Visit a Sick Patient in a Hospital?   122
Iggeros Moshe, Yoreh De'ah II:164
  Kohanim and Travel in an Airplane Carrying a Corpse   123
Iggeros Moshe, Yoreh De'ah II:162
  Disinterment and Reburial   125
Unpublished Responsum: "So One May Live"   125
  Siamese Twins   125

Quality and Sanctity of Life in the Talmud and Midrash
Introduction   135
Treatment of the Dying in Judaism   137
Recent Rabbinic Rulings   139
Quality of Life in Classic Jewish Sources   139
Physical Pain   140
Mental Anguish   143
Summary   145
Notes   146

Appendix   149

Preface

וזאת הברכה אשר ברך משה איש אלקים . . . מה איש אלקים? חציו למטה—איש. חציו ולמעלה—אלקים. (דברים רבה יא:ד)

For thirty-eight years my family and I were blessed by the presence of my sainted father-in-law, who was indeed an exemplar of an איש אלקים, half איש and half אלקים, one who melded both halves into a harmonious whole, pleasing both to God and man.

For almost half a century "Reb" Moshe Feinstein זצוק"ל was the moral and halakhic conscience of the Torah community. Nowhere was his leadership more keenly felt than in the area of critical care medicine, where his empathy, sensitivity, and intellectual integrity were so widely recognized.

The major vehicle for his expression of his halakhic conclusions was the *teshuvah*, which is often a mere abstract of a long chain of complex analysis to which each question was subjected. In response to his instructions to me, I have provided an interpretive rendering of these responsa, whose full interpretive breadth I was privileged to hear from Reb Moshe זצוק"ל himself during the long years I studied with him.

Subsequent volumes will focus on the following topics: "The Beginning of Life," "Sabbath and Holiday Laws," and "Laws of Marriage, Divorce and Conversion."

כל מי שנאמר הלכה בשמו העולם הזה. שפתותיו דובבות בקבר. שנאמר "דובב שפת ישנים" (שיר שירים ז:י). (סנהדרין צ' ע"א)

Now, after his passing, we need the guidance he dispensed so modestly during his lifetime all the more, and our study of his work will not only serve to guide us in seeking the way of Torah, but will also serve to memorialize and eternalize his teachings and his person within the timeless community of Israel.

May his memory serve as a measure by which we judge our own strivings for self-improvement in observance of Torah law and custom.

Moshe Dovid Tendler
חתנא דבי נשיאה

A Biography of Greatness

This is not a conventional rabbinic biography. The facts recorded here have hardly ever appeared in print or been made public by means of the spoken word. They are drawn from personal recollections and family archives, and are intended to capture the spirit, the very soul, of a great *posek*.

Rav Moshe was born on the seventh day of Adar, 5755 (March 3, 1895), to Rav David and his wife, Fia Gittel, in the town of Uzda in White Russia. A study of their lineage facilitates an appreciation of Rav Moshe ע"ה's aristocratic bearing, as well as an understanding of the feeling of self-confidence in *pesak* which accompanied him from his earliest days as a *posek*. He truly embodied the saying of our sages, מאן מלכי רבנן, "Who are our kings? Our Torah greats!"

Rav Moshe's father, Rav David, ע"ה, was a direct descendant of Rav Avraham. brother of the Vilna Gaon and author of the Maalos HaTorah. The Vilna Gaon and his brother Rav Avraham in turn were direct descendants of the author of Be'er HaGolah, whose notations are on every page of the Shulchan Aruch, and provide source references for all who study the Shulchan Aruch. Rav Avraham Tzvi Kamai, זצוק"ל, who founded the Mirrer Yeshiva (and whose son-in-law, Rav Finkel, זצוק"ל, later became Rosh Yeshiva) was the grandson of Rav Avraham and thus related to R. Moshe's father, Rav David.

At some point Koidenover Chasidus entered the Feinstein family, but the date of this occurrence is somewhat uncertain. Rav Moshe's great-grandfather, Rav David, was a Koidenover Chasid, as was Rav David, Rav Moshe's father, in his youth.

Rav David was a phenomenal *talmid chacham* and an extremely wealthy financier. He was the one who established the family's custom of standing motionless, like a servant before a king, while praying Shemoneh Esreh. Rav David was much respected by the gentiles and served as financial adviser or estate steward to the lord of a manor (*paritz*). As such he was responsible for all the estate's monetary outlays. One day, in drunken revelry, the *paritz* boasted to his friends about Rav David's all-but-miraculous powers of concentration. His friends challenged him to put his boast to the test, and so, while Rav David was standing in intense prayer during the Minchah Shemoneh Esreh, they approached him and fired a musket just inches from his head. Rav David was not startled. This "miraculous" behavior was discussed widely; Rav David was marked as a man whose relationship with the Ribbono Shel Olom was exemplary.

To return to Rav Moshe's parents: Rav David's mother—Rav Moshe's grandmother—died young, and thus Rav David was raised by his father's second wife, Raize, ע"ה. One of Rav Moshe's sisters was named Shoshana הי"ד, the Hebrew equivalent of Raize, in recognition of their step-grandmother's devotion. Rav David's father, Yechiel Michel, was also a phenomenal scholar, and known as such from a tender age.

Rav Moshe's father, Rav David, was known as an *illuy*. When Eliyahu Feinstein, the Rav of Pruzhan and the father of Rav Yosef Dov Soloveitchik's mother, was looking for a *chasan* for his sister-in-law, he rejected Rav David as a possibility because he was a Chasid. But when Rav Eliyahu Pruzhaner, who was then twenty-four years old, met Rav David, then only thirteen, he was so impressed with his mastery of Torah and his almost supernatural brilliance that he agreed to take him as a *chasan* for his sister-in-law on condition that he give up Chasidus and spend four years of study at the yeshiva in Volozhin.

Rav David agreed to these conditions and became a committed Volozhiner under the tutelage of Rav Refoel Shapiro and Rav Yitzchok Fried, who directed the yeshiva in the years before the Netziv became Rosh Yeshiva. At the age of seventeen, Rav David married Fia Gittel, the sister of Guta Kisha, the daughter of Rav Yitzchok Yechiel Halevi, who was the Av Beis Din of Karelitz.

Special note ought to taken of the great *tzidkus* of Rav Moshe's uncle, Rav Eliyahu Pruzhaner. Rav Eliyahu turned down the great *rabbanus* of Kletzk, a major city of *talmidei chachamim*, to accept the *rabbanus* in a small town, Karelitz, on condition that when he left there, for whatever reason, the town would accept Rav David Feinstein, the father of Rav Moshe, to be Rav in his place. This was because Rav David had agreed to accept a lifelong obligation to care for the *almanah* of Rav Yitzchok Yechiel Halevi.

Rav Moshe often said that the real *meyuchesses* of the Feinstein family was his mother, Fia Gittel. As the daughter of Yitzchok Yechiel Karelitz, she was a direct descendent of the author of *Seder HaDoros*. The author of *Seder HaDoros*, although known to us mainly for his historical work, identifying and dating the greats in the line of transmission of Torah to our generation, was also, or even more so, one of the greatest Talmudic minds of all generations. He could trace his *yichus* directly back to David HaMelech, as could the Maharshal, also a member of this illustrious family.

Rav Moshe would add, in describing the great *yichus* of his mother, that Rav Yitzchok Yechiel, her father, whose surname was Davidovitz, could trace his *yichus* back in direct line of male descent from the Shelah HaKadosh. Her father was the sixth generation in the line of the *rabbanim* of Kappula in Russia, which was famous for its great *talmidei chachamim*. The most famous was Ber Kappula, a figure of almost mythical standing. Non-Jews from all of Russia came to him for *brachos*.

The Kappula *rabbanim* were descendants of Yom Tov Heller, the Tosefos Yom Tov. Rav Moshe's father, Rav David, fasted and feasted on the days that the Tosefos Yom Tov had declared as a family obligation because of the tragedies and salvation that had come to him during the years when he was persecuted by the Russian government. (My son, Rav Mordechai, who served as his grandfather's aide and secretary for almost twenty years, has taken this obligation upon himself.)

Rav Moshe also spoke of a great-grandmother named Rochel, who grew up in the same town as the son-in-law of the Baal HaTanya. She had a brilliant mind and a great soul, with an insatiable love of Torah, but there were no schools for girls in those days. As a consequence, the *rabbanim* of the town let her sit in the back of the room in the cheder where the Tzemach Tzedek, who became the third Lubavitcher Rebbe, was also a student.

Interestingly enough, Rav Moshe did not hear this story from his own family, but learned of it while he was Rav in Luban. At that time the Lubavitcher Rebbe had convened a conference of Russian *rabbanim*, and Rav Moshe and Isser Zalman Meltzer were asked to attend. Rav Moshe questioned the invitation since he had no direct relationship with the Lubavitcher in Russia. The Rebbe sent him a note explaining, and I quote Rav Moshe, "Your *bobbe* belonged to us. She studied with our Rebbe, the Tzemach Tzedek."

Yitzchok Yechiel, Rav Moshe's maternal grandfather, had four sons-in-law. The first, Rav Eliyahu Pruzhaner, was the father of Rav Yosef Dov Soloveitchik's mother, Peshe, ז״ל. The second was Rav Yaacov Kanterovitz, whom Rav Moshe refers to in his *Iggeros Moshe*, as "my uncle the great Gaon." The third was Rav David Feinstein, and the fourth was Rav Moshe, the father of Berl Katzenelson, David Ben-Gurion's mentor. By coincidence, Rav Eliyahu and Rav David died on the same day, 27 Tishrei, a year apart. All the cousins, the descendants of these four sons-in-law, remained very close, even though some of the Katzenelsons had already distanced themselves from a Torah life.

So much for Rav Moshe's descent. Now for some insights into the personality of this great *posek*, based upon the events of his life. Rav Moshe's reputation as a great *talmid chacham* dated from his childhood. Once, when he was nine years old, Rav Eliyahu visited his brother-in-law, Rav David. When the little Moshe walked in, Rav Eliyahu stood up as a sign of respect. Rav David, who never raised his voice, exploded in anger, and I quote as Rav Moshe related it, "Do you want to destroy my son?" and ordered Rav Moshe out of the room. As this incident illustrates, Rav Moshe's mastery of the trait of modesty came from the upbringing provided by his father. Rav David was the primary teacher with whom he studied three *sedarim* of Shas, learning all the Volozhiner *shiurim* that Rav David had recorded. The Volozhin curriculum involved studying all of Shas from Brachos to Nidah, page by page and not topically as is done in many yeshivas today. Every single page and line of the Gemora was studied and analyzed.

In his youth, Rav Moshe's diligence earned the respect of his elders, most of whom were great *talmidei chachamim*. He remained in the Beis Hamedrash all day, without interrupting his studies to return home for meals. Instead, his sister Chana, ע"ה, would bring him his meals. She later become renowned for her *chesed* and intelligence, and married Rav Yitzchok Small, ז"ל, one of the leaders of the Chicago rabbinate. With this help and support, Rav Moshe completed his study of all of Shas for the first time at age nineteen.

Rav David sent Rav Moshe for one year to the nearby town of Slutzk, where he studied with Isser Zalman Meltzer. A dispute arose between Isser Zalman and his mashgiach, Rav Pesach Pruskin. They decided to go to a *din Torah* with Rav David as the *dayyan*. Rav David ruled that Rav Pesach Pruskin could take ten *talmidim* and establish a new yeshiva. Rav Moshe was chosen to be one of the ten and left Isser Zalman to study with Pesach Pruskin for three years. During this time he lived in Rav Pesach's house and became extremely close to him. Rav Moshe led a *chavurah* in *Ketzos HaChoshen*, which explains his special mastery of this classic work.

Indeed, Rav Moshe's *derech* in learning came from his father and from Rav Pesach, as reported by the Gaon Rav Gustman, זצ"ל. It was Rav Gustman who related to us many stories about Rav Moshe's intellectual powers and exemplary character. Rav Moshe would never have told these stories himself, but he confirmed them after Rav Gustman told them.

Rav Pesach used to say that it was a special *zechus* to have had a *talmid*, Rav Moshe, who surpassed him many, many fold. The following anecdote provides an insight into the *gedolim* of the last generation. As stated above, Isser Zalman and Pesach Pruskin had a falling out and had to go to a *din Torah*. Despite this, when Rav Pesach Pruskin arranged the *chanukas habayis* of his new yeshiva, the guest speaker was none other than Rav Isser Zalman Meltzer. Rav Moshe was honored to give a public *shiur* that day, a *shiur* which was later published in his *Dibros Moshe* on Bava Kamma without modification.

Rav Moshe was early recognized as the premier *posek* in Russia. He had a dispute with Rav Yechezkel Abramsky, זצ"ל, as to whether it was permissible for a woman to go to the mikvah with a plug of cotton in her ear. The woman in question had undergone surgery for mastoiditis, and was required to insert the plug in order to prevent water from entering and causing serious medical problems. Rav Moshe was then in Luban, and Rav Abramsky was the Rav of Slutsk. Rav Moshe declared the *tevilah* effective, while Rav Abramsky prohibited immersing with the cotton. As was customary in those days on an issue so important, they sent their responsa to Rav Chaim Ozer in Vilna for his adjudication. Rav Gustman, who was the youngest member of the Beis Din of Rav Chaim Ozer, reported that Rav Chaim Ozer answered that he too had written a responsum permitting it, but "Rav Moshe's teshuvah was several levels more brilliant than mine." He added, "There are two brothers in Russia, much greater than I, who study Torah with the tradition that goes back to Ezra the Scribe—Rav Moshe in Luban and Rav Mordechai in Shklov."

In 1915, Russia was losing World War I. At the time, Rav Moshe's mother was seriously ill, and his brother, Rav Mordechai, was taking care of her. That year all draft exemptions for rabbinical students were canceled, although until then the Russian government, despite its antisemitic policies, had exempted rabbinical students from military service. All rabbinical students were now required to register for the draft, but Rav Moshe, who had an uncanny sense of time and place, decided to avoid the local draft board and instead went to the regional board. At that time, the Chofetz Chaim, who had fled from war-torn Radin, was in the town of Gomel. Rav Moshe, his brother Rav Yaacov, and their father, Rav David, on their way to the regional draft board, detoured in order to ask the Chofetz Chaim for a *brachah*. Rav David introduced his sons and explained the nature of their visit. The Chofetz Chaim answered, "It says that whoever takes upon himself the yoke of Torah is exempt from the yoke of secular obligations. However, the text does not say—אין שמין עליו עול דרך ארץ—that the yoke of secular obligations will not be imposed, but rather—מעבירין ממנו עול דרך ארץ—that it will be removed." Rav Moshe accepted this as a very meaningful *brachah* from the great tzaddik, Chofetz Chaim.

When they reached the regional draft board, there was a long line. Rav Moshe suggested to his father, "Let's talk to those who are leaving so that we can find out what is facing us." After speaking to many of the young men who had just appeared before the draft board and learning that even the lame and the ill were not exempted despite their physical infirmities, but were taken immediately into the army, Rav Moshe decided that this was not a good time to present himself. They returned to the hotel and a few hours later learned that a revision of the draft-exemption rules would be issued the very next day. The new rules retained everyone who had already been drafted, but instituted a modified exemption for clergy, both Jewish and Christian. Students would still not be exempted, but rabbinic functionaries over the age of twenty-five would be. Rav Moshe was then twenty years old, but they paid a local official 300 gold rubles, a massive sum of money, to change his birth certificate and make him five years older.

Rav Moshe now became the Rav of Uzda. However, he could not bear the *kavod*, the ceremonials of the *rabbanus* in Uzda, which violated his innate sense of modesty, so he decided to leave. With his brother, Rav Mordechai, he went to the nearby town of Izdarobin, where they established their own yeshiva. Izdarobin means "old rabbi," since the town had a reputation for employing the most prestigious *rabbanim* in

Russia. The yeshiva they opened had, as one of its famous *talmidim*, HaRav Moshe Tzvi Neria זצ"ל, the founder of the Benai Akiva Yeshiva network in Eretz Yisroel. Rav Neria became Rav Mordechai's *talmid muvhak* and followed him to Shklov, where he had assumed the *rabbanus*. Rav Neria and five other of the *talmidim* of Rav Moshe and Rav Mordechai were sent to Israel when the antisemitism in Russia became unbearable. As Rav Moshe recalled it, there was only one Rav in Eretz Yisroel whom they recognized as an *adam gadol*, and that was Harav Kook, זצ"ל. They sent him their six best *talmidim*, all of whom made great contributions to the dissemination of Torah in Eretz Yisroel.

Although Rav Moshe was Rav in Uzda for only a short time, he was always grateful to the townspeople for saving his life, for it was that *rabbanus* that made his draft exemption possible. On his *matzevah* we recorded that he was Rav of Uzda as an expression of his sense of gratitude to them.

Despite his innate modesty, Rav Moshe developed an extraordinary self-confidence in halachic decision-making. It is important to recognize that this was, indeed, one of the distinguishing characteristics of his responsa. Rav Moshe often said, "An *anav* is not one who does not know his own greatness. It is one who expects nothing from others." As was noted above, even as a child he was treated as a great *talmid chacham*. His self-confidence was reinforced by the total allegiance of the community in Luban, where he served with such distinction. He was, literally, the lord and master of Luban, and no one ever questioned the accuracy or wisdom of his responsa.

Rav Moshe often said that he was the last official Rav in Russia. After the Revolution, the Communists could not openly prohibit *rabbanus* because it was permitted by the Soviet Constitution, but they imposed a heavy "parasite tax" or "bourgeoisie tax" on *rabbanim*. In order to avoid the tax, many *rabbanim* resigned from their official positions, though they would remain in town to serve the needs of the people. Rav Moshe, however, said that this was forbidden under the injunction of יהרג ואל יעבור, which sometimes demands the forfeiture of one's life. Whenever a rabbi resigned from the *rabbanus*, the Communist newspapers would carry a gloating report that another rabbi had given up his "decadent religion." Rav Moshe refused to resign because it would have amounted to כפירה, or renouncing faith in Hashem and His Torah.

All of Rav Moshe's salary went to pay the tax, and as a result he was literally penniless. When he still refused to resign, the Communists mounted a campaign against him. They confiscated his shul building; they took away his home; they took away his food rations. The fast-day of the tenth of Teves had special significance for Rav Moshe. Even in later years, when his physical health did not allow him to fast on Shiva Asar Be-Tammuz or Tzom Gedaliah, he always fasted on Asarah Be-Teves. It was a day of personal tragedy to him, for on this day they took away his shul. On the very same day a briefcase containing his many *chiddushei Torah* was stolen. He always kept these in a leather case and happened to take it along on a journey. A fellow passenger on the train stole the case and with it, years of his Torah writings.

When the authorities confiscated his home, Rav Moshe and his wife and three children had no place to live. He moved in with the local shoemaker, Asher der Shuster, who lived in one room with his family. The shoemaker divided the room in half with a curtain and shared his food ration with Rav Moshe, whom he regarded as his great Rebbe. Asher der Shuster knew all of Shas by heart.

In his later years Rav Moshe explained why he had taken *kesavim* (writings) with him when he went on this train trip. He took them wherever he went, because in the 1920s, during the Russian civil war, Luban had been subjected to a pogrom on Lag Be-Omer. At that time he was still unmarried, and because of the pogrom, he had put his *kesavim* in a case so that he could flee, if need be, without leaving them behind.

As Rav Moshe recalled the pogrom, he had a premonition that the gentiles were about to attack and decided to leave the house. The Jews had been warned that marauding hoards of drunken peasants, led by their priests, were looting and raping and killing. Pogroms often involved the use of mortars or light artillery provided by the local army commanders. Minutes after he left his house, it was hit by a shell and blown up. They had targeted the rabbi's house. With people shooting at him, but nonetheless holding on to his *kesavim*, Rav Moshe ran until he could run no more. Finally, he hid in a field behind a stone wall and left the satchel of writings there.

Two days later, when the surviving townspeople returned to bury their dead, they found the *kesavim* and brought them to Isser Zalman in Slutzk. He immediately sent them to Rav David, who assumed that his son, Rav Moshe, had been killed. Indeed, he asked Isser Zalman whether finding the writings was sufficient proof of his son's death and therefore necessitated that he begin the mourning period. Isser Zalman responded, "No, I am sure he is alive."

Several weeks later, Rav Moshe reappeared. He had been hiding in the woods near a town twenty-five kilometers from Luban. He had spent several nights in a field, but then a Jewish family had risked their lives by taking him in until he could recover from his ordeal and head back to Luban. Rav Moshe, as we all knew him in times of family crisis, was a most competent, cool-headed individual despite his great empathy and emotional involvement with anyone who was under stress. His rational mind remained as if detached, able to properly evaluate what must be done.

For the rest of his life, it was Rav Moshe's custom to observe the modified mourning rules for all of Sefirah without breaking for Lag Be-Omer because of the tragedy that had befallen his town on that day.

On the first Shabbos Vayerah that he spent in our home in Monsey, Rav Moshe related the following story, which dates to his time in Luban.

During the first year of his *rabbanus* in Luban, a townsman fell seriously ill and Rav Moshe went to visit him. The patient was a very beloved member of the community and many people were there. He could barely speak. His tongue was swollen and seemed to fill his mouth.

When Rav Moshe arrived, the patient asked all the other visitors to leave. He just wanted to be alone with the Rav of Luban. The patient said to Rav Moshe, "I know why I am ill and why I will die. On Parshas Vayera, several weeks ago, I commented to several people that I was astounded that Hashem would have David HaMelech come from women who had committed incest with their father," referring to the daughters of Lot. That night, he said, "I dreamt that two old women, dressed in black, came and complained to me as follows, `Why did you debase and insult us? We could have claimed that we became pregnant by an angel of Hashem and then we would have been honored throughout the generations. Instead, we told the truth and named our children Moab, meaning "from father," and Benei Amon, "a son from my own people," so that no one would ever be able to claim that they had been conceived by means of immaculate conception. Had we not done so, there would have been veracity to such claims.'" The patient said, "I know how terribly I sinned, and Hashem insists that I must pay with my life." The following morning he died.

Rav Moshe's father-in-law, Rav Yaakov, a great tzadik renowned for his hospitality, was the shochet of Luban, and Rav Moshe himself had kabbala for *shechita*, but he did not like to *shecht*. It was his custom to employ live chickens for *kapparos* on Erev Yom Kippur, and he would call a shochet to the house. However, during his last year in Luban, when it was dangerous to engage in any religious ritual, he served as an auxiliary shochet.

In the United States, Rav Moshe gave *kabbala* to many who had prepared to become *shochtim*. After testing their mastery of the relevant halachos, he would also test their tactile sensitivity in detecting minor nicks in the shechitah knife. His own ability to detect the slightest imperfections was almost superhuman. I was often present during these examinations. Once, an aspiring candidate who had failed to detect a *pegima* defended himself by claiming that the siren of a passing fire engine had disturbed his concentration. Rav Moshe gave this excuse short shrift. "When you are preparing to slaughter an animal in accord with Hashem's commandments, nothing should interfere with your ability to concentrate."

Rav Moshe had an innate, almost instinctive mastery of mathematics. When the Communists took over White Russia, Jewish children were required to attend public schools. There, the teachers tried to indoctrinate them with the "religion" of the state—atheism. A female secondary school teacher in Luban was infuriated when the children countered her attacks on religion by quoting their "Rabbiner." The teacher began to denigrate Rav Moshe, poking fun at the ignorant "Rabbiner" who couldn't even do simple mathematics.

To underline the point, and cast doubt on Rav Moshe's reputation for brilliance, the teacher sent him a calculus problem that she had obtained from her university professor, a problem deemed far too difficult for someone who had only studied elementary mathematics. When the children came home and told their parents, the townsfolk actually went into mourning because of the embarrassment their great Rav would have to endure.

Nevertheless, fearful of the teacher's wrath, they presented Rav Moshe with the calculus problem. Rav Moshe asked one of the children for his textbook, sat with it for several hours, and then wrote a solution to the question posed. The teacher was astounded and sent a second problem which Rav Moshe solved within minutes, asking the student to return it immediately so that the teacher would know he had not sought help from anyone else. The teacher insisted on meeting Rav Moshe and, thereafter, became his protector. As the laws against the rabbinate became more and more severe, she would tell the local Communist officials that these laws did not apply to this Rabbiner, who was a great scholar in mathematics and not a "useless parasite."

It is hard to know for sure what finally made Rav Moshe decide to emigrate to America. For some time relatives in the United States had been urging him to leave Russia because of the growing antisemitism and the threat of war, but he refused to leave his people. He subsequently related that the final insult or threat to his family occurred on the Pesach of the year 1935. The local Communist officials had issued a ruling prohibiting the children from attending seders, alleging that the ritual theft of the *afikoman* actually taught the youngsters to be thieves.

Cynical, sarcastic edicts of this kind were usually leveled against the local Jewish communities by Communist officials who had themselves once been yeshiva students. They would visit the homes to make sure that the children were not participating in the seder. Then they added a new spin. They convened a special school assembly on the seder night, and truant officers were sent to the homes to collect the students, since it was nighttime, and escort them to the school building. The whole program at the school assembly was to issue each and every student a piece of black bread and have them eat it, knowing full well the anguish this would cause youngsters from Torah-observant homes.

After this incident Rav Moshe decided to apply for a passport. Again, he decided that it would not be wise to apply at the local office. Instead, in 1936 he went to Moscow and applied for a passport there. In order to establish himself as a resident of Moscow, he rented a room sixty kilometers from the city and dressed like a worker, living with a family in a rented room.

The address of this residence was not without significance, as I recently learned from Rav Yosef Zalman Goldberg, שליט״א, son-in-law of Rav Shlomo Zalman Auerbach, זצ״ל. The apartment belonged to Rav Goldberg's father, and served as the "legitimizing" address not only for Rav Moshe, but for a number of other *rabbanim* who had come to Moscow in order to apply for passports.

While living in Moscow, Rav Moshe went to the local shul incognito, never identifying himself. People noticed, however, that he was studying in a Mishnayos and asked him if he could teach them Mishnayos since they had no Rav. Over the next few months Rav Moshe would give the Mishnayos *shiur* there in the afternoon. This became a social event for the entire area. Several hundred people came to hear this unknown Jew display his mastery of Torah.

Rav Moshe later realized that conducting the *shiur* had been a serious tactical error, for his application for a passport was refused, and this must have been because the government, through its many spies, had learned of his activities. He finally obtained a passport through the intervention of his brother-in-law, Rav Nechemiah Katz, שליט"א, who had married the daughter of the Rav of Toledo, Ohio, and had become the rabbi of that town.

Indeed, here we can see the workings of Hashem. Some years before, Rav Nechemiah had taken all of Rav Moshe's wedding money and dowry to invest in a sure-fire deal that he promised would profit them enough to be able to buy a whole Shas, something which the town did not have. They had extremely dilapidated single volumes but not a complete Shas. As fate would have it, Uncle Nechemiah, as we know him, lost all the money. Depressed by this failure, he decided to leave for the United States. This decision and the heroic efforts that Nechemiah made through Senator Robert A. Taft, Sr., and others enabled Rav Moshe and his family to obtain the necessary passport and visas, thus saving their lives.

When the passport was delivered by mail to the legal address, sixty kilometers away, Rav Moshe had moved and was now living in a rented room in Moscow. He learned that the passport had arrived only eight days before its expiration date. Despite the need for haste, however, he took the time to prepare a calendar for the Luban community showing all the dates for Rosh Chodesh and the Yomim Tovim for the next eighteen years. Rav Moshe had a very special mastery and love for the rules of the Jewish calendar and even in America wrote his own *luach* rather than purchase a printed one. Sadly, the town did not survive eighteen years; every one of its Jewish residents was cruelly killed by the animals in human form who gleefully did the bidding of Nazi Germany.

On the train from Luban to Rigà, in Lithuania, Rav Moshe woke up with a *pasuk* from Tehillim (141:6) running through his mind, ושמעו אמרי כי נעמו, "they will hear My words because they are pleasant," which he interpreted as a message from Hashem that all would be well.

When Rav Moshe and his family arrived in the United States, Rav Moshe Soloveitchik, זצ"ל, and a large contingent of rabbanim were waiting on the dock to greet him. This made a great impression on Rav Moshe, bolstering his spirits, which were still depressed by memories of the beloved town he had been forced to leave.

Soon after his arrival he gave two public *shiurim*, one at the Rabbi Isaac Elchanan Theological Seminary (Yeshivas Rabbeinu Yitzchok Elchanon) and the other at Yeshiva Torah Vodaas. Both institutions offered him positions, but he did not accept because in each case the administration was run by laymen, and he felt that a yeshiva would fail if its administration was in the hands of anyone but the Roshei Yeshiva. Interestingly, his first *shiur* was given at the yeshiva of Yeshiva University, and at his *levayah* the largest contingent was made up of students from Rabbi Isaac Elchanan Theological Seminary and girls from Stern College, who filled the streets on East Broadway. Thus the Rosh Yeshiva of RIETS in 1935, Rav Moshe Soloveitchik, gave Rav Moshe his first *kavod* in the United States, and a later generation of Yeshiva University students, his last.

An honored member of the Feinstein family berated Rav Moshe for coming to the United States. As Rav Moshe recalled, he said to him, "I told you not to come. There is nothing for you here in America. In Europe you were offered the position of the Rogatchover Gaon. Why didn't you accept it?" Rav Moshe answered, "I came to America to be a street cleaner. I do not expect a *rabbanus*. I am prepared to clean the streets, to be a shammes, as long as my children will learn to make a *brachah* and be Jewish."

Taken aback, Rav Moshe's relative responded, "No, no you won't have to do that. We will try to do something for you." Indeed, the Feinstein family was instrumental in giving Rav Moshe an opportunity to start a yeshiva in Cleveland with the father-in-law of Rav Ruderman, זצ"ל, the founder of Yeshivas Ner Yisroel in Baltimore. Rav Moshe left his family for seven months to evaluate what could be done in Cleveland and returned convinced that he did not have the ability to succeed there. Rav Moshe would later say that he had regretted this decision all his life and did not understand his own motivation at that time.

Here, too, the hand of Hashem was evident. His wife, Rebbetzin Sima Feinstein ע"ה, had a first cousin, Rav Yosef Adler, זצ"ל, who was the Rosh Yeshiva of Mesivta Tifereth Jerusalem on the Lower East Side of New York. Rav Adler invited Rav Moshe to start a Beis Medrash and Semichah program there. Two years later, Rav Adler drowned while swimming off the beach in Far Rockaway, and Rav Moshe became the Rosh Yeshiva of Mesivta Tifereth Jerusalem.

There are many anecdotes told about Rav Moshe. Most of them are apocryphal. Some of them are even debasing. Rav Moshe, above all, was a normal healthy personality, a normal husband, a normal father, a normal grandfather who took great pride and joy in his family.

Rav Moshe did not overtly display any special *tzidkus* or *chasidus*. His only publicly displayed *middah* was his gentleness. In the evening he would often go for a walk with his wife and stop in at the local candy store to buy a glass of soda. He read the newspaper every morning at the breakfast table, whatever newspaper it might be—the socialistic *Forward,* or the *Tag,* or the *Morning Journal* and then the *Algemeiner Journal*.

Stories reporting unusual behavior on the part of Rav Moshe are by their very nature false and insulting, for they are designed to pervert his most important message for our generation, and that is that mastery of Torah does not distort the human personality but only adds grace and glory to it.

The trait of *emes*, of absolute integrity, permeated all his responsa, all his behavior, his very personality. As was mentioned earlier, Rav Moshe escaped the military draft in Russia by obtaining a birth certificate that made him five years older than his actual age. The same birth year was subsequently recorded on his passport and on other documents when he arrived in the United State. For the first five years after he became eligible for Social Security, Rav Moshe regularly returned his monthly checks, offering no explanation except to say, "Thank you, I do not need it. When I need it, I will let you know."

He did not want to tell the government that the birthdate on his passport was false, but he also did not want to take money to which he was not entitled. He returned his checks for five years. I had the special *zechus* to return many of them for him. When the five years passed, he began cashing the Social Security checks.

Rav Moshe gave a disproportionate percentage of his income to charity. He kept records of every penny that he gave for *tzedakah,* never returning an envelope that he received in the mail from an organization without putting in a few dollars.

Over the years he was audited five times by the Internal Revenue Service. The large amount of charitable donations he claimed seemed out of line with his salary of $7,000 a year, but he never claimed a penny for any *tzedakah* for which he did not have a receipt. On each of the five occasions when his tax return was reviewed, the auditor was so impressed by Rav Moshe's integrity, honesty, and meticulous care in handling charity funds that he sent him a gracious, courteous letter of apology for troubling him. Unfortunately, this never prevented his return from being pulled the next time, obviously having triggered some warning bell in the review process!

During his early years at Mesivta Tifereth Jerusalem, Rav Moshe's salary was $35 a week. He could not afford the carfare home to East New York, where he and his family resided near his brother-in-law, Rav Reuven Levovitz, ז"ל, the husband of Rebbetzin Feinstein's sister, Zlota, ע"ה. Rav Moshe slept on a bench in the Beis Medrash all week until they were able to find an apartment on the Lower East Side.

During these early years, when he was just establishing himself in the American rabbinic world, Rav Moshe was asked to adjudicate a major dispute between some of the most powerful *rabbanim* in the United States and some shochtim in the slaughterhouses that they supervised. Rav Moshe ruled against the *rabbanim* and in favor of the shochtim. He would gleefully tell the tale of how the *rabbanim* threatened him, saying, "We tried to help you and you turned against us. You're finished in America." Rav Moshe's response was, "My role was not to help you or myself, but to state the halachah without prejudice, which I did."

The *din Torah*, being a very public one with many people involved, was soon known throughout the Jewish world. Thereafter, every difficult *din Torah* in America was referred to Rav Moshe and he became the final arbiter for everyone who feared the political power of the "establishment." He presided at hundreds of *dinei Torah*, and the next volume of *Iggeros Moshe* (vol. 9) will consist of his halachic rulings on these *din Torah*s and the rationale behind the decisions.

Rav Moshe's integrity as a *posek* was the target of a concerted attack by the Satmar community. Their ire had been aroused by his famous responsum on donor insemination. The Satmar Rebbe sent a committee consisting of their three greatest *talmidei chachamim* to meet with Rav Moshe and ask him to retract the teshuvah.

The Rebbe had told them, however, not to get into a discussion of halachic sources with Rav Moshe. They did not heed their Rebbe's warning and began discussing the topic from Talmudic sources. Rav Moshe devastated them, pointing out that they had never even mastered the simple understanding of the Talmudic text. They responded, "Well, the Rebbe warned us not to talk to you about learning." To which Rav Moshe responded, "Your Rebbe is wiser than you."

The Satmar never missed an opportunity to show antagonism to Rav Moshe. When Rav Moshe visited Israel in 1964, he went to visit the leaders of the Neturei Karta. They apologized for not greeting him at the airport, explaining that the Satmar Rebbe had forbidden it. When Rav Moshe asked why he had done that, they responded, "Because you became President of the Agudas Yisroel and this gives Agudah their only prestige. We do not want the Agudah to be such a powerful organization."

They repeatedly leveled attacks on Rav Moshe, all focusing on two specific teshuvos, the one on donor insemination, and the one on the nature and height of the mechitzah in a synagogue. Rav Moshe often expressed bewilderment that a halachah could be perverted for political reasons. How sad he would be to learn how frequently that happens nowadays, especially among those who willfully pervert his responsa.

Rav Moshe could not understand holding a grudge against anybody, and he often came to the aid of members of the Satmar community when asked to do so. For example, a certain Rav had quite viciously attacked Rav Moshe, crudely denigrating him in his writings. Subsequently, this individual became involved in a criminal act. Knowing the great respect that judges and others in the legal system had for Rav Moshe, he asked for a recommendation that might ameliorate any punishment imposed on him. Rav Moshe went to great lengths to be of help.

I recall that the Rebbetzin expressed her dismay at this man's chutzpah. How could he possibly face Rav Moshe after what he had written about him? Rav Moshe answered, "What has one to do with the other? He came to me for help. Did you expect me not to help him?"

During the last years of his life Rav Moshe remained active as a *posek*. There were several months during which he could not write his responsa. Rav Moshe had sight only in one eye. The other eye was what we now call a "lazy eye," but since it had gone untreated, was not functional. He wrote bent over with his head very close to the written page. A bony spur in his spine made it impossible for him to sit and write. Often he had to dictate his responsa, and on such occasions he would carefully review the typewritten text before adding his signature.

One evening, while lying in bed and reviewing his daily quota of pages of the Talmud, he paused and remarked, "I have much to be grateful for. I am especially grateful that I have never had to retract any of my responsa." As all who knew Rav Moshe could testify, his unimpeachable integrity would have made him withdraw a responsum if he felt he had erred, but the certitude he had expressed even as a young Rav in Luban accompanied him all his life. It was not that he could not make a mistake—he did not. His preparation for a teshuvah involved such mastery of Talmudic sources and such attention to detail as to make it virtually impossible for him to err.

As we have already stated, Rav Moshe was the most modest of men. He did not expect anyone else to acknowledge his greatness, but did not fail to acknowledge it himself.

A few years before his passing, he had to have a pacemaker installed. I explained the reasons for this to him. During the day, when he was giving *shiurim* or writing teshuvos, his blood pressure was perfectly normal. However, a 24-hour cardiac monitor revealed that at night, while he was asleep, his blood pressure became precipitously low. It remained normal only when he was involved in Torah study. In the past, he had often balked at going to the doctor for a general check-up, but had always been willing to see a physician when he felt something amiss. Now, however, and quite uncharacteristically, he was reluctant to accede to the doctor's orders. I asked him to explain his hesitancy, reminding him that we had asked for consultation on the proposed pacemaker and all the physicians had agreed that it was essential. Several days passed, and he still had not told us he was willing to go to the hospital.

I finally confronted him: "*Shver*, this is not your way. You always make up your mind very quickly. Why is it taking you so long?" Rav Moshe finally broke his silence. "I know how unworthy I am. I know how little Torah I know, but I am also aware that if they are to pick seventy-one people to make up a Sanhedrin, among the seventy-one they most likely will pick me too. However, a *baal mum* [someone with a physical defect] cannot join the Sanhedrin. I am perturbed at the thought of doing something to myself that would make me unfit to join the Sanhedrin when Moshiach comes." I then reviewed the surgical procedure for him. I showed him some diagrams illustrating exactly what would be done. After listening carefully, he said, "Oh, well, that is not really considered a *baal mum*. Please make the appointment right away." We did so. Sadly, very sadly, he was not chosen. A Sanhedrin was not formed, because Moshiach did not come. But, Hashem willing, he will come and Rav Moshe will sit in the Sanhedrin.

Responsa of Rav Moshe Feinstein

Introduction

Since the death of my father-in-law, זצ״ל, many authors have published halachic texts based largely on the responsa he published in the seven volumes of *Iggeros Moshe*. English translations of his responsa and those of other *poskim* have made these brilliant analyses of Torah law available to a new audience unfamiliar with the halachic process and with Talmudic terminology.

Ignorance of Torah is the great enemy of Torah; in particular, lack of knowledge of the methods by which Torah laws are applied to the complex daily life of the Jew in every age and circumstance. Overcoming this enemy is the Messianic hope of the prophecy that "the earth shall be filled with knowledge of Hashem as the waters cover the ocean bed." Unfortunately, however, translations and summaries of halachic discussions often leave much to be desired, and their use is fraught with danger. As the Talmudic sages observed, the translation of the Five Books of Moses into Greek caused "darkness to descend on the earth" (see Soferim 1:8). The tragedy of translating the Torah is that the translator inevitably distorts the text by omitting the interpretation provided by the Oral Torah, the body of rules derived by applying the thirteen *middos* by which we are enjoined to expound and expand our Torah laws. These are based on the exact usage of the

Divinely spoken Hebrew words that make up the verses and chapters of Hashem's Torah.

Translations of responsa from Hebrew into the vernacular may similarly omit much of the truth hidden in the idiom, in the implied references that cannot be included in a literal translation. In addition, the English-reading public perforce includes many who lack an elementary Torah education. This audience is suddenly thrust into the magnificent world of responsa literature, for the understanding of which one requires what might well be called a postgraduate education.

Exposure to this technical literature without the proper background may lead to terrible errors, misinterpretations, and misapplications, as untrained readers allow themselves to compare and contrast what seem to be similar cases to the untutored eye. Reasoning by analogy requires a thorough understanding of the halachic process, an understanding which the *posek* has mastered after a lifetime of assiduous study.

Hagaon Rav Moshe, זצ"ל, expressed his concern about the dangers of translation in a short responsum (Yoreh De'ah III:91 [1982]) written to my son-in-law, Hagaon Rav Shabbatai Rappaport, Rosh Yeshiva of the Chesder Yeshiva Shevus Yisroel in Efrat, Israel. Rav Rappaport served as editor of the two most recent volumes of *Iggeros Moshe*, the last four volumes of *Dibberos Moshe*, as well as the eighth volume of *Iggeros Moshe*.

The responsum sent to Rav Rappaport is entitled: "The prohibition of publishing abstracts of responsa or translating them into the vernacular." In it Rav Moshe states: "I have heard that someone is about to publish an English translation of some of the responsa conclusions from my *Sefer Iggeros Moshe*. It is forbidden to do so even if the translation is accurate. In our time no one is permitted to issue final rulings on halachic issues without also publishing his sources and his halachic reasoning. Some have asked my permission to do so and I have refused their requests. Some will surely translate inaccurately or, what is worse, write in my name that which will cause others to err. Even if they were to translate the entire responsum, and not just the final conclusion, much damage can result from allowing people untrained in the intricacies of halachic precedent to use my responsa as case histories, [and then] apply [my decision] to other cases which they deem to be identical but which really are not. Therefore, I protest with all my might against such translations."

During the last four years of his active life, Rav Moshe and I often spoke of the fact that others had been translating and abstracting his responsa—usually inaccurately. We felt certain that this would continue in the future, given the intense interest of the younger generation, who are fully committed to the discipline of Torah law but lack fluency in the Talmudic Hebrew in which the responsa were written. He asked me to undertake to make his responsa available to this audience and outlined the guidelines to follow in order to avoid the above-mentioned dangers.

On the first day of Chol Hamoed Succos, 1983, Rav Moshe, זצ"ל, recorded these guidelines in a detailed elaboration of his responsum (Yoreh De'ah III:91). The following is a translation of his instructions:

> First let me explain the short responsum published in *Iggeros Moshe*, Y. D. III:91. I had not intended to include it in my *sefer*; [my intention in writing it] was only to voice my objection to the publication of my conclusions without providing my references or reasoning. I know how deficient I am in knowledge of the entire Talmud, both the Bavli and the Yerushalmi, and the novella and commentaries of the *poskim* and Talmudic scholars, some of which I have not even seen. In my writings, I rely on [the fact] that I have analyzed the halachic sources to the best of my ability, for that is the essential requirement for issuing halachic rulings, as I wrote in my preface to the first volume of the *Iggeros*. Since I have recorded my reasoning and my sources, I view my responsa as lectures which all may review for themselves, choosing to accept my position or reject it. This

was also the approach of Rav Akiva Eiger.

I understand very well that some will not study my responsa and will merely rely on my conclusions. However, since [everyone] has the opportunity to undertake such study when time permits, it is not my fault if [anyone] fails to do so.

The recorded reasoning is the essence of a responsum. After the close of the Talmud, we cannot innovate reasons not contained therein; rather, we must try to understand the Talmud's reasons. Approaches to the study of Talmudic reasoning on a specific topic may vary. This is why there are many controversies between the Rambam and the Tosafists and between the Shach and the Taz, the Magen Avraham and the Sma, the Chelkas Mechokek and the Bais Shmuel and others. . . . Therefore, it is not appropriate to write a definitive halachic text containing final decisions without sharing one's reasoning with the readers.

My main reason for writing the above is to explain my objection to translating just the final conclusions of my responsa. . . .

My great father-in-law, זצ"ל, in discussions at my home, where for decades he spent the Succos holy days, further elaborated on this point. He asked me to translate those responsa which I felt it was important for our brethren to understand, but to do so "as a rebbe teaches a *talmid*." He asked that I work with meticulous care, presenting all the relevant background material in a lucid style, with full awareness that the readership would span the spectrum from Torah scholars to people with minimal background. He added, as an aside, that an English translation of the responsa would be available to non-Jews as well. Although teaching Torah to non-Jews is prohibited, our purpose in translating these responsa is to instruct Jews, and therefore we need not consider this translation a violation of the edict concerning the study of Torah by non-Jews.

I have prepared the following translations in accordance with the above instructions. Although the English version is faithful to the original, I have included additional material, enclosed in brackets, to instruct and edify those who will turn to the writings of the greatest *posek* of our generation as to a personal rebbe.

Preface to *Iggeros Moshe,* vol. I (1959)

This volume contains in large measure the responsa I have written to those requesting my halachic opinions. It might well have been appropriate not to answer them definitively (*halachah le-ma'aseh*), since so many Torah luminaries, great in knowledge of Torah and in piety, refused to issue definitive halachic rulings because of the warning recorded in tractate Sotah [22a]. [There it states that] Rav Abba, in the name of Rav Huna, stated, "Many has she destroyed—this refers to a scholar who has not reached the status of *posek*, but nonetheless issues halachic rulings."

It should be noted [in contradistinction], however, that [the following] is also written, "And mighty are those she killed," which is interpreted as referring to a Torah scholar who is worthy of acting as a *posek* but refuses to do so [Sotah 44a–b]. It was for this reason that the sons of Rav Akiva Eiger noted, in their preface to their father's responsa, that he felt duty-bound to respond to requests for his halachic opinions lest he violate the second dictum and be counted among those who were guilty of not issuing halachic rulings even though they had attained the requisite knowledge.

Those who refrain from issuing halachic rulings do so because one must rule with absolute accuracy, as in the days of Rav, Rav Huna, and Rav Abba. But every generation has a different standard for "attaining the level of a *posek*." Since decisors of equal standing with those of earlier generations are not available today, we [in our own time] are duty-bound to issue halachic rulings to our generation, as stated by Rav Akiva Eiger. [Despite this need, the prospective *posek*] must surely fear the danger of ruling incorrectly. For this reason many [great Torah scholars] refrained from [issuing rulings], Rav Akiva Eiger's strictures notwithstanding.

Rav Akiva Eiger was sensitive to the obligation to issue his halachic rulings despite his many concerns [regarding the dangers of halachic decision-making], but as a Torah giant he took his own measure and decided to assume the mantle of a *posek*. It follows, therefore, that those of minor accomplishments, such as I, who lack both Torah knowledge and wisdom, should refrain from issuing halachic rulings. [Furthermore, even if I do so,] I should certainly not publish them and thus issue rulings for the entire world.

However, in my humble opinion, [the scholars of earlier generations,] despite their inferiority when compared to the Torah scholars of [still] earlier generations, and, therefore, their concern lest they rule in error—an error known to Hashem—did not refrain from assuming the obligation to do so. The Torah instructs us, "It is not in heaven" [Deuteronomy 30:12]. Each *posek* must rule as he sees fit, after meticulous study and analysis of all the relevant texts and prior rulings, to the best of his ability, fully cognizant of the heavy responsibility he has assumed in applying Hashem's Torah to the life of the Jew. If, after all his efforts, his ruling does not concur with that known to Hashem, he may take comfort in the statement of our sages: "Both these and those are the words of our Living Lord" [Eruvin 13a]. If he makes his decision with due diligence, he will be rewarded for his efforts even though he has not divined the real truth.

This principle can be adduced from a discussion in tractate Shabbos [130a regarding the dispute as to whether preparations for *milah*, such as preparing the surgical knife and other implements, may take place on the Sabbath, since the mitzvah of circumcision takes precedence over the Sabbath laws]. Rav Yitzchok said there was a town in Israel whose inhabitants accepted the ruling of Rav Eliezer that preparatory acts [*machshirei milah*] may be performed on the Sabbath—and Hashem rewarded them greatly. [Indeed,] when the [Roman] emperor's edict prohibiting *milah* was promulgated, this town was spared. [And yet,] in truth, [the townspeople] were wrong. The halachah which rejects R. Eliezer's opinion prohibits these acts of transgression. [Moreover, such violations] incur the death penalty when performed intentionally and a sin offering if done unwittingly. [The townspeople] were rewarded, nonetheless, because R. Eliezer arrived at his decision after due diligence.

So it is with all disputes in the Talmud or later responsa. As long as no final conclusion is reached in the Talmud, each *posek* may rule in accordance with his own understanding, [and his rulings are authoritative] in his own town even if [others] rule in a contrary manner. All *poskim* receive a divine reward for their efforts even though only one of them is correct. Most certainly, we still find significant variations in laws and customs concerning very important Torah laws, as between those who follow the Rambam and R. Yosef Karo and those who follow the rulings of the Tosafists and the Rema. [But] both are the "words of our living Hashem" even though Hashem knows that only one is correct.

The Talmud [Sanhedrin 6a–b] is aware of the great responsibility judges bear in applying Torah laws to the daily life of the Jew. Some may think, "Who needs all this anguish?" [i.e., If I err, I will be punished by Hashem, as Rashi explains]. The Talmud reassures [those with such concerns] that a judge may rule as he sees fit [for his intent is to reach a conclusion that is righteous and true to Torah precepts, as Rashi explains].

The same insight may be applied to the Talmud [Menachos 29b]. Rav taught that when Moshe Rabbenu went up to Heaven to receive the Torah, he noticed that Hashem was "adding crowns [i.e., the *tagin*] to the Torah letters." "Master of the Universe," Moshe asked, "what prevents You [from giving the Torah without the crowns]?" In other words, as Rashi explains, why are You bothering to add these embellishments to the Torah script?

This explanation does not adequately explain the expression used, "What prevents You?", nor does it fit Hashem's answer, "There is a man named Akiva ben Yosef, who in the future will derive multitudes of halachos from every pen stroke I add in these crowns."

I believe that the interpretation I am suggesting here corresponds exactly to the text. Hashem made the very letters of the Torah sovereign. That is, the Torah scholar may use his judgment to compare and contrast, and thus may rule in accord with the majority opinion as to the meaning of the Torah's sovereign words despite the possibility that his conclusions do not conform to the truth as understood by Hashem. The Holy One gave the Torah to Israel so that they would act in accordance with the written and oral traditions from Sinai *as they understood them*. No additional explanations will ever come from Sinai, for "[the Torah] is not in Heaven." Hashem's intent was always to acquiesce to the sages' understanding of the Torah's precepts. This is how I interpret the Talmudic passage in Menachos, which states that Hashem placed crowns on the letters of the Torah. Hashem gave them sovereignty, independent of His own definition of absolute truth. This explanation also elucidates the frequently occurring expression "The Torah says," for we rule in accordance with what "The Torah says." This makes it clear why [both positions in] a dispute between Shammai and Hillel should be viewed as [reflecting] the "words of a living Hashem" despite the fact that they are in opposition to each other [Eruvin 13a].

Moshe's question is now understandable. "What prevents You," he asked, from declaring that there is only one true interpretation and, therefore, from promulgating the Divine Laws in such detail as to allow for no dispute as to their intent? Why make the words of the Torah sovereign [and independent of Your intent]? Hashem's response defined the halachic process. The Torah is infinite in its impact on man and society. Hashem intended for sages like Rebbe Akiva to expound the Torah and thus expand its scope from the limited body of written and oral law to the vast expanse of Torah without boundaries or limits [Eruvin 21b]. When a decisor arrives at a *pesak* after prodigious effort to the best of his ability, and in full cognizance—due to his awe of Hashem—of the great responsibility he bears, it is truly the right ruling.

Thus, the Torah scholars of our generation must be classified as having "attained the status of a *posek*," and are obligated to issue halachic decisions which have the force of "true halachah." The warning recorded in the Talmud [Bava Metzia 33a], that "errors committed unwittingly by a *talmid chacham* are to be considered willful transgressions," refers to one who did not make an adequate effort to clarify the relevant laws. This is the understanding of Rashi and Rabbenu Yona [Avos 4:12]. Failure to meticulously review all facets of the halachah before issuing a ruling counts as a intentional transgression, though the error may very well have been unwitting. Errors that could have been avoided by more diligent preparation are to be viewed as intentional transgressions, since the possibility of error is always present [and the decisor has the responsibility to guard against it].

I assumed the responsibility of responding to those who seek my halachic counsel [only] after I had clarified the halachah with much effort. In addition, I have recorded the reasoning for my rulings so that everyone may review my rationale. In doing this I assume the role of a teacher rather than that of a *posek*. The Talmud [Brochos 4a], noting that David HaMelech personally examined abortuses to determine the halachic status of the mother, teaches an important lesson. David HaMelech could have asked other great scholars to rule on these matters, but he did not, because it is forbidden to refuse to do a mitzvah [i.e., rule on a halachic matter] even if another person can act in one's place.

That is why I answered every question addressed to me. In doing so, I also fulfilled a filial duty by giving pleasure to my father, my teacher, the Gaon, זצ"ל, who expressed both the hope and the certainty that many would come to ask my halachic guidance, whether orally or by written communication, and that Hashem would assist me in answering correctly. Indeed, I am thankful to Hashem for His help in permitting me to do so until now, and I pray that He will continue to assist me to accurately understand the teachings of our sages, and to issue rulings that are true to the halachah without error. I ask this blessing also for my children and grandchildren, and for all my descendants and students as well as for all Torah scholars.

I decided to print my responsa because I only clarify and elucidate the halachah. Other Torah scholars can analyze my reasoning and decide whether they concur with my opinions. As anyone can see, I did not blindly rely on others, not even on the great decisors who preceded me, but critically reviewed and decided for myself what the correct ruling should be, as Rav Akiva Eiger taught us to do.

I ask all who study my rulings likewise to critically analyze my writings. In doing so they will become aware of the halachic process, thereby learning to reach a halachic conclusion, and I will be rewarded for having taught this method. May Hashem grant all of us the gift of being able to study and teach all the days of our lives, and thus to merit the rewards of the final redemption, when Moshiach ben David comes to rebuild our Temple, and the world is filled with knowledge of Hashem

Iggeros Moshe, Yoreh De'ah III:132 (5 Iyyar 5736 [May 5, 1976])

Establishing the Time of Death

Our knowledge of when a man is considered to be [legally] dead is recorded in Talmud Yoma 85a: "If a house collapses [and buries] a man [within], we are required to remove the debris in an attempt to find him, even if it is the Sabbath. When he is found, he is examined *ad chotmo* [up to his nose]." So too does the Rambam rule in [*Mishneh Torah*, Laws of the Sabbath 2:19], as does the *Shulchan Aruch*, Orach Chaim [329:4]. If no [sign of] life is detected when the nose is examined, i.e., no respiratory activity is detected, then [the victim] is deemed to be dead—solely on the basis of his inability to breathe. If [the victim's] respiration is extremely shallow, he is still regarded as alive; this is determined by placing a feather or a thin piece of tissue paper near his nostrils. If the feather or tissue paper does not move, the victim's death is halachically established.

However, it is necessary to examine [his breathing] many times, as I have already explained in a previous responsum [*Yoreh De'ah* II:174, sec. 2]. There I explained the Rambam's reasoning in Laws of Mourning 4:5, where he rules that death is determined on the basis of respiration, "One should wait a little while, for perhaps [the person who appears to have died has simply swooned or fainted." Once [enough] time has passed without respiratory activity, so that there is no longer any hope that he is alive, the person is considered dead—but only if his condition was carefully observed. He must be observed continually, without even the briefest interruption, so that it can be affirmed that he is not breathing at all. Since it is very difficult to maintain a concentrated effort for any significant length of time without the eye wavering, there is always a possibility that sporadic, shallow respiration still continues. Therefore this examination must be repeated several times. If there is no evidence of independent respiration, this is an absolutely reliable sign.

I refer you also to the responsum of the Chasam Sofer [Yoreh De'ah 338] where the principle that death is determined by the absence of spontaneous respiration is explained in great detail.

The preceding discussion refers to a terminally ill patient who is not on a ventilator. Some people, however, do require the aid of a ventilator. The ventilator inflates the lungs even though [the patient] is actually dead.

[Halachically,] breathing of this kind is not regarded as a sign of life. The "breath of life" test requires that the patient breathe on his own. Breathing by means of a machine does not satisfy the halachic definition of respiration, and therefore the patient is considered to be dead so long as the other criteria are met. If no sign of life is apparent to the eye, and [the patient] is absolutely unresponsive to any stimulus, such as a pinprick, [he] is in coma, but it is still forbidden to remove the respirator for fear that he may be alive and this will kill him. But when the ventilator is being serviced or the oxygen replaced [if oxygen tanks are used rather than having oxygen piped in], it is possible to observe him for a period of approximately fifteen minutes [while the ventilator is off because the tank is being replaced]. If there is no evidence of independent respiratory activity during this period, it is certain that [the patient] is dead. If [the patient] shows any sign of respiration, he should be reintubated, and the machine allowed to assist him until the point [now referred to as apnea] at which he is totally unable to breathe independently.

The above halachic considerations apply to a patient who is deteriorating from a chronic debilitating disease. In a trauma case, however, such as an automobile accident or a fall from a window, [the victim] may not be breathing because of temporary nerve damage. Moreover, as I have been informed by my son-in-law, barbiturate poisoning can mimic death. In situations of this kind, the patient should be tested by means of the nuclide scan test. If it is determined that the blood circulation does not reach the base of the brain, it is obvious that the brain must have begun to show the physical signs of destruction referred to as lysis. When the brain shows extensive lysis, it is as if the head had been removed from the body or the person decapitated. Therefore, the nuclide scan should be employed as an confirmatory test in cases of traumatic death. Continued dependence on the ventilator should not be relied upon as a basis for declaring the patient dead until after this test has been performed.

[The nuclide scan] will determine whether there is any connection between the brain and the rest of the body. Although [the patient] is not breathing, he should be intubated, even for an extended period, until the nuclide scan can be performed to determine whether there is any connection between the brain and the rest of the body.

Likewise, I accept your suggestion that in all cases it must be determined whether the patient is under the influence of drugs, for the effect of high dosages of certain drugs mimics brain-stem death. [A chromatography test should be done on a drop of blood to determine whether there are any drugs in the patient's system that could have caused his comatose state.] Only then is it possible to reevaluate the patient to see whether there is any independent respiratory activity. If such activity is detected, even if [the patient] can only breathe with great difficulty—i.e., his breathing is severely labored—he must be considered to be alive until the requirements discussed previously are met. [The requirements are] evidence of brain-stem death as evidenced by total cessation of respiration, and a break in the connection of the brain to the rest of the body as evidenced by the total cessation of all independent respiratory activity.

A New Teshuvah
[Rosh Chodesh Kislev 5746 (Nov. 14, 1985)]

Criteria for Determining Death

[This teshuvah is addressed to Dr. Elliot Bondi, grandson of that great Rav, the Gaon Rav Yosef Breuer, of blessed memory.]

My grandson, Rav Mordechai Tendler, has spoken to me at length about many of the doubts and concerns you have raised because of the New York State appellate court's ruling that brain-stem death should be regarded as an alternative criterion for determining death. [Pulmonary and cardiac criteria of death, when the heart ceases to beat and the patient is no longer breathing, have always been recognized.] The need for a ruling concerning neurological criteria of death arises because of the advent of the ventilator, a machine that allows for a patient to be perfused with oxygen even after brain-stem death has occurred—in other words, when the brain is no longer able to function because of the loss of oxygen to the brain and the subsequent destruction of critical brain cells involved in respiration. My son-in-law, Rav Moshe David Tendler, שליט״א, has explained to me that the judges of the secular court accept the so-called Harvard criteria for determining irreversible coma. In my opinion, these criteria are in agreement with the halachah. When they are met, it is as if the patient had been decapitated, for his brain shows actual destruction or lysis. When a patient is neurologically unresponsive to all stimuli and, in addition, has lost the ability to breathe on his own, he is unquestionably dead, as I explain in my responsum in *Iggeros Moshe*, Yoreh De'ah III:132. Under the Harvard criteria, however, it may occur that individual hospitals, or even the country as a whole, will begin to consider as dead individuals who are still alive according to halachic standards. I refer to persons who have suffered cerebral destruction, i.e., destruction of the upper brain, but are responsive to the stimuli involved in the breathing process and, therefore, must be provided with all medical care. If you should be legally required to cease treatment of such a patient, including removing the ventilator, do not personally do anything to hasten the patient's death. This applies even if [abandoning the patient] is inevitable because others will comply with the order if you refuse. Resign from the case if the hospital's regulations require you to remove the ventilator from such a patient.[1] The hospital's administrators can then assign the patient to someone else if they so desire.

We cannot impose our laws on others, and therefore [decisions of this kind pertaining to] non-Jewish patients may be governed by their own laws. With a Jewish patient, however, the obligation to refrain from hastening death affects not only the physician but the entire Jewish community. They must do everything in their power to prevent the hospital from hastening the patient's death. Even a *goses*, i.e., a patient *in extremis* and whose death is uneqivocally imminent, is still halachically alive, and the laws [prohibiting] murder apply to him. I am aware that caring for a patient in a hospital involves significant expense. Nevertheless, even if treatment is futile, a patient must not be subjected to any procedure that would hasten his death. Similarly, any change in treat-

---

1. In keeping with the legal opinion expressed in the Cruzan case in 1990.

ment that might cause death is prohibited. If you sense that providing greater care to a Jewish patient would be understood as favoritism to the Jew and neglect of the non-Jew, the same rules apply to the non-Jew as well. It is only our reluctance to impose our standards on adherents of another religion that allows us to differentiate between Jew and non-Jew. I end this responsum with my fervent prayers that we shall soon see the fulfillment of the promise of Hashem, "I am the Lord thy healer," upon the advent of Moshiach.

Iggeros Moshe, Choshen Mishpat II:72
[Rosh Chodesh Adar II, 5738 (March 10, 1978)]

Concerning Heart Transplants

[This teshuvah, written on Rosh Chodesh Adar II, 5 March 10 (1978), was addressed to Harav Kalman Kahana, of Chofetz Chaim Kibbutz in Eretz Yisroel, one of the famed *talmidim* of the Chazon Ish. The question concerns a patient referred to in Israel as a *tzemach*, i.e., a person in a persistent vegetative state (p.v.s.). The questioner asked whether a donor organ from this patient might be transplanted into someone in need of a healthy heart. At the time of the writing of this responsum, there was a moratorium on cardiac transplants in the United States because of the unsuccessful results of such operations.]

Regrettably, my physical health caused me to delay answering your question for a few days. However, I did send a short telegram to say that in my opinion [a heart transplant] would involve a double murder, killing the recipient as well as the donor, as I already stated in 1968; see *Iggeros Moshe,* Yoreh De'ah II:174.

It would surely be unwise to engage in extensive analysis, since people may make the mistake of thinking that some way exists to permit this action. I write now to clarify the matter further.

The information [on which my decision was based] was provided by my son-in-law, Rav Moshe David Tendler, שליט״א, who reviewed the medical journals to date and concluded that there is no basis for assuming that the recipient's condition would be improved [by a transplant]. All the evidence indicates that no [transplant recipient] survives for [even a few] years, and those who survive for less than a year suffer months of intense pain and anguish. In America transplant operations are forbidden, except for one state [California], where one doctor [Dr. Shulman of Sanford University] has been permitted to continue his work, although I do not understand the reason for this.[1]

Many other countries have forbidden heart transplantation on the grounds that it is equivalent to murder [of the donor] and provides no benefit to the recipient. Therefore, I believe that the doctors were not truthful with you when they said that the heart transplant would result in an improvement of the recipient's condition. The donor's status is also in question, for they have not proven that he was dead [when the heart was removed]. The survey of the literature showed that all recipients suffered massive strokes within a few weeks [of the transplant] and died within a few months. Doctors who undertake heart transplants are in violation of the prohibition of murder, since they are unable to demonstrate that the transplantation procedure is successful.

Iggeros Moshe, Choshen Mishpat II:73
[16 Iyyar 5742 (May 9, 1982)]

Short-term Prolongation of Life

[This is a seminal responsum presenting the halachic view on most issues of concern in the care of the critically ill. Addressed to several physicians, it is written in a succinct

---

1. By attending to the problem of immunological rejection, which others had neglected, Dr. Shulman ultimately proved that successful heart transplants were possible.

style, for the recipients were all physicians, well trained both in medicine and in Torah study. However, for the general Torah community, some background information is of critical importance lest the translation be a source of confusion and of misapplication of the halachic principle discussed therein. To fully understand Rav Feinstein's halachic reasoning, those studying this teshuvah should read the article entitled "Quality and Sanctity of Life in the Talmud and the Midrash" for orientation.[1] Likewise, the article on brain-stem death in halachah, which contains all the background and source material necessary for understanding Rav Feinstein's halachic ruling, is a necessary accompaniment to this teshuvah.][2]

I regret that ill health has delayed my responses to the questions you pose, all of which raise issues of the utmost importance if the care of the critically ill is to be administered in accordance with Torah law.

1. Are there patients who should not be treated so as to prolong their lives for a little while?

This question obviously refers to a terminally ill patient who can live for only several weeks or months, at most. Such patients often should not be treated. The key concern is their quality of life. In cases of intractable pain, we have clear instructions from the account of the death of Rebbe, the compiler of the Mishnah, in Talmud Kesubos 104[a]. The Talmud describes how his students prayed that he would remain alive. His maidservant, seeing the great suffering he was enduring, prayed that the angels above would meet with success [in their prayers for Rebbe's soul to return to Heaven, [so that the rabbis' prayers for his continued life] would not be accepted.

In order to disrupt the rabbis' prayer service, the maidservant knocked down a large urn. This distracted the students,

---

1. *Tradition*, vol. 28, no. 1 (Fall 1993) pp. 18–27 (co-authored with Dr. Fred Rosner), reprinted below as an appendix.
2. See "Anatomy of a Teshuvah," p. 36f., below.

[who momentarily ceased their prayers], and as a result Rebbe was able to die.

The maidservant was a wise woman, learned in the ways of Torah. As recorded elsewhere, [Rebbe's] students learned many things from her, and for this reason the Talmud records that her actions were right and proper. Nedarim 40[a] relates an incident involving the students of Rebbe Akiva. They had neglected to visit one of their colleagues who was ill, and when Rebbe Akiva entered the study hall, he criticized them for this. His rebuke, as understood by the Ran [in his commentary on the Talmud], consisted of the following: "It is sometimes proper to pray to Hashem for the death of a critically ill person, if he is suffering greatly and his condition is really terminal; in short, if there is no rational hope that he will recover."

The Ran concludes that Rebbe Akiva's rebuke of his students was essentially as follows: "Why didn't you visit your sick colleague? You could have helped him or prayed for his recovery. If you were convinced that there was no hope of a recovery, you could at least have prayed for him to die quickly. Even that little help you withheld from him!"

The Ran cites the Gemora in Kesubos, referred to above, as proof that this is, indeed, the proper response for those who want to do the mitzvah of visiting the sick. We see that the Ran assumes that the maidservant's opinion is recorded as the final halachah.

Therefore, if a patient is terminally ill and in intractable pain, so that there is no hope of his surviving in a condition free of pain, but it is possible, through medical or technological methods, to prolong his life, then it is improper to do so. Rather, the patient should be made as comfortable as possible, and left without any further intervention. I must emphasize that it is absolutely forbidden to do anything or to provide any drug that will shorten the patient's life for even a moment. To do so would be an act of murder. [Physician-assisted suicide is halachically murder, even though the intent is to shorten the patient's life for reasons of euthanasia.]

If it is possible to provide drugs that will make the patient comfortable so that he will not be in pain, then efforts should be made to prevent the patient from dying. Intervention of this kind is to be continued only if the patient is not halachically considered a *goses*. The term *goses* refers to the heavy, labored, erratic breathing that occurs when death is imminent. A *goses* should not be treated at all. It is forbidden to intervene, lest the intervention shorten the patient's life. As quoted by the Rambam [Laws of Mourning 4:5], a *goses* is like a sputtering wick. Reaching out to fix it will often extinguish the flame. A patient who is critically ill and unable to breathe is suffering from oxygen hunger. Providing oxygen is required, not to prolong life but to ease the pain of the air hunger. I have been told that [oxygen insufficiency] causes acute pain, and it is our duty to ease the patient's discomfort in such cases. I am aware that this complicates the care of the patient, since it will make it difficult to tell when he has expired. For once the patient has expired [i.e., has been declared brain-stem dead], the respirator should be removed. Therefore I recommend that oxygen be provided in small amounts, i.e., from a small tank, not from the central supply. Every time the oxygen in the tank is used up there is an appropriate opportunity to evaluate the patient to determine whether brain-stem death has occured. The decision either to continue to provide oxygen or to remove the ventilator can then be made.

This suggestion will make it possible to provide appropriate treatment without running the risk of shortening the patient's life, even for a moment. [This succinct comment is in keeping with the analysis given in *Iggeros Moshe*, Yoreh De'ah III:132.]

2. The second question concerns the issue of triage, or who should be treated and who should not be treated?

The case you pose concerns two patients who are brought into the hospital, both in need of immediate emergency or critical care. One of them has a good possibility of being cured, but it is not absolutely certain that he needs intensive care, although [this] would be the preferred method of treatment. However, the second patient, for whom intensive care could only provide a postponement of death, cannot live at all without the attention of an ICU [intensive care unit]. Which patient should be given the only bed available?

In my opinion, if both arrive at the same time, the decision should be made on the basis of medical suitability. The one who has the best chance of being treated and cured should be given the available bed. However, if the one who can only live for a short time has already begun treatment before the arrival of the second patient, for whom there is an expectation of a cure, but he can only be saved if the first patient, whose life can only be prolonged for a short time, is removed [from life support], it is forbidden to interrupt the treatment of the first patient in order to save him. The logic is obvious. The individual who can live only a short time is not obligated to forfeit his life for anyone else. Once he has taken possession of the hospital facility and his life depends upon continued treatment, even if his life be but of short duration, his claim takes precedence over all other claims. I see this as a contractual relationship with the hospital and the physicians. The care they provide was assigned to this terminally ill patient and no one can take it away from him. The patient himself is not required to give up his place to the patient who can be cured, and possibly not even permitted to do so voluntarily.

[However, as noted in the case where both arrive at the hospital at the same time,] the selection of the patient more medically suited for treatment should be made even if the first patient, for whom there is no hope of actual cure, arrives first at the hospital. The one with the better chance of survival should be treated. The only time he should not be given preference is when the critically ill patient, who has no hope of cure, has actually begun his treatment, has actually been already placed in the bed in the critical care unit.

It goes without saying, of course, that even if the critical care facility cannot accommodate both patients, the one who is not to be admitted to the critical care unit should be provided with the best care available in some other department of the hospital.

3. The third question concerns the halachic status of the *goses*. I have been told that physicians do not recognize this state. Possibly this is because there is no real medical need to define the condition known as *goses*, since only Torah law requires that a *goses* not receive any intervention lest his life be shortened. Indeed, it may be that non-Jews are not halachically bound by this concern.

The Talmud and the Rambam [Laws of Mourning 4:[5]], and likewise the Shakh in Yoreh De'ah 339, warn against any kind of intervention with a patient in the *goses* state; even moving him is prohibited.[1] The Talmud [Avodah Zarah 18] describes the martyrdom of Rebbe Chanina ben Tradyon, who was burned at the stake because he had been caught teaching Torah. To prolong his agony, the executioner placed wads of wet wool on his chest. His students, seeing his great anguish, pleaded: "Open your mouth and breathe in the flames so that you will die more quickly." Rebbe Chanina refused, stating that it is forbidden to shorten one's life by any action [of one's own]. However, when the executioner asked Rebbe Chanina whether he would be guaranteed a place in the World to Come if he removed the wads of wool from his chest and increased the flames that he had [earlier] reduced in order to prolong the dying process, Rebbe Chanina answered in the affirmative.

As the Talmud relates, the executioner did so and then threw himself into the flames, committing suicide as an act of contrition. A voice from Heaven was heard announcing that the executioner and Rav Chanina each had a place in the World to Come. This aggadic inclusion in the Talmud teaches us many halachos. In particular the incident suggests that the executioner's act of shortening of Rebbe Chanina's life was not sinful. It may be possible, therefore, to infer that a non-Jew is not bound by the law which forbids shortening the

---

1. The Talmud refers to the *goses* as a flickering candle. If you reach out to try to fix the wick, it is likely that you will extinguish the flame.

life of a patient *in extremis*, which halachically is referred to as the *goses* state.

Other sources, however indicate that there is no difference between Jew and non-Jew in this matter. I refer you to the Rambam's Laws of Kings 9:4, in which it is clearly stated that a non-Jew who kills someone who is critically ill [i.e, not in the *goses* state but mortally wounded or in a pathological condition] has committed an act of murder. In halachah, a *goses* is looked upon as having a more significant residual life than the individual known as a *treifah*. [The *goses* state should be visualized as analogous to a clock winding down. Until the clock stops, it is still considered to be an active timepiece even if only for another few minutes.]

I am uncertain, therefore, as to whether the halachah distinguishes between Jew and non-Jew in this regard. If there is no such distinction, then the incident concerning the martyrdom of Rebbe Chanina poses a halachic question as to whether the executioner violated the halachah or not. [I would suggest that although it is forbidden even for a non-Jew to hasten the death of a patient *in extremis*, this was an unusual situation. The executioner, on his own discretion, had reduced the flame and placed the wads of wet wool on Rebbe Chanina in order to prolong his agony. Perhaps we should view his restoration of the original state by increasing the flames and removing the wool, not as hastening Rebbe Chanina's death, but merely as undoing what he had done to prolong the dying process. M. D. T.]

This incident should be viewed as a *hora'as sha'ah*, a decision which is applicable only under special circumstances, but cannot be applied to other conditions, such as those found in the hospital. Thus we must conclude that it is indeed forbidden to offer any significant intervention to an individual in a *goses* state for fear that this would shorten his life.

Physicians who are not guided by Torah law may not be aware of this, or may feel that in medical practice it is an inconsequential concern. However, those who observe the Torah must be careful to observe the laws of *goses*. They should not intervene in any way that is not for the patient's direct benefit. Members of the Chevra Kadisha in every town in Europe were fully familiar with the *goses* state. They refrained from having any contact with the patient during this period. After the patient's death they undertook every procedure in keeping with the laws governing the honor and dignity due to an individual created in Hashem's image in accord with Torah law.

4. The fourth question concerns the differentiation between *treifah* of man and of animal, and distinguishing between a *treifah* and a *goses*.[1] *Treifah* is a technical term referring to a puncture or ulceration of an organ or a condition best identified as edematous or eroded, whether or not there is pus or exudate present. The specific pathologies that make an animal into a *treifah* vary from organ to organ. Specific details can be reviewed in the *Shulchan Aruch*, Yoreh De'ah, Hilchot Treifos.

The definition of *treifah* employed in the dietary laws should not be equated with the definition of *treifah* as pertaining to the laws of homicide. Veterinary science and clinical medicine have progressed over time. Our understanding of natural law has changed in the course of time, as emphasized by the Tosafists in tractate Mo'ed Katan 11; so has our understanding of diseases and cures.

Therefore, the Talmud's statement, in the chapter in tractate Chulin entitled Elu Treifos, that a *treifah* cannot live for twelve months, must not be taken literally, as if it were a fact for all times and all places. In the time of the sages, perhaps even including the Amoraim, and certainly the Tannaim, this was the reality. An animal that suffered one of the eighteen pathologies could not survive for twelve months. Even if we could show that there is now a means of curing any of these *treifos* so that the animal could live, it would not change the halachah. It is a *halachah le-Moshe mi-Sinai* that these eigh-

---

1. In animals the term *treifah* pertains to the dietary laws, but in humans it concerns the laws of homicide. *Goses* is a state in which death is imminent; *treifah* refers to a pathological state of a particular organ.

teen *treifos* make an animal unfit for consumption by those who observe Torah law.

This is what the Rambam means when he writes [in Laws of Shechitah 10:12] that it is not proper to add to the list of *treifos* even if one is certain that the animal is mortally ill and cannot live. The statement in the Talmud that a *treifah* cannot live refers to the eighteen *treifos* at the time the Torah was given. The reverse would also be true. If some medical or veterinary treatment had been lost through the centuries, so that an animal that once could have been cured can no longer expect a cure, the animal would still not be classified as a *treifah*. The explanatory note that a *treifah* cannot live twelve months is a good statement of the science of the time but has no halachic import. [In short,] the ability to be cured will not make an animal possessing one of the eighteen pathologies kosher, and an animal that is ill but not with one of the eighteen pathologies is not classified as a *treifah* even if its survival for twelve months is most unlikely. In our days there are obviously many *treifos* that can live a long and healthy life. Experiments done on animals during research in clinical medicine have clearly shown that one can resect the stomach and intestines and successfully treat the animal so that it becomes healthy and then can live a normal life.

Similarly, lungs have been resected successfully, both in animals and man, and even in the time of the Rambam, as indicated by his language in the Laws of Treifos, there were medical advances that allowed for some of the *treifos* to be cured. Medical science moves forward over the generations, so that there has occurred a change in the statement that *treifos* cannot live or, even in the reverse, that certain pathologies can be cured but such cures are no longer available to us. They have been lost with the passage of time. Our knowledge of nature changes, and indeed nature itself may change, but as I have stated above, these developments do not modify the definition of *treifah*.

This analysis does not apply to [the concept of] *treifah* in man and its application to the laws of homicide. The definition of *treifah* in man does in fact depend upon the reality, the knowledge of the day, as to whether the individual concerned can or cannot survive. Thus, if a victim is afflicted with a pathology that in the time of the Talmud would have been considered fatal, but today, because of good medical or surgical management, it can be easily cured, the murderer is to be put to death.[1] This halachah is clearly stated by the Rambam in Laws of Murder 2:8, where he defines *treifah* as follows: "The doctors must say that this pathology has no cure and he will surely die from it." The Rambam does not refer to any specific pathology, as he does in discussing the dietary laws, the laws of *treifah* in animals. This is because "nature has changed and our knowledge of nature has advanced."

I would like to emphasize that capital punishment is not administered today because we do not have a Sanhedrin convened in the *lishkas hagazis*.[2] Part of the Sanhedrin's meeting place had the same degree of sanctity as the courts of the Holy Temple, whereas the other part was a secular area which only carried the sanctity of the Temple Mount. It was only when the Sanhedrin of seventy-one could meet on the Temple Mount that the local town Beit Din of twenty-three could accept cases involving capital punishment. Today, however, someone who kills a *treifah* would be subjected to all sorts of social sanctions, such as the withholding of burial rights so that he could not be buried in a cemetery with other observant Jews, and in addition he would be subjected to any appropriate punishment, other than capital punishment, that is not in violation of the laws of our country. [Explanatory note: Physician-assisted suicide and euthanasia are now being debated; various opinions have been offered as to whether society should give its approval through changes in its laws, and for this reason the Torah view must be heard. Euthanasia is murder, even when the patient can live only for a very short time, a time measured in minutes. Passive

---

1. According to Torah law, if the victim is a *treifah,* the Beth Din may not put the murderer to death, and punishment is left to Hashem.
2. The Chamber of Hewn Stones in the Temple, where the Sanhedrin used to meet. Once they were forced out of that chamber, they no longer possessed the authority to levy the death penalty.

euthanasia, i.e., withholding new therapy that could prolong the life of a dying patient, may be an option within halachic parameters. M. D. T.]

The definition of a *goses*, as distinct from a *treifah*, must be clearly understood. A *goses* does not have any specific pathology. [He is comparable to] a clock that is running down. Hakodosh Baruch Hu, as punishment for Adam's eating from the Tree of Knowledge, declared that death shall be the experience of man until Moshiach comes and the resurrection of the dead occurs. Thus, there is a finite time that man can live. The *goses* is an individual whose time to die has come. Lacking any specific pathology, he is not classified as a *treifah* but as a normal member of mortal society. Shortening his life is tantamount to taking the life of a healthy person. This is why our sages warn that a *goses* should not be "touched." Touching does not refer to essential care for his comfort, such as cleansing and providing liquids by mouth to overcome dryness, [but means that] we must be careful not to do anything that could possibly shorten his life. It is the weakened state that was of such concern to our sages, and hence a *goses* cannot be "touched."

[This prohibition] does not apply to a *treifah*. No medical intervention is permitted for a *goses*, since physicians have already concluded that no intervention can benefit him. Routine hospital procedures, such as drawing blood or even taking temperature, have no place in the final hours of a patient's life.

5. The fifth question concerns coercing a patient to accept a treatment or a medicine against his will.

If a patient refuses therapy, the halachic response depends on his reasons. If he refuses because the treatment is very painful and he wishes to avoid the expected discomfort, but the medical consensus holds that the treatment would benefit him and may lead to a cure, then it is required to coerce the patient, even against his will. This assumes, however, that physical force is not necessary, because the use of physical force may frighten and perhaps seriously depress the patient.

Our sages held that fear and depression were allies of the Angel of Death. The physician should not take unto himself the responsibility of injuring the patient in the process of trying to help him.

If the patient lacks confidence in the medical staff, and that is why he hesitates to accept their advice, every effort should be made to call in consultants to assure him that he is being offered the best medical care available. In any circumstance where coercion is used, of course, the family should be consulted and the physician should be certain that the patient's relatives have no ulterior motive for agreeing to the use of coercion, but accept it only because it is the mitzvah of Hashem. [The physician also has some legal concerns, since a doctor who treats a patient against his will can be charged with assault and battery. Hence the instruction to treat the patient even by coercion must assume that a legal guardian, such as a member of the family, has approved the treatment so that the doctor will not be held legally liable for his actions.]

If the treatment is risky, such as a surgical procedure that involves some possibility of mortal danger, or a drug with serious potential adverse reactions, even if the drug has been approved because the risk/benefit ratio is in favor of using it, coercion should not be applied to administer the drug if the patient refuses treatment.

The use of drugs that have a potential for adverse reactions presents a very special halachic problem. It is extremely difficult to compare patients in clinical trials. A healthy person may very well tolerate a drug without ill effects, whereas a weakened one, suffering from a chronic disease and therefore in a debilitated state, may suffer ill effects from the same drug. Risk/benefit analysis is, of course, primarily the physician's responsibility, and whenever possible he should consult with his superiors to ensure that he makes the right decision as to whether the patient should be given the drug or not. Only when there is sufficient clinical evidence that patients in the same weakened condition can safely take this drug, with adverse reactions limited to only a small minority, may the drug be offered to the patient.

I emphasize that it is very difficult to evaluate a patient's state of health with reference to potential adverse reactions, and therefore meticulous care must be used to consult and study as much as possible before making a clinical decision.

6. Concerning autopsy: Teaching hospitals are required to perform a certain number of autopsies in order to maintain their accreditation as hospitals for physicians-in-training. The purpose of the autopsy is usually to confirm the diagnosis made by the attending physician. If postmortem examinations reveal that the cause of death was not the one the attending physician listed, the autopsy becomes a teaching exercise in order to prevent other misdiagnoses of the clinical symtomology presented by the patient. I am convinced that in our country, the United States of America, a country run on democratic principles, no one will be forced to violate his religious conscience. Therefore, a religious physician may refuse to participate in an autopsy or to be the one who requests an autopsy from a Jewish family. [There are, of course, circumstances when an autopsy is halachically permitted or even required. These involve direct benefit to a patient suffering from the same disease, where the knowledge gained from the autopsy will determine the treatment to be administered; e.g., when a new chemotherapeutic drug is being evaluated for toxicity and efficacy. M. D. T.]

7. The seventh question concerns a woman who has to undergo a hysterectomy.

The question posed is: May the surgeon also remove the ovaries and the fallopian tubes? I am aware that physicians often recommend that the ovaries be removed during a hysterectomy so as to prevent ovarian cancer. Since the patient is already undergoing the rigors of surgery, the additional time necessary to do an oophorectomy is not significant. The question you pose concerns the halachah of *serus* [sterilization]. In a male, *serus* applies even if the patient is already sterile due to a prior surgery. *Yesh serus achar serus.* There is a prohibition against increasing the damage to the genital organs even when the patient has already been made infertile by surgical means. With reference to females, [however,] there is no such law as *serus achar serus*. Once a patient has undergone a hysterectomy, nothing further can be done to her to diminish her childbearing potential. It is, therefore, permissible to remove the ovaries [oophorectomy] if the reason for doing so is in order to prevent the development of cancer, especially if a family member has died because of a similar occurrence. Furthermore, since the mitzvah to be fruitful and multiply does not apply to women, the prohibition in regard to undergoing a hysterectomy or a tubal ligation may be of rabbinc [and not Torah] force.

Therefore, we may respond affirmatively to the doctor's suggestion that the ovaries and fallopian tubes be removed in order to prevent the possibility of their becoming cancerous. Even if the danger of cancer for this woman was as low as a 5 percent risk, we could still justify the additional surgery if that is her wish.

This is not the same as a previous ruling of mine in which I said that a 5 percent benefit is no justification for initiating a surgical procedure. In the present case a surgical protocol has already begun. We are not initiating a surgery in order to obtain a 5 percent benefit, but, rather, prolonging the surgery slightly in order to remove the ovaries and fallopian tubes for a good reason. The slight additional risk is due to the lengthier surgery and extended anesthesia, as well as the fact that more damage is done during the extended surgery. This seems to be justified by the benefits to be achieved. These benefits include the psychological comfort the woman derives from the knowledge that she will never get cancer of the ovaries. When the patient is under anesthesia for hysterectomy, the surgeon might be justified in deciding on his own to remove the ovaries as well, if he feels that there is a clear medical indication to do so.

However, removal of the ovaries has a general physiological effect. It induces instantaneous menopause with all its associated effects on the patient's mental and physical behavior. Therefore I strongly advise that no oophorectomy be done unless it has been carefully discussed with the patient, except under the most unusual circumstances, such as signs of neoplasia on the ovaries discovered at during surgery.

8. The next question concerns abortion.

In the last few years there has been a great increase in the number of abortions performed. Torah-observant physicians are forbidden to participate in any way in an abortion, whether the patient is Jewish or non-Jewish. The prohibition against abortion is a universal prohibition applying to Jew and non-Jew alike. The hospital and the patient will surely respect a stand taken by a religious physician that his moral and ethical commitments do not permit him to assist in any way in the abortion process because according to our religion abortion constitutes murder.

The patient may then decide on her own to seek other help. This is not a case in which refusal to perform an abortion may incur the enmity of the non-Jewish world. The position that abortion is murder is held by many non-Jews as well, and indeed there are many countries in which abortion is illegal. The only time we may permit abortion is to save the life of the mother, because maternal life takes precedence over fetal life.

9. The ninth question concerns a terminal patient with metastatic cancer who can benefit from surgery that might ease his pain even though it will not alter the course of the disease.

Surgery whose goal is not curative but merely relief of pain does have a place in the ethical practice of medicine. It is logical to assume that a patient's quality of life is improved by surgery of this kind, and it may very well add some time to his longevity as well. In the case of prostate surgery done solely to ease the pain, it is sometimes necessary to castrate the patient. In such cases castration is also permissible because it is part of a medical/surgical protocol intended to improve the patient's quality of life by reducing his pain.

10. The tenth question concerns the tearing of garments as a

sign of mourning by an attending physician whose patient has just died. If a physician is present when a patient dies, he is certainly required to tear his garment. If he has previously attended a dying patient and already performed the *kri'ah*, then he need not make a new tear in his garment. It is sufficient to extend the previous tear slightly. This leniency—to just add a little bit to the existing tear—can be relied on even if the second death occurs sometime later, and not on the same day. In *Gesher HaChaim* 4:9, the Gaon Tukatzinsky records the opinion that it is not necessary to perform *kri'ah* for a stranger who dies in one's presence at a hospital. The reason he gives is that people will fear to visit the sick in a hospital where the death of a patient is quite likely. I believe that this reasoning is weak. The halachah that commands us to tear a garment when present at the death of fellow Jew is an undisputed halachic ruling in the Talmud and, therefore, should be observed.

Your other questions concerning the behavior of a physician on the Sabbath are covered in the responsum which I wrote in the fourth volume of Orach Chaim, responsum 99. I refer you to that responsum, where answers will be found.

Iggeros Moshe, Choshen Mishpat II:74
[23 Adar II 5744 (March 27, 1984)]

a. Medical care of a Patient for Whom no Cure is Possible

b. Assumption of Risk in Attempting a Cure

1. You ask for further clarification of responsum no. 73. The analysis I gave is lucid and leaves no room for misinterpretation. Nevertheless, I will reiterate: If physicians have no means of healing a terminal patient or of improving his quality of life by reducing his pain, but do have the ability to keep him alive for a limited time, then they should not do so. This conclusion can be seen from the incident with Rebbe [Kesubos 104a], where the prayers of his students did not bring about a

cure or even ease his lot, but only succeeded in keeping him alive in an anguished state. His maidservant, who was wise in Torah knowledge, prayed that the angels above would overpower the prayers of the students. When she realized that her prayer was not efficacious because of the continued efforts of the students, she did something to quiet their prayers. She threw down an urn and interrupted the prayer service, [thus] allowing Rebbe's soul to depart.

It is obvious from the Gemora that this was recorded to teach the halachah and is not just a "story." The Ran, in tractate Nedarim 40a, uses this incident of Rebbe to rule that it is proper to pray for someone's death if prayers for him to live without pain are unsuccessful.

It must be noted that there is no comparison between our prayers and those of the Tannaim in the time of Rebbe. The fact that our prayers are not answered and a patient does not recover or does not improve enough to become free of pain is no evidence that prayer will not be successful in the future or if offered by someone else. Therefore, nowadays it is not proper to pray for someone to die. However, we may infer from this incident that if physicians have no way to cure a dying patient or ease his burden, but do have the ability to prolong the dying process, they should not intervene. On the other hand, if a consultation has been requested and the expert physician has not yet arrived, it is certainly appropriate to do whatever is necessary to keep the patient alive until the new physician arrives.

In such a circumstance, one must ask whether the patient is really "incurable," because there is still hope that someone else may find a treatment that can help him. In my opinion, you need not ask the patient's permission to give him whatever drugs or treatment are necessary to prolong his life until the consulting physician arrives. Even if he objects, it would be appropriate to disregard his objection. This is so because there is still hope that the new physician will find a cure.

Clearly this is also the opinion of the Rema in Yoreh De'ah 339:1, for he not only permits but even requires the cessation of the treatment that is prolonging the dying process, even though the individual will die more quickly. The life of anguish which this *goses* is experiencing justifies the cessation of therapy. If the patient is not in pain, there is no rational reason why any effort should be made to shorten his life, even though he is in a terminal condition. It may very well be that there is no Biblical obligation to cure such a patient, or rather, to attempt to prolong his life. The commandment "And he may heal" may not apply to a [physician treating a] patient for whom there is no potential for healing. Nevertheless, it seems obvious to me that if the patient is not suffering any pain—in other words, if there is no burden in his maintaining his present state—there is no reason why he should not be given all medical care to prolong his life as much as possible.

The ruling of the Rema to remove the pellet of salt from under the tongue of the dying patient, which was placed there to prolong his life, surely is based on the assumption that the patient is experiencing intractable pain.

Doctors should not offer drugs or treatment unless they are convinced that these may help the patient. Sometimes, however, even if there is no real medical advantage to be gained, there may very well be a psychological advantage in that the patient does not feel neglected as long as some treatment is instituted. This placebo effect is often of great value to the patient. In deciding that there is no treatment of value to the patient, it is important that as many physicians as possible should be consulted, even those whose prestige is less than that of the physician in charge of the patient. Occasionally, a young physician may come up with an idea that an older physician has not considered. Even in Torah study, we have the warning: "Error can sometimes be caused by sharpness of mind." With reference to physicians this is even more true, because it is often very difficult to determine which of them is more brilliant, more expert.

In addition, healing requires the intervention of Hashem, Who chooses the right physician for the patient. The world-renowned physician may not be the one that Hashem has chosen for the mitzvah of healing this sick patient.

You expressed concern about my introduction of the concept of quality of life, which I did by pointing out that in terminal patients a life of pain need not be preserved. The medical community [you said] will extend this concept to the physically or mentally challenged, and that may lead to involuntary euthanasia. In truth, I do not see how my analysis will make this eventuality more likely to happen. Nothing in my analysis even hinted at a concept of quality of life which would exclude those who have mental or physical disabilities. It is, or should be, absolutely clear, without any doubt, to anyone who has studied our Torah and who fears Hashem, that one must heal or save every individual without any differentiation based upon his intelligence or physical stamina.

In cases of triage, the Talmud in Horios 13a establishes a list of priorities. The list presumes that the requests for help come simultaneously, so that there is no time gap between the two requests. Otherwise, the physician is obligated to respond to the first individual who asks for his help, even if a little later someone higher on the priority list is also in need of his help. Abandoning abandon the first patient in order to help the second is forbidden. The only time the physician should go to a second call is when it comes from a patient in danger of his life, and the first patient has been stabilized, so that he can safely respond to the new medical emergency. A very difficult decision is imposed upon the physician when more than one person needs his help. He must direct his prayers to Hashem to give him the wisdom to make the correct choice in cases of patient triage.

2. This concerns a case where a patient is terminally ill, but then acquires a second illness for which there is a cure. [For example, a terminal cancer patient develops pneumonia, an illness for which there is a cure. Should he be treated for the pneumonia even though the treatment, if successful, will restore him to his life of pain from the original illness?]

If the patient's illness is causing him great pain, and he would prefer to die rather than live under these conditions, it may well be proper not to treat him in any manner that would prolong the dying process. This means that it might be best to withhold treatment for the second illness, since if the pneumonia is cured, it would impose upon the patient the burden of his first disease, for which relief is not available.

This is a decision which the patient must make. When the patient is incompetent, his family must be consulted. The family's role as guardians for an incompetent patient is established as a priority, since the mitzvah to heal initially falls upon the family. The family's guardian role is also necessary so that a thoughtful opinion may rendered before any treatment is initiated. A patient cannot be treated as if he had no opinions or rights simply because he is now incompetent. However, the family's authority is not absolute. It is subservient to medical opinion. The key decisor in such cases must be the learned physician, who then discusses his recommendations with the family, and if they are uncomfortable with his opinion, they can call in another physician. In fact, the community is obligated to provide money from its charity funds or to raise money from donors in order to provide proper medical care for an individual whose illness is life-threatening and no physician has offered a treatment that is expected to be successful.

I would like to add another comment concerning the halachic import of the story of the martyrdom of Rebbe Chanina ben Tradyon in tractate Avodah Zarah 18a. Whereas Rebbe Chanina ben Tradyon would not open his mouth to hasten his death, we may infer that if his mouth had been open, he would not have been required to close it in order to prolong the dying process. From this we further infer that a patient does not have the obligation to prolong a life of pain. [Note: The analysis of the halachic implications of the executioner's actions, discussed above on pp. 42–43, requires further study.]

I have devoted lengthy responsa to these questions because they involve life-and-death decisions and often lack the clarity that would enable one to make a [proper] halachic decision. It is, therefore, very important to utilize the services of as many learned sages as are available; to consult as many physicians as possible; and to arrange for rabbis and physicians to discuss each case thoroughly, so that, with the help of Hashem, a proper decision can be reached.

3. Should intravenous feeding be provided to a terminally ill patient for whom there is no means of easing the painful burden he bears, and should this be done even against his will? Your question stems from my previous responsum to the physicians concerning providing ventilator assistance to a patient for whom there is no hope of cure. I pointed out then that oxygen hunger is a very painful experience and, therefore, that the ventilator should be provided, not for the sole purpose of prolonging life, but so as to ease the pain that the dying patient is experiencing. Quite clearly, providing nutrition to a patient is beneficial. In cases where it is better not to feed a patient, as when there is a high fever, then, of course, that becomes the medical decision for the benefit of the patient. In the absence of any such contraindication the patient should be fed, because food will strengthen his general constitution and enable him to bear his illness better. It is proper to urge a patient to eat when he refuses to do so. It is proper to speak sternly to such a patient to make him eat. However, a patient should not be restrained physically in order to provide him with nutrition. This is especially so when the patient feels that food is not good for him, finds it difficult to eat, and feels that the food is causing him discomfort. The decision to disregard a patient's wishes must be taken only after very serious consideration. Disregarding a patient's wishes so that he is put under stress is in itself harmful to the patient. The physician must be absolutely certain that the decision to disregard the patient's wishes is clearly for the patient's benefit. He should not do so without taking care to consult with members of the family and with colleagues, because the responsibility he assumes unto himself is great indeed.

The halachah, as interpreted by our sages, gave special consideration to the critically ill even in monetary matters, permitting a person who is critically ill to make binding commitments even without the normal procedure of due process of law, so as not to stress or frustrate him, as would be the case if we were to insist on full attention to all the legal technicalities. I would like to reiterate that distinguishing between short-duration and long-duration survival is a very sensitive area, for as I have already stated, if the procedure ensuring short-duration survival requires that the patient be subjected to significant pain and discomfort, then it should not be done. What is called short duration, what is called intractable pain, is often a subjective analysis.

For this reason, it is necessary to consult with the members of the family and the physicians to reach a rational decision. If the patient is sentient, surely the patient's opinion, in cases where there is doubt as to what is appropriate, must be given full authority. In the case of a pediatric patient, the opinion of those family members who have the major obligation to care for the child should be given the highest consideration in making such decisions.

4. You asked me to clarify further my reference to the death of Rebbe and the action of his maidservant as it affects the decision to pray for the death of a patient who is suffering pain, and for whom there is no hope of ameliorating his condition. The analogy I drew from that incident is, indeed, fully valid. However, it must be understood that the conclusion that prayers for his welfare are not efficacious, as evidenced in the case of Rebbe, where the students unsuccessfully prayed for his well-being and merely succeeded in keeping him in his anguished state, does not apply to our prayers. The great sages whose prayers were accepted by our merciful Hashem could understand that further prayer is futile. We [for our part] cannot be so confident that our prayers will normally be answered, and so we cannot conclude that in this case prayer would not be efficacious. We must therefore assume that if one is as certain as the maidservant in Rebbe's case that further prayer would be futile, it would be justified to pray for Hashem above to take the patient's life.

I emphasize most strongly that we are discussing praying or not praying for a patient to recover. Under no circumstances is it permitted to do anything to shorten the life of a patient, even with merciful intent. To do so would be to commit an act of murder, which is a capital crime punishable by death.

5. This concerns undertaking some danger or risk in order to obtain a cure. Who makes such a decision? Does it depend solely upon the wishes of the patient? The second part of this question concerns a patient who refuses surgery that is necessary to save his life because it will leave him severely handicapped, as, for example, in the case of an amputation.

First of all, let me emphasize that it is difficult to lay down general rules. Every case is unique and should be evaluated as such. The Talmud in Avodah Zarah 27b declares that in order to attempt to achieve a cure, it is proper to risk the life of a patient who will die shortly if not helped, even if the cure involves great danger. Is this ruling a requirement or a permission? That is, may a patient risk his life in order to search for a cure, or must he do so, since he is risking a life that is now of short duration in the hope of achieving a normal life span?

I have already written in a responsum in Yoreh De'ah III:36 that if the risk/benefit ratio is 1:1, i.e., there is a 50 percent likelihood of mortality and a 50 percent chance of a long-term cure, then the Talmud's ruling should be interpreted as permissive. If, however, the doctor is convinced that a cure can be achieved with a higher degree of probability, it is obligatory to undertake the risk in order to obtain long life. I would like to emphasize that when dealing with major surgery involving the internal organs, danger always lurks, and therefore only a physician whose expertise is recognized by other members of his profession should be entrusted with such surgery. Only in an emergency situation, where failure to act will lead to the death of the patient, should a regular, licensed surgeon be used, since we assume that a surgeon who undertakes to do an operation knows himself to be capable of doing it and has been well trained. In such cases, it is the surgeon's certainty that counts. The surgeon's confidence that he can succeed is what permits the risk to be undertaken. If the surgeon is quite doubtful, however, and is not a recognized expert among his colleagues, it would be better not to do anything. Patient autonomy is significant in a case where there is great risk and physicians are hesitant as to whether a specific treatment modality should or should not be attempted. But when the patient realizes that in the absence of treatment he will surely die, and is desirous of taking that chance, it would be best to accede to the patient's wishes. The possible adverse side effects of the medication, or the danger of the surgery, must be weighed against the psychic trauma to a patient who may interpret the lack of action for his benefit as evidence of the total hopelessness of his situation, or of lack of support for him among family or medical professionals. With treatments that have a potential for adverse affects or for serious morbidity or even mortality, we are dealing with a risk/benefit evaluation. If the risk is indeed the high as people say, the patient has one chance in a thousand or even one chance in a million, but [if they say,] "what do you have to lose?", the halachah would not approve of undertaking such a risk. In all such circumstances, decisions are difficult to make, and hence it is critically important to consult with [the surgeon's] peers and others who have an understanding of these matters.

Surely when a patient decides he does not want to undertake the risk, and would rather take his chances without running the risk of imminent death, the patient's decision should be honored. I would like to add that if the patient decides he does want to undertake surgery that has a limited chance of success, it is permissible to raise funds for his surgical care by asking people to contribute to a charitable fund for this purpose. It is not necessary to advise them that the surgery may be futile because of a significant risk, so long as the patient is convinced that it will be for his benefit. In the case of an incompetent patient or a child, it is proper to ask parents or other close relatives to make such decisions. The family's role here is based on the assumption that the patient would normally rely on the opinion of close relatives, and hence, by doing so now, even though he is incompetent, we are following his presumed wishes. In the absence of close relatives, of course, a Beis Din should make the decision. [If it is known that the relatives are not "friendly guardians" due to family animosities, then it is preferable for the Beis Din to make all such decisions.]

If a patient requires surgery to save his life, but refuses because the surgery will leave him maimed, as in the case of an amputation, it is quite proper to coerce the patient, even if physical restraint is necessary. However, it is not possible to say that one is *required* to do so when the patient who is resisting the surgery is an adult. Indeed, the extent to which coercion should be used is doubtful; I have already expressed this concern.

It is more logical, however, to assume that there is an absolute halachic obligation for every patient to seek the best medical or surgical treatment even if it means undergoing a serious surgery. With full cognizance that every invasive treatment involves great dangers, the expertise of a well-trained surgeon should provide the confidence needed to undertake the recommended surgery.

In this age of specialization, it is, of course, comforting to have a surgeon who specializes in the particular type of surgery involved. However, one may trust any well-trained surgeon who is willing to undertake the surgery because he has the competence to do so. Additional insights into the great halachic issues concerning the care of the critically ill may be found in responsum no. 75.

Iggeros Moshe, Choshen Mishpat II:75
[Lag Be-Omer 18 Iyyar 5744] (May 20, 1984)

Definition of short-term prolongation of life (Chayei Sha'ah)

In a case of microtriage, i.e., the selection of one patient over another for immediate treatment, the rule is as follows: If one patient can be expected to survive for only a short time, *Chayei sha'ah*, whereas the other patient can be restored to a normal lifespan, priority must be given to the second patient. The key criterion is whether one or the other has the ability to live for more than one year. *Chayei olam*, or restoration to normal life, means that in the physician's best judgment, the patient concerned, if properly treated now, can surely survive at least one year. Thus, the definition of *Chayei sha'ah* is the ability to survive, but for less than an entire year. Statistics concerning [patients suffering from] a specific illness, which indicate that the survival rate for the illness is limited to two or three years, whereas another patient, suffering from another illness, would, according to statistics, live ten years, have little halachic import. Treatment should be based on a first-come, first-served basis, or by some random distribution method which does not bias the treatment in favor of one patient. The general rule is that the physician responds to the first call and treats the one geographically nearest to him. If several patients are all equidistant from him and he is the only physician available, he should choose his priorities in accord with the Mishnah in tractate Horios 13a.

The second question concerns treating a patient who would not survive the year if untreated, but the treatment involves significant risk. A patient can live only for two or three months without treatment; moreover, the treatment available carries significant risk so that the patient may die earlier if he undergoes the treatment. On the other hand, if it is successful, he may live a normal life. Regrettably, I cannot find a clear source to resolve this issue. However, a reasonable approach would be to say that a person is halachically required to seek medical care only when there is a known and proven treatment available. The fact that a treatment is significantly risky may lead one to conclude that undertaking such a treatment may be forbidden. Given these conditions, it would be preferable to abstain from intervention, leaving the patient in the hands of the Healer of all flesh.

It is my considered opinion that with all factors evaluated properly, if indeed there is no other treatment, and death would be certain without treatment, it is permissible to assume a large risk in order to achieve a cure.

I am concerned about the use of statistics to determine cure rates and the degree of danger involved in the treatment. Estimates of mortality following a treatment which allow for the assumption that death might have occurred due to other causes, and thus deduct that amount from the actual percentage of patients who die, must not be given credence in halachic deliberations. When a physician says that a 60 percent cure rate is to be expected, this statement is meaningful only if sixty out of a hundred patients who suffer from this disease have been cured. An analysis that excludes some patients because their deaths are attributable to other causes [other than accidents] may only represent the bias of the physician.

The preceding discussion concerns a risk of treatment with a benefit of "normal life span," which we have defined as survival at least for more than a year. However, if the treatment will only prolong life for a few months and not for a full year, while the patient may die immediately because of treatment toxicity, I believe it is forbidden to undertake such a course of treatment, as noted above. [Halachically speaking,] we assume the risk of treatment mortality only if the treatment is expected to return the patient to the *chazakah*, or norm. Although I have inferred this from the Talmud in Avodah Zarah 27a, I am still searching for additional proof to support this decision.

Question 3 concerns a terminally ill patient who contracts pneumonia. Should the doctors treat the pneumonia? Concerning a patient who, in the estimate of the doctors, can live for only for seven days or less, and who has developed pneumonia, is one required to treat the pneumonia, knowing very well that there is no way of treating the main illness which is causing his death? I have already written on this matter. I feel very strongly that the pneumonia should be treated even though there is no way to treat the patient's principal disease. The assumption, of course, is that treatment of the pneumonia will in no way exacerbate the principal disease [and that the patient is not experiencing intractable pain].

4. Question 4 concerns the use of an unproven treatment suggested by someone who is not a licensed physician. If doctors say that an unrecognized treatment carries no risk to the patient, it is quite proper to use it if rational, intelligent people claim that it has been of help in treating this particular disease. If, however, doctors express doubt as to its safety, of course it should not be used. It is important to emphasize that one is obligated to go to a physician when one is ill. Therefore, if there is no physician in the area, the patient must be transported to a physician so that proper medical care can be provided. Even if there is some doubt as to the safety of transporting the patient, there is no choice. The patient should be transported to a medical facility where proper medical care can be provided. This is why our sages taught us that it is forbidden to live in a town where there is no proper medical care.

As for general supportive care of the patient, such as providing him with food, we must assume that nutrition and hydration of the patient are beneficial even if there is doubt as to whether [they are] proper in this case, unless a competent physician says otherwise.

5. Question 5 is a request for further clarification of the concept of a *goses* vs. a critically ill patient. The preceding discussion concerned a critically ill patient. The term *goses* is a technical term which refers to a patient *in extremis*, who cannot live three days. The *Shulchan Aruch* rules that if someone is told, "We saw your relative three days ago and he was a *goses*," close relatives are required to begin the mourning period. [What is involved] is more than the general concept of "most likely he died," but a certitude which has been established that someone who is a *goses* cannot possibly live more than three days.

(Nowadays, however, the management of critically ill patients in an intensive care unit provided with ventilators makes it impossible to apply [to patients in such a unit] the medical symptomology of *goses*, which was so well known to members of the Chevra Kadisha. The halachah that it is forbidden to have any physical contact with a *goses*, for fear of causing him more harm than good, must be evaluated today in light of the routine care that is offered to a patient in an intensive care unit. Drawing blood and unnecessary hygienic care, such as washing the patient, should certainly be prohibited.)

If absolutely nothing can be done to ameliorate the condition of the dying patient, it is forbidden to act in a way that reveals to the patient the pessimistic prognosis as to the outcome. Even if no medication is indicated, all supportive care should be maintained. Nutrition, hydration, even a placebo effect is valuable to a patient, since despondency is in itself damaging to him. Similarly, it is certainly forbidden to cause any unnecessary pain to the patient. If no medical care is indicated, there is no rational reason why routine blood chemistry should be done on the patient; nor should he be bothered having his temperature and blood pressure taken, if death is indeed imminent. Only that which is clearly for the patient's benefit should be done. Psychotropic drugs, such as antidepressants, should be used to make the patient as comfortable as possible. The imminence of death does not relieve the physician from the obligation to do everything for the comfort of the patient.

Special note concerning geriatric patients, especially those who are very old: Age is no factor in triage considerations. Preference must not be given to a younger patient over an older patient. The only acceptable criterion is medical suitability, not length of survival, for survival is in the hands of Hashem and has to do with the individual's [ordained] lifespan. Although it is obvious that a twenty-year-old patient can live longer than a ninety-year-old patient, both must be treated exactly the same when they are presented for treatment. The age factor must be discounted completely in all medical decisions.

The Anatomy of a Teshuvah

Indicia of Death

The opportunity to present the views of the greatest *posek* of our generation on many of the complex halachic issues that he was asked to analyze makes it possible to introduce readers to the methodology of *pesak*. A responsum is a distillation of the wide-ranging study of relevant texts, conflicting opinions, and factual information that makes up the "homework" of a *posek*. The methodical work of a *posek* can best be illustrated by tracing the halachic sources he uses to reach his conclusion, as well as the medical facts, which often, especially in the case of the responsum on brain-stem death, are often in a state of flux while the responsum is being written. *Pesak* is to Talmud what engineering is to mathematics. If the raw data are inaccurate, then the bridge will collapse. If the raw data are accurate but the conclusions drawn in error, then the greatest master of mathematics will have labored in vain, because the engineer has misinterpreted his instructions.

Pesak is the application of Torah principles to the daily life experience of man created in Hashem's image. It is, in fact, a form of prophecy. All the prophets after Moshe Rabbenu had but one message to deliver: *zichru Toras Moshe avdi*—"Remember the prophecy of Moshe," the only prophet permitted to record a Torah, a prophecy of instruction from the Creator of the world, the God of Israel, was Moshe. *Ein navi rashai lechaddesh davar*—"No prophet has the right to innovate," to deliver a message that is not contained in the Torah prophecy of Moshe Rabbenu or, of course, that contradicts it. For this reason, delivering a *pesak*, and thereby claiming implicitly that it reflects the intent of Hashem, who gave us the Torah, is an awesome responsibility.

The Maharshal, in his comments on Bava Kamma 38a, offers a highly dramatic halachic application of this awesome responsibility. He infers from the Talmud that it is tantamount to idolatry to say something false in the name of halachah. If forced to do so, a person must forfeit his life rather than utter a falsehood attributed to the halachah, the word of Hashem. The very same punishment is meted out to a false prophet as to an idolater, for both falsify our world's fundamental source of truth, the divine word of the Giver of our Torah. In doing so, the false prophet forfeits his soul!

The introduction of "political correctness" into the writings and teachings of those who lay claim to the prophetic mantle worn by every teacher of Torah truths, therefore, is viewed as a capital offense tantamount to the three cardinal sins: idolatry, adultery, and murder.

Poskim differ in the style of their responsa. Some write very succinctly, producing what amounts to an abstract of the many, many hours of thought which precede the decision to commit the distillation of this effort to the printed page. Other *poskim* take a more pedagogic approach, often recording the Talmudic source material used, as well as the comments of all the relevant later commentators. This material is then analyzed and the relevant conclusion is drawn in the form of a *pesak*. Rav Moshe, זצ״ל, was not consistent in this area. Sometimes he provided a short answer with only cursory references to source material. At other times his response was an exercise that displayed his powerful mastery of Torah literature and, most importantly, revealed to those willing to make the effort to study his writings, the brilliance of his analytical mind.

In the foreword to his *Iggeros Moshe*, he makes reference to his role as a teacher, claiming that he never issues a final coercive ruling, but instead presents his opinion, and the basis for his opinion, so that readers can could judge for themselves. His responsa concerning care of the critically ill often refer to the source material. They do not even hint at the tremendous effort he made to understand the medical facts and to seek relevant references in the halachah. The medical facts available to him lacked the clarity which they have today. Brain death was a confused concept which mingled cerebral death with brain-stem death without any clear means of differentiating between the two until the Harvard criteria came to be widely accepted. Rav Moshe was quite familiar with the Harvard criteria, as shown by his reference to them in one of his yet-to-be-published responsa, of which a translation is included in this volume (see pp. 34–36). It was these criteria that enabled the medical profession to differentiate true death from the comatose state.

Rav Moshe consulted with leaders in the field of neurology, transplantation surgery, physiology, and biochemistry, and in addition personally visited patients who had just been declared brain-stem dead. The "anatomy" of this responsum reveals the careful, deliberate dissection of the source materials that led to the construct that neurological death is, indeed, halachically valid. Many of these source materials are not even hinted at in the final formulation of the conclusions which make up his responsa on this issue. I will, therefore, reconstruct from my notes and my many, many hours of discussion with my great father-in-law the halachic basis for his responsa, and then present medical facts that were clarified for him over a period of more that two years; a interval that he found necessary in order to fully comprehend the difference between neurological death and deep coma. Again, it should be noted that this difference was not understood by the medical profession until well into the 1980s.

Talmudic Sources

1. Mishnah Ohalos 1:7.

A man is not considered dead until his *nefesh* [life force] leaves him. Similarly, neither is an animal declared dead so as to cause defilement [under the laws of *tum'ah*, ritual uncleanness] until the *nefesh* departs. If, however, they were decapitated, they are halachically dead even if they are still trembling [i.e., muscular movements are discernible]. The residual movement is halachically irrelevant. "It is like the tail of a lizard [which breaks off in your hand when you try to catch the lizard] and the tail still wiggles. Surely this is not a living state."

Maimonides, in his commentary on the Mishnah, explains this mishnah in terms that echo our current state of knowledge. To quote the Rambam: "Hashem taught us in Numbers 19:13 that only when someone dies or when some animal dies is there a state of defilement. Even if a person be in a most terminal state, he does not cause ritual uncleanness [*tum'ah*]. Certainty of death is not the state associated with *tum'ah*; death is." The Rambam then goes on to define *mefarkhes*, the term that the Mishnah used for muscular tremors, or movement after decapitation. The lizard's tail moves for some time after it has been cut off from the rest of the body. This, however, also occurs to other living organisms *"if the power or the source or the stimulus for movement is spread over all parts of the body. If it does not originate from a central point, then that is not a sign of life."* The Rambam here is accurately describing the difference between the localized response of a muscle group to stimulus with the functioning of a central nervous system that integrates all parts of the body.

2. Talmud Chulin 21a.

Rav Yehuda said in the name of Shmuel: If the neck is broken and there is a gaping wound in the musculature of the neck, then that person is considered to have died and, therefore, defiles a tent [i.e., an overhang or roof (tum'at ohel)]. If you ask me: "But what about the incident with Eli Hakohen [the High Priest in the period when Shmuel was born]? He was considered dead even though no wound was discernible?" I will answer you that in a geriatric patient it is different, as it says: "Eli fell off the chair and broke his neck and died [i.e., was immediately considered to be dead] because the man was very aged and very heavy." It is not the anatomical decapitation or the visible wound that is the criterion for declaring the patient dead, but the internal injury to the "neck" [i.e., the base of the brain or top of the spinal column].

3. Mishnah Yoma 83a.

If a building collapses on an individual on the Sabbath, you are, of course, required to transgress the Sabbath laws and dig out the victim. If he is found alive, then you continue digging. If he is found to be dead, then he is left where he is until after the Sabbath.

The Talmud, explaining this mishnah on folio 85, presents the following analysis: How do you determine whether he is dead? How much must you investigate? The Talmud answers: "until you excavate his nose." Others say: "until you excavate the debris to reveal his chest [i.e., heart]." The Talmud there concludes that even Abba Shaul admits that the essence of life is in the nose, as it says in Genesis: "All creatures who have the breath of life in their nostrils." Rashi comments: "How far do you investigate? If he appears to be dead, showing no movement of his limbs, how far do you continue to excavate to determine the truth?"

Analysis Of The Talmudic Sources

The Mishnah in Ohalos states what is well known to anyone who has studied basic biology today. It refers to the death of an organism as distinct from the death of an organ or of a cell. Death proceeds from the organismal level to the organ level and ultimately to the death of the cells that make up the organ.

Halachic death, like death in the secular legal sense, refers to the death of the organism, not to the death of an organ or a cell. Hence, when Maimonides refers to the "power to move" as not centralized but existing independently, scattered throughout the body, he is stating the condition of organismal death with the organs yet maintaining viability.

In brain death, or more accurately, brain-stem death, not only the upper brain, the cerebrum, the center of thought and speech, but even the lower parts of the brain that control strict biological function, such as respiration, are destroyed. Rashi in Yoma, therefore, prophetically makes the statement that the patient "appears to be dead, does not show any movement," hence it is necessary to perform a test to determine whether, in fact, he is dead.

This test is a test for the existence, or persistence, of respiration. If the victim is neurologically silent, and in addition shows no signs of independent respiration, then the organized organism has died, and thus he is halachically dead.

The Talmud in Chulin 21a teaches an additional halachic truth. The mishnah in Ohalos refers to a decapitated individual. The Talmud in Chulin explains that decapitation is not a prerequisite for determining that death has occurred. When Eli Hakohen, an elderly man, fell and broke his neck, there was sufficient internal damage to consider him to have died, even though there was no overtly discernible wound. This leads to a modification of the concept of decapitation to include "physiological decapitation." Physiologically there is a great difference between a young man and an old man. A traumatic incident that would prove fatal to an elderly patient may not cause the death of a young patient. Hence the Talmud emphasizes that because of his age the death occurred instantaneously.

Surely you must add that when Eli was attended to, it was noted that he was not breathing and, hence, already had entered the state of defilement or death. The Talmud in Yoma emphasizes that if it is possible to examine a patient who is severely injured and possibly dead, one should ascertain whether independent breathing has ceased. If it has, the patient is dead and no further rescue efforts should be made on the Sabbath. The only irreversible criterion of death is apnea, the absence of independent respiration. Any attempt to assist such a patient, such as by putting him on a ventilator, would be to no avail if the loss of independent respiration is due to injury to the brain stem. In our times, it is relatively easy to determine whether damage of this type has occurred. If it is so determined, then there is no need to examine the patient any further. I must emphasize that we are talking about a patient who displays no response to any stimulus.

Thus this does not apply to someone who swallows a piece of meat and is choking on it and has no ability to breathe. A person in this condition will not be declared dead. He may very well be running, waving his hands, making attempts to speak. There is no need to subject him to any tests. He needs the loving embrace of a Heimlich maneuver, not a declaration of death! Likewise, a polio patient who cannot breathe independently because of paralysis of the phrenic nerve is surely not to be confused with a patient who is brain-stem dead. Rav Feinstein was reluctant ever to use the term "brain dead," or *mitas hamoach*. He feared that it would cause confusion between an organ versus organismal definition of death. The death of the brain is not to be equated with the death of the organism; the death of the organism occurs when the brain has been so severely injured that it cannot continue its functions of activating the human organism, including the activation of the respiratory response.

Later Sources

The *Shulchan Aruch*, Yoreh De'ah 370, reveals the understanding of our sages that halachic death does not necessarily coincide with total cessation of all muscular activity. The section's subtitle reads: "Who is to be considered dead even though he is still alive?" This *siman* of the *Shulchan Aruch* rules that decapitation is an absolute cause of death even if there is still residual muscular movement. The *Shulchan Aruch* adds two other conditions, both involving massive traumatic injury—hemicorpectomy (horizontal severing of the body) and a sword blow that severs the individual longitudinally along his back. In all these cases there are residual signs of life which are without halachic import because the key sign of life, the ability to breathe independently, has been lost.

The Rambam, in Laws of Mourning 4:5, expresses what surely was a concern of our sages in attempting to determine death in an absolutely error-free way. As the Rambam puts it, they feared that "perhaps he had fainted." Due to concern that the patient might be in a deep coma and not dead, they required the passage of time before anything could be done to him.

The patient was in the state of *goses* until the legal fact of his death could be absolutely determined by the prolonged persistence of apnea. Today, we have no difficulty in determining whether the absence of breathing is temporary or permanent. This can be done by a stress-free test known as the nuclide scan.

This test utilizes an innocuous amount of radioactive material of the kind that is used routinely in studying heart action in patients who have complained of chest pain, and even in pediatric medicine. A quantity of this radioactive substance, considered to be perfectly safe, is injected through one of the intravenous tubes. A few minutes later a "portable camera" takes a picture of the patient. If it is revealed that no blood flow enters the base of the brain, the condition is certainly irreversible. Brain cells are extremely sensitive to anoxia (absence of oxygen) and die within minutes after they are deprived of their oxygen supply, which is provided by the circulatory system. Many of those who oppose Rav Moshe's teshuvah on brain death rely on the responsum of the Chasam Sofer (Yoreh De'ah 338), although it is cited by both Rav Moshe and the Chief Rabbinate of Israel as *proof* that brain-stem death is halachically valid death. At the time of the Chasam Sofer, the interval between brain-stem death, where the heart still maintains its contractions, and "total death," was a matter of minutes, since there was no ventilator to keep the blood oxygenated in the absence of an independent ability to breath.

Hence, within minutes after the organism died, the organs, including the heart, ceased functioning. With the advent of today's technologically sophisticated ventilators, it is possible, even in a decapitated individual, to maintain the organs, such as heart, lungs, kidney, liver, and pancreas, in a viable state. However, we have no ability to maintain the brain in a viable state once the brain cells have been injured by anoxia. Many transplant surgeons are considering using organs from recently dead donors. Although such organs are less than desirable, the shortage of organs and the certainty that the patient will die unless he receives a new organ has made this a terrible dilemma. How much risk should be taken if the new organ fails to function? In the case of a kidney, it is possible to put the patient back on dialysis. But if a transplanted lung or liver fails, and a new donor is not immediately available, the transplant will cause the death of the recipient.

A second source, cited by those opposed "in the past" to Rav Feinstein's careful proof that brain-stem death is halachic death, is the Chacham Tzvi, *siman* 77. In this lengthy teshuvah, the Chacham Tzvi unequivocally affirms that respiratory death is the only halachically acceptable death. It is an interesting if confusing teshuvah, because the Chacham Tzvi did not have our present knowledge of the circulatory system, and in his scheme of things the heart was a *respiratory* organ, involved in the warming and cooling of the air. In this teshuvah, however, the Chacham Tzvi clearly emphasizes that motion per se is not a sign of life when the patient has been decapitated, and he refers to an execution by decapitation in which a headless corpse took several steps. Likewise, proof that the brain is no longer in any physiological association with the rest of the body (since it has been cut off from the circulation) would be a proper analogy to the Chacham Tzvi's insistence that only the "breath of life" determines life and death. The Chacham Tzvi's emphasis on the importance of the heart is grossly misunderstood by those who do not give this teshuvah a careful reading. According to the biological facts available to the Chacham Tzvi, the heart was a respiratory organ; its importance to him in determining halachic death was precisely due to its presumed vital function in promoting respiration.

Quality and Sanctity of Life: A Torah View[1]

The following review of halachic literature is intended to

---

1. For a somewhat broader analysis of this issue, one which takes into account additional halakhic literature, see the Appendix, "Quality and Sanctity of Life in the Talmud and the Midrash."

present the Talmudic references that established the constructs Rav Moshe applied in his responsa on critical-care medicine.

The Talmud in Sanhedrin 37a emphasizes the sanctity of the life of the individual human being by equating it with that of the human race as a whole. "To save one life is tantamount to saving a whole world." Life is thus of infinite worth. The saving of a life takes precedence over all Torah prohibitions except adultery, idolatry, and murder. Except for the mitzvah to sanctify Hashem's name, which may require the forfeiting of one's life. In all other circumstances, preservation of life takes precedence over other ethical and moral considerations. The obligation to save a life applies to the individual himself. It becomes the ethical basis of medical care. When ill, a person must seek medical care in order to find a cure. Nothing can be done to shorten a life. Thus euthanasia is murder, according to Jewish law, however noble the motive. Withdrawal of hydration and nutrition is viewed in Jewish law as active euthanasia because of the inevitability of death.

In the responsa of Rav Moshe, a thread of compassion weaves its way through the analysis, indicating that at times treatment should be withheld and life not prolonged. As Rav Feinstein emphasized over and over again, the validity of a teshuvah is based upon the accuracy of its source material. What is the source material that allows us to question the concept of sanctity of life? Some decisors, not generally recognized as *poskim* but respected greatly by their own groups, such as some of the Chasidic Rebbes, have in practice demanded that everything be done to prolong life, if only for minutes, even in the cases of terminal patients suffering intractable pain. Thus, patients are resuscitated by electric shock even though the heart beats for but minutes thereafter, and the electric shock is repeated numerous times before the heart no longer responds. In his responsa Rav Feinstein makes it clear that this may be forbidden, for such patients are surely in the category of *goses*, and the halachah demands that no aggressive, invasive contact be made with such patients. In the next few sections I present the relevant Talmudic and Midrashic sources making up the construct that sanctity of life presumes a minimum quality of life, and that intractable pain in the case of a terminal patient is reason for not taking any measure to prolong the dying process. "Fighting for the last breath" is not a halachically valid formulation of critical-care medicine.

Kesubos 77b

Rebbe Yehoshua ben Levi is recorded in the Talmud as one of the greatest of the tzadikim in an era of tzadikim. A miraculous tale is told to teach a lesson. R. Yehoshua ben Levi was often in the company of angels, among them the Angel of Death. He once asked the Angel of Death to show him his place in Gan Eden. On the way there, Rebbe Yehoshua asked the Angel of Death for his sword, stating that the sight of him holding his sword was frightening. When Rebbe Yehoshua was shown his place in Paradise, he jumped in and took an oath that he would not leave. The Angel of Death appealed to Hashem, who decided that since Yehoshua ben Levi, the great tzadik, had never taken a vow or an oath and then abrogated it, he should not be compelled to do so now.

When the Angel of Death pleaded for the return of his sword, R. Yehoshua ben Levi refused, since without the sword death would be banished forever. Hashem interceded and instructed R. Yehoshua to return the sword, since "mortals have need of it." The sword—or, let us say, the scythe of the "Grim Reaper" in modern imagery—is needed when life becomes so burdensome that death is preferred.

Kesubos 104a

The death of Rav Judah the Prince, known as Rebbe, the compiler of the Mishnah, is described in Kesubos 104a. When Rebbe fell mortally ill and was in great pain, the students at the yeshiva prayed for his life to continue. His maidservant, who in another place in the Talmud is credited with great wisdom and Talmudic knowledge, saw his anguish, and prayed for the angels to receive Rebbe, and his students' prayers to be rejected. She went so far as to disturb their prayer by tossing an urn in their midst. With their prayer silenced, Rebbe's soul rose to Heaven. The Talmud records this in praise of the maidservant's wisdom. There is a time for prayer to stop. There is a time for the soul to return to Heaven.

Nedarim 40a

The Talmud records an incident in the academy of the great Rebbe Akiva. One of his disciples took ill and, in a strange breakdown of the mutual respect and concern that normally typified Rebbe Akiva's Academy, none of the other students visited their sick colleague, as noted in the Gemora (Yevamot 72b) that attributes the terrible plague that decimated the academy during the days of Sefirah as due to the breakdown in human relations. Rebbe Akiva went to visit him and was of such help, that the student stated that the visit had saved his life. When Rebbe Akiva returned to the academy, he rebuked his students, saying that he who does not visit the sick "is as one who sheds blood."

Rabbenu Nissim, in his commentary on the Talmud, now printed in the margins of our Gemoros, analyzes Rebbe Akiva's statement in order to glean whatever halachic information may be derived from the story in relation to that of Rebbe's death. Rebbe Akiva rebuked his students as follows: "You could have gone and been of help to him. You could have prayed for his recovery. If you had found him in a state of great pain and there was no hope for his recovery, you could have prayed for his speedy death." Rabbenu Nissim thus establishes, in unequivocal terms, that there is a time to pray for a person's death. Surely, that is not a time for resuscitation. It is not a time for heroics to prolong life by minutes or days.

Avodah Zarah 18a

Rav Chanina ben Tradyon was burned at the stake for teaching Torah publicly, in violation of a Roman decree. The executioner, as an additional cruelty, wrapped Rav Chanina in a Torah scroll and placed wads of wet wool on his chest to prolong the dying process. When Rav Chanina's students urged him to open his mouth and breathe in the flames in order to hasten his death, Rav Chanina refused. "No, I cannot do that. Let the One who gave me my life take it away, for it is forbidden to injure oneself." The executioner, hearing this exchange, realized how great a man his victim was. In an act of contrition, he asked Rav Chanina's permission to remove the wads of wool and wanted to be credited with a meritorious act for doing so. Rav Chanina agreed and even swore that this executioner would have a place in the World to Come.

The distinction between opening one's mouth and breathing in the flames and removing the wads of wool is quite obvious. Opening the mouth is an act of euthanasia. Removing the wads of wool is cessation of a treatment that prolongs the dying process. That is permitted and, indeed, is considered a meritorious act.

Ta'anis 23a

The Talmud records the strange tale of Choni the Circle-Drawer, who slept for seventy years. Choni was a great tzadik whose relationship with Hashem allowed him, "like a child dealing with his father," to draw a circle around himself, refusing to step out of it until Hashem sent rain to the parched land of Israel. This great tzadik arose from his long sleep and entered the house of study, where he soon discovered that he was counted as one of the greats, for he heard a scholar say: "Not since the time of Choni Hamaagal has there been anyone who had the Torah so lucidly in his mind." Choni tried to convince the people that he was the same Choni whom the scholar had praised, but to no avail. They acknowledged his great mastery of Torah but attributed to mental imbalance his claim to be the Choni who had disappeared seventy years earlier.

Choni felt himself an outcast from society and prayed to Hashem for death. The maxim "Give me friendship or give me death" comes to us from this plea to Hashem. Choni was suffering, not from any terminal illness, but from severe mental anguish and psychological pain. The Talmud does not look askance at Choni's refusal to continue his life of anguish. Indeed, the halachah equates psychological trauma with physiological pain.

Sotah 46b

The Talmud records a dramatic case in which "quality of life" was the determinant for the prolongation of life. The town of Luz was inhabited by great tzadikim who devoted themselves to making the *techeles* for the *tzitzis*. Because of their meritorious behavior, no one in the town died. The Angel of Death was not permitted to enter the town. When one of the righteous men of Luz grew old and determined that life had lost its savor and become burdensome, he would go outside the walls of the town to await natural death. The Talmudic sages made no negative comment, seeminly accepting loss of quality of life as adequate justification for this behavior.

Bava Metzia 84a

R. Yochonon became deranged because of the guilt he felt over the death of his brother-in-law and student, Resh Lakish. The sages successfully prayed for his death. Surely they had prayed for his recovery first, and only decided to pray for his death, since his quality of life was unacceptable, when their initial prayers were not answered.

Midrashic Sources

Several additional sources in the Midrash might be cited. The Midrash may be used a source for halachic decisions when it is unopposed by anything in the Talmud. Of particular interest are Midrash Tehillim Rabbah 8 and Bamidbar Rabbah 22:2. However, the foregoing citations from the Talmud should adequately present the principle that although life per se is of infinite worth, quality of life is, indeed, a halachic consideration.

Analysis

The preceding discussion illustrates the manner in which a *pesak* is developed. It is not an expression of personal inclination or an emotional response. Mastery of the entire Talmud is required to find the source material to answer a question that seems not to have been treated specifically in the halachah. Although most of the references have prayer as the "treatment modality," all of them, when combined with the record of the martyrdom of Rav Chanina, permitted Rav Moshe to conclude that a life of intractable pain should not be prolonged if cure is not possible.

However, a critical reservation must be emphasized. Quality of life decisions can only be made by the patient. A patient may decide to bear the pain rather than suffer the consequence of no treatment—forfeiture of his life. A very special burden is placed upon the caregivers when the patient is incompetent and cannot express his wishes. In his responsa, Rav Feinstein concluded that in the absence of any contradictory instructions from the patient when he was still competent, we must make what is known as a "best interest" decision. Loving family members, in cooperation with the physician and their rabbinic guide, must decide whether the patient's quality of life is so poor so as to justify withdrawal of all treatment other than hydration and nutrition.

To summarize Rav Moshe's position on the quality of life factor in cases of terminal illness: Halachah holds human life to be of infinite value and requires that all halachic restrictions be waived in order to save a human life. The physician is divinely licensed and obligated to heal, and patients are obliged to seek healing from competent physicians. Any deliberate hastening of death, even of a terminally ill patient, is an act of murder. The halachah never permits active euthanasia.

However, a physician is only obligated to heal when he has a medical treatment or modality to offer the patient. If the patient is dying from an incurable illness, and every therapy that could possibly be of help has been made available to no avail, the physician's role changes from that of a healer to that of one who cares deeply for the dying patient. Supportive care is required at this stage; food, water, good nursing, maximal psychological support. Rav Moshe often emphasized how important it is for the physician who can offer no cure to assiduously devote himself to easing the patient's burden. Pain, unrelieved by medication, makes life unbearable. Under such conditions it may even be proper to withhold further therapeutic protocols that may prolong life but not cure the patient. Experimental therapy, if available, is an option which a patient can accept or reject. This is especially so if the experimental therapy carries a significant risk so that its use may lead to an earlier death. The patient may decide to stay with conventional therapy even though no cure is expected, but the patient's present state may be prolonged.

Finally, it is the patient who must decide whether to assume the risk of experimental therapy or the no-risk, no-cure decision that conventional therapy offers.

The Anatomy of a Teshuvah: Medical Facts

During the late 1970s and much of the 1980s, vital-organ transplantation was in a state of flux, or more accurately, confusion. Since there was no consensus on how to determine whether neurological death had occurred and on what was acceptable mortality and morbidity postsurgically, a moratorium was declared, effectively stopping all cardiac transplants. The heart was the only vital organ that was being studied at that time. Liver, lung, and pancreas awaited further advances in transplantation surgery, advances that essentially occurred toward the very end of the 1980s and in the early 1990s.

Rav Feinstein studied the medical facts for almost two years. During this time, leading physicians in transplantation surgery came to his home to explain what they knew about two critical issues: (1) how to be certain that the donor was dead, and not merely in a deep coma; and (2) how to determine that the recipient had a better than 50 percent chance of long-term survival following transplantation. Many contributed to this understanding. Medical literature was replete with transplantation reports. These were translated for Rav Moshe, but the main contribution was made by people who came to his home, some spending long hours, even days, to present the best knowledge available at the time, knowledge that proved to be fully accurate as transplantation medicine developed.

The contributions of specific physicians should be noted, if only as an expression of appreciation for their selfless dedication to the task of helping the great *posek* clarify the factual issues so that a halachic ruling could be made. Dr. Ira Greifer, the Medical Director of the Kidney Foundation of America and Chairman of the Pediatric Department of Albert Einstein College of Medicine; the great, late transplant surgeon, Dr. Sam Kountz of Downstate Medical School; Dr. Irwin Krasner, a yeshiva-trained pediatric surgeon; the late Dr. Sam Korman, great oncologist; and many young, yeshiva-trained physicians who were invited to present, in their own words, their understanding of time of death, and of the burdens the recipient would have to assume since transplantation surgery substitutes one illness for another. Even successful transplantation results in lifelong "transplantation illness" requiring ongoing maintenance therapy with immuno-suppressive agents making the patient more prone to infections and neoplastic disease.

During the early years, the definition of brain-stem death, now universally understood, was confused with cerebral death or deep coma. Rav Feinstein emphasized in several responsa that a patient in deep coma is considered to be fully alive and any shortening of his life is an act of murder. The fact that such a patient would never recover sufficiently to be aware of his surroundings and to communicate, but would die without hope of cure, had no effect on his right to medical care, or rather on our obligation to provide medical care.

Rav Feinstein had, as his main criterion, the halachic rule that a patient who shows no independent movement and has lost the ability to breathe independently is considered to have died. The medical profession finally came to the same conclusion in the now universally accepted definition based upon the Harvard criteria, now known as the President's Commission Statement on Determination of Death. This statement reads as follows: "An individual who has sustained either irreversible cessation of circulation and respiratory function or irreversible cessation of all functions of the entire brain, including the brain stem, is dead. A determination of death must be made in accordance with accepted medical standards." This definition has been endorsed by the medical associations in every country where modern medicine is practiced.

Tests to determine the cessation of all brain function, including the brain stem, must also ascertain that there is no possibility that profound drug-induced or hypothermic nervous system depression is masquerading as brain death. The key test, however, is apnea, or the absence of breathing, as presently performed.

The diagnostic protocol to test for brain death does not call for the apnea test until the neurological responses indicate a high probability that the patient is dead. These neurological tests include pupillary reaction, eye movement, and motor response to stimulation, so as to establish that there is death of the midbrain, pontine death as well as medullary death. This state must be maintained for some specific time interval. In practice, most hospitals repeat the tests after twenty-four hours, ensuring that the patient has been in the state of brain death for at least that period. Halachah has yet to make any specific pronouncement as to how much time should pass before the patient can be removed from the ventilator and either be used as an organ donor or buried. Rav Feinstein was aware of the pathological observations in patients who had been declared brain dead. The study that was reported to him, printed in *New York Academy of Science* 315 (1978), gave the pathological findings twenty hours after the patient had been declared brain dead. These findings involved major morphological changes in the brain; liquification of parts of the brain, actual physical destruction visible to the naked eye. It thus would seem that a twenty-four-hour time interval is more than adequate to establish, with absolute certitude, that the brain is no longer functional.

Rav Feinstein emphasized the functional definition of brain death. When a patient's heart stops, the classical criterion for determining death, the cells of the heart are nevertheless still alive. It is the organ that is no longer functional. Likewise, in the case of brain-stem death, the circulation to the brain has been sufficiently disrupted so that the brain cannot perform its function of sending messages to the other parts of the body and, most critically, is not able to maintain the breathing activity essential for life. This loss of function is irreversible.

Interestingly, Rav Feinstein rejected the suggestion that in all cases a nuclide scan be done before declaring the patient brain-stem dead. In his responsum, Rav Feinstein suggested that this test, which determines by radiological methods that no blood is entering the brain, an absolute sign that the brain is no longer functioning and that lyses, or liquification, will ensue, should be reserved for cases of sudden traumatic death. Based upon his study of the medical facts, he was quite convinced that the neurological examination, including apnea, was more than adequate to establish the halachic validity of brain-stem death.

In cases of sudden traumatic death, Rav Feinstein intuitively felt that the patient might not be sufficiently stabilized for these tests to be as valid as they would be with a patient who is chronically ill and increasingly debilitated, ultimately leading to death. In a letter written in 1976 to the New York State Assembly, which was considering a bill in relation to the determination of time of death, Rav Feinstein wrote that the proposed legislation was "unacceptable because it did not specify that the sole criteria of death is the total cessation of spontaneous respiration" (for the full text, see p. 89).

Rav Feinstein objected to the emphasis on the brain rather than the respiratory function. He was concerned that testing should not stress a patient who was not brain dead but in the terminal stages known as *goses*. For this reason he ultimately concurred that the nuclide scan test may be of value, since it does not require that the patient be touched. The test consists of the injection through existing intravenous tubing of a small amount of an innocuous radioactive material which is used to highlight the circulatory system throughout the body. Failure of the radioactive material to enter the brain is absolute proof of cessation of circulation to the brain, or its severe impairment so that all neurological functioning ceases.

However, since the cessation of respiration is the sole criterion of halachic death, the apnea test must be performed. Under the universal protocol now practiced in all hospitals, the apnea test is done in such a way as to minimize any possibility that the patient will be stressed. Advances in medical technology since Rav Moshe's death provide additional methods for determining brain death without stressing the patient. PET technology, as well as other refinements which now can measure whether the brain cells are utilizing glucose or not, may in the future prove to be the very best method of determining brain death. Failure to metabolize glucose is absolute proof that the cells have died. Glucose utilization can be localized; when the brain stem is shown not to be utilizing glucose, and, in addition, the nuclide scan shows that there is no discernible amount of blood reaching that area, there would be no shadow of doubt that the brain cells so studied are no longer viable.

When Rav Feinstein's responsa on brain-stem death were disseminated to the Torah-observing public, some readers raised objections to this ruling. The objections fall into two categories. Those in the first category derived from failure to understand the medical and halachic facts; those in the second approach the subject with a bias that is still hard to understand. This bias led to statement that perverted the truth. Chief among the detractors in this category are Dr. Abraham Abraham of Shaare Tzedek Hospital in Jerusalem and Rav J. David Bleich of Yeshiva University, as well as Rav Moshe Sherer and Mr. David Zweibel of the Agudas Israel of America. Under their instruction, the *Jewish Observer*, the house organ of the Agudah, published much erroneous material on this subject despite efforts made to present them with the true facts. Full documentation for this is presented on pp. 180–182.

Hagaon Rav Shlomo Zalman Auerbach, זצ"ל, who has clearly stated his full concurrence with the brain-stem-death definition of halachic death, was quoted both by Dr. Abraham and the Agudah as in opposition. This misrepresentation seriously calls into question the validity of other statements made by Dr. Abraham and the Agudah in the name of the Gaon. To facilitate the understanding of these documents, I would like to point out the critical errors on the part of those who objected to Rav Feinstein's ruling on brain death.

Dr. Abraham, despite many efforts to dissuade him, suggested in print that Rav Feinstein's responsum on brain death must be understood as brain death in addition to cardiac death. In other words, Rav Feinstein, alone in the halachic world, would have required that after a patient is declared dead on the basis of classic circulation criteria (i.e., the cessation of heartbeat), halachic death would also require that the brain die. Such a reading of Rav Feinstein's responsum can only be understood as an unfortunate misreading.

Dr. Abraham is a physician and knows very well that you cannot do a bloodflow nuclide scan when the heart has stopped. Yet, in the responsum, Rav Feinstein says that the nuclide scan should be used in cases of sudden traumatic death. Dr. Abraham's insistence on publishing this reading of Rav Feinstein's responsum, despite the efforts of many of his colleagues to point out this error, is most regrettable.

Rav J. D. Bleich misinterprets a responsum in which Rav Feinstein rejects brain-death criteria. However, that responsum clearly states that the case at hand is of a patient who can breathe independently. Such a patient is not brain dead, but cerebral dead or in a deep coma, and no one denies that such a patient is not dead—neither according to halachah nor according to any secular medical system known today. Similarly, he claims that the Chief Rabbinate of Israel, in their ruling which approved brain-stem death as a basis for allowing a cardiac-transplant program to be initiated in Israel, "never discussed brain death." A reading of the Chief Rabbinate's ruling (see pp. 174–179) shows that one-quarter of the responsum of the Chief Rabbinate was devoted to defining brain death and establishing it as a criterion for vital-organ transplants.

The role of the Agudas Israel remains an enigma. The letter on page 90 to Mr. Miller of the New York State Assembly was drafted by Rav Moshe Sherer of Agudas Israel. He was fully aware of Rav Feinstein's position on respiratory death but saw fit to attack this ruling, not by questioning the halachic or medical facts on which it was based, but by denying that Rav Feinstein ever made such a ruling. This, he persists in doing to this day, despite the ancillary material that has been published since then and made available to him, such as the letter to Dr. Bondi, the letter of Rav Moshe's son, Rav Hagaon David Feinstein, שליט״א, as well as the many letters that the Agudah received pointing out their misunderstanding of basic issues, both halachic and medical. An example of confusion on this matter is evidenced by the publication by Rav Sherer of a "diary" record of a conversation he had with Rav Moshe. The "diary" record, reported by Rav Sherer in the Jewish Observer of Cheshvan 5752 (vol. 24, no. 7), pp. 21–22, confuses brain-stem death with brain-stem confirmatory testing, or the nuclide scan. It betrays a misunderstanding of Rav Feinstein's statement that the nuclide scan is only a *chumra* (additional stringency), thus casting doubt on Rav Feinstein's position on brain death. The brain nuclide scan is not done until *after* brain-stem death has been determined by neurological criteria, including the apnea test to determine total cessation of respiratory activity. Rav Feinstein's comment on the nuclide scan was that it cannot substitute for the apnea test and is not necessary except as a *chumra* or in search for objective radiological evidence of cessation of circulation to the base of the brain. Rav Feinstein did not think this necessary except in cases of sudden traumatic death, as noted previously.

Some of the opposition to Rav Feinstein's ruling on brain-stem death, as well as to other rulings that will be discussed in subsequent volumes, raises an issue of integrity that never before has been a factor in evaluating the writings of the Torah community. As noted above, Rav Feinstein viewed willful perversion of the truths of Hashem's Torah as tantamount to idolatry. One must forfeit his life rather than attribute a false statement to Hashem's Torah. No desire for political correctness, no concern for the impact on the laity or the medical profession or the legal profession, justifies perverting the halachah. If there is need for additional precautions to make sure that the donor is really dead, or that that the recipient can really benefit from the transplant, then these issues must be addressed directly without perverting the halachic basis for decision-making.

Throughout our halachic literature, the law was presented and then the rabbis suggested fences around the law for reasons which they understood to be necessary. Whether we have the authority to make such *gezeiros* or *takanos* today is highly questionable, but surely the educational role of the rabbinate should not be underestimated. For example, it may be acceptable in all quarters to institute a twenty-four-hour or even thirty-six-hour or forty-eight-hour wait between the initial brain-stem death test and a subsequent confirmatory testing. During this prolonged period the anatomical destruction of the brain would be quite evident, and this might well lead to greater confidence on the part of a laity disturbed by horror stories which have no basis in fact and, therefore, reluctant to sign donor cards or to permit the transplantation of organs from a loved one who has just died.

Rav Feinstein's responsum on brain death makes possible the saving of lives. Those who oppose his ruling for reasons that are suspect must be viewed as individuals who are pre-

RABBI MOSES FEINSTEIN
455 F. D. R. DRIVE
NEW YORK, N. Y. 10002
OREGON 7-1222

Letter
To Assemblyman
Miller, prepared
by M. Sherer!

משה פיינשטיין
ר"מ תפארת ירושלים
בנוא יארק

בע"ה

May 24, 1976

Honorable Herbert J. Miller
Chairman Assembly Committee on Health
New York State Assembly
Albany, N.Y. 12224

Dear Assemblyman Miller:

I have reviewed once again all the data relevant to Assembly Bill 4140/A, a bill in relation to determination of death.

It is my carefully considered opinion that:

    1) This bill <u>as written</u> is and has always been unacceptable.

    2) Any bill defining death must contain the following clarification as I wrote in my responsum:

"The sole criterion of death is the total cessation of spontaneous respiration.

In a patient presenting the clinical picture of death, i.e., no signs of life such as movement or response to stimuli, the total cessation of independent respiration, is an absolute proof that death had occurred. This interruption of spontaneous breathing must be for a sufficient length of time for resuscitation to be impossible (approximately 15 min.).

If such a "clinically dead" patient is on a respirator <u>it is forbidden to interrupt the respirator</u>. However, when the respirator requires servicing, the services may be withheld while the patient is carefully and continuously monitored to detect any signs of independent breathing no matter how feeble. If such breathing motions do not occur, it is a certainty that he is dead. If they do occur the respirator shall be immediately restarted."

I must emphasize that any bill which does not contain these criteria is unacceptable.

    3) In the event that these specific requirements will not be incorporated in your bill, I strongly endorse and support the "religious exemption" clause in the Governor's Program Bill, a concept which is in keeping with religious rights and social ethics.

                          Sincerely yours,

                            Moshe Feinstein
                        Rabbi Moshe Feinstein

venting the saving of human life, human life that is of infinite worth.

Additional Note

The Nisan 5755 issue of *Hamaayan*, a journal published by Poalei Agudas Yisrael, printed a eulogy of HaGaon Rav S. Z. Auerbach זצ"ל which had been delivered by Rav Y. Neuwirth שליט"א. In the course of his remarks, however, Rav Neuwirth introduced a revisionist version of the halakhic rulings of Rav Auerbach זצ"ל regarding brain death, and likewise of HaGaon, Posek HaDor, Rav Moshe Feinstein זצ"ל. The following is a response submitted to *HaMaayan*.

Clarification of the Halakhic Rulings of Rav Moshe Feinstein and of Rav Shlomo Zalman Auerbach זצ"ל in Regard to Brain Death

Since Rav Neuwirth's שליט"א remarks reveal a certain confusion regarding the opinions of these two Gaonim on this important and controversial subject, I hope the following will clarify the matter as succinctly as possible.

Concerning the view of Rav Moshe זצ"ל

Some ten years before his passing, my father-in-law informed me in a letter that total cessation of respiration in a brain-stem-dead patient is tantamount to decapitation, since this would constitute halakhic death. Such a patient is not a *safek goses*, but rather a *vadai mes*; the action of the ventilator in oxygenating the patient is not to be confused with breathing. Rav Moshe published this *pesak din* in *Iggeros Moshe* Y. D. III:132. If such a brainstem dead patient would be considered a *safek goses*, as suggested by Rav Auerbach, Rav Moshe would oppose Rav Auerbach's decision to permit removal of the ventilator, such this would constitute *safek retzihah*. He so stated this point in *Iggeros Moshe* H. M. II:73:1 and 74:3, based on the Talmudic rulings in Sanhedrin 77a.

The opinions I have publicized in the name of Rav Moshe were not inferred from his writings, but are direct quotations of his statements to me and from what he actually decided in the many cases presented to him. Tens of his students can testify that they heard from him the Torah truth that when a patient appears to be dead, totally unable to breathe independently, he is considered halakhically dead, without any reservation. When Rav Moshe was alive, no one dared question either the accuracy or the veracity of my report of his *pesak*. Only after the "death of the lion" have some individuals attempted to distort his words in an attempt to nullify his *pesak*. Although it is unnecessary to affirm the above statement, below I will review some of the written evidence to emphasize the accuracy of my report of Moshe's opinion on this matter.

(1) In a responsum to Dr. E. Bondi (grandson of HaGaon Rav Yosef Breuer זצ"ל and a leading pulmonalogist), written Kislev 5745:

> "Since the patient cannot breathe independently, he is considered to have died, even if the heart continues to beat for several days, as I wrote in my responsum in Y. D. III:132."

(2) Rav Dovid Feinstein שליט"א wrote to a questioner on Kislev 5753:

> "I have already written that the responsum of my father זצ"ל in Y. D. III:132 is an accurate statement [of his view that brain death is halakhic death], but as further clarification I state his opinion once more. 'If the patient is motionless, even if his heart is still beating, since he cannot breathe autonomously he is absolutely dead.'"

(3) A confirmatory letter published in *Assia*, Kislev 5750, by his editor and grandson, Rav Shabsai Rappaport שליט"א:

> "There is absolutely no doubt that *Iggeros Moshe* Y. D. III:132 refers to a brain dead patient whose heart is beating. I confirmed this directly from my grandfather,

both by phone and in person, during the printing of the *sefer*.

(4) Concerning organ donation, Rav Moshe expressed his opinion in *Iggeros Moshe*, Y. D. II:174, Tammuz 5728, in a responsum to HaGaon Y. Y. Weiss זצ"ל when the latter was Rav of Manchester, England. Rav Moshe's *pesak* clearly enunciated the view that it is a great mitzvah to donate organs from the deceased in order to save someone's life.

I will now clarify the view of Rav Shlomo Zalman Auerbach זצ"ל.

(1) 18 Av 5751: In a four-line opinion printed in the *Jewish Observer*, the official organ of Agudas Israel of America, Rav S. Z. Auerbach is quoted to the effect that "it is not permissible to remove any organ [from a brain dead patient], for this is an act of murder."

(2) After I wrote a lengthy analysis of Rav Moshe's opinion to Rav S. Z. Auerbach on 23 Elul 5751, Rav Shlomo Zalman wrote [in an opinion now printed in *Nishmas Avraham*]: "In my opinion, someone needing an organ transplant in America may receive one, and it is *not* an act of murder. According to the description of Rav Tendler, since it is determined by radioactive injection that the brain is not being perfused with blood. If this test (nuclide scan) is performed, and if the experiment now being planned to prove that a pregnant sheep can continue to gestate a lamb even after decapitation will so confirm, a brain stem dead patient is tantamount to one who has been decapitated or as an elderly man whose neck was broken even if there is no external wound [cf. Chulin 231a]."

Rav Shlomo Zalman thus repeated verbatim the opinion of Rav Moshe in Y. D. III:132! This clearly-stated opinion was never questioned in his subsequent writings or verbal comments. Brain stem death is final, absolute, halakhic death!

However, erroneous "facts" transmitted to him by his medical advisor caused him to doubt the "safety" of the test to confirm brain stem death. Rav Shlomo Zalman then wrote:

"The brain stem dead donor will surely die, but [until the death is confirmed,] he has the halakhic status of a *goses* and it is forbidden to touch him. Despite Rav Tendler's claim that [the nuclide scan] can be performed without even touching the potential donor, I have heard form my medical advisor that it cannot be performed without moving the patient. Moreover, the injection of the isotope is even more stressful to the patient than moving him would be, or closing his eyes, acts which are themselves forbidden, since these [tests] are done for the benefit of others and not for the benefit of the patient."

It is indeed astounding that Rav Shlomo Zalman did not have available to him a medical advisor of both competence and integrity to provide him with accurate information. The "facts" he was given were erroneous.

a) The test to determine brain stem death are done for the benefit of the injured patient. If it is determined that he is not brain dead, aggressive medical or surgical treatments will be initiated.

b) It is absolutely false to state that the injection of a radioisotope is in any way harmful to the patient.

c) The injection can be given without touching the patient, since there is always an intravenous line in the patient, and the isotope is injected through this line.

d) A portable "camera" can be brought to the bedside to measure the radioactivity in the head region in order to determine whether the brain is being perfused with blood.

e) The conclusion of Rav Shlomo Zalman is most difficult to fathom. He wrote: ". . . In conclusion, outside of Israel, where most inhabitants are non-Jews, it is permitted to receive an organ transplant, but in Israel it is forbidden."

Is it permissible to kill a non-Jew to save a Jew? Even if non-Jews do not accept our halakhic standards, we are required to apply these standards to Jew and non-Jew alike. If brain death is not an acceptable criterion for determining halakhic death for a Jew, it should not apply to a non-Jew either.

(3) Rav Shlomo Zalman wrote to me [Nisan 5752] to reaffirm his concurrence with the view that brain death is halakhic death, but he was still concerned about the test protocol. He therefore suggested:

a) removal of the ventilator;

b) waiting until the heart beat ceases for 30 seconds;

c) the organ can then be removed or the heart beat restored, if possible.

(4) In Elul 5754 he published the above instructions in *Assia*, in a note originally written for Dr. Schulman whom he mentioned in Rav Neuwirth's eulogy of 2 Adar 5752. There R. Shlomo Zalman זצ"ל reduced the time of asystole (no heartbeat) to 15 seconds. Several leading transplant surgeons announced that they would accept such a donor (i.e., after 15 seconds asystole) if it would increase the size of the donor pool.

(5) Rav Dr. Abraham Steinberg and Rav Yigal Shafran שליט"א confirmed that Rav Shlomo Zalman concurred with the *pesak* of Rav Waldenberg שליט"א to perform a Caesarian section on a brain dead woman in an attempt to save the fetus, even though this surgery would cause the cardiac-pulmonary death of the woman. Surely, if he did not fully agree that brain stem death is halakhic death he would not have agreed. But since the tests to confirm brain stem death had already been completed, his concern for the safety of these tests was now a moot point. He therefore ruled on the *post facto* acceptability of the brain death criterion.

In sum, therefore, although he was unwilling to approve *initiating* the test protocol, once the tests were performed and brain stem death was confirmed, Rav Shlomo Zalman זצ"ל

ruled that the patient was halakhically dead and could serve as an organ donor.

6) On Jan 9, 1994, the Anglo-Jewish press reported that Rav Shlomo Zalman זצ"ל joined Rav Dovid Feinstein and Rav Tuvia Goldstein זצוק"ל שליט"א in an appeal to the Orthodox Jewish community to find a lung donor for a young woman, though the donor could only be someone who was a *brain dead relative* of those he addressed.

7) Several personal communications affirmed that numerous times Rav Shlomo Zalman approved the donation of vital organs from Jews, if the brain stem test protocol had already been completed.

It should be carefully noted that most *poskim*, Rishonim and Aharonim, permit an individual to assume significant personal risk in order to save someone else from certain death. Therefore, even if the brain dead test-protocol would involve some danger to the patient (which it does not), the signing of a donor card would constitute the voluntary assumption of this risk in order to save someone threatened by certain death because of the failure of a vital organ.

(8) In *Assia*, Elul 5754, Rav Shlomo Zalman introduced a final variation in the halakhic ruling on brain death.

> "I have been informed that a portion of the brain, the *hypothalamus*, remains alive after brain stem death has been confirmed. Therefore a doubt has been introduced; perhaps a 30-second asystole is not sufficient and we must wait until the hypothalamus also dies."

The source of this information was presumably Rav Shlomo Zalman's medical advisor, who should surely know that the issue at hand concerns the halakhah to which Rav Shlomo Zalman referred in his article in *Nishmas Avraham*—that one whose neck is broken is considered as though he were decapitated [Chulin 21a]. Such an individual is unquestionably considered to be dead; see Shulchan Arukh Y. D. 370. Anyone with an elementary education in biomedical subjects surely knows that the hypothalamus is fully viable immediately following this grievous injury. Thus the viability of the hypothalamus is entirely irrelevant to the question of determination of death! Yet Rav Shlomo Zalman's source of information seems to have misled Rav Shlomo Zalman with the information that the hypothalamus is part of the brain in regard to the halachic determination of death.

The Rambam in his commentary on Mishnah Oholot 1:7 defines the "halachic brain" as the control center for bodily movements. The hypothalamus is not part of the halachic brain, but rather a secretory tissue, no different from other glands of the body which secrete hormones. It does not control the body's motion. Upon death many parts of the body remain viable for various lengths of time without affecting the decision to declare the patient dead.

I hope that the above analysis finally puts to rest the doubts that have been raised in this connection, doubts which are based on erroneous information. HaGaon Rav Moshe Feinstein זצ״ל ruled that after brain death has been confirmed, organ donation is a great mitzvah. HaGaon Rav Shlomo Zalman Auerbach זצ״ל concurred fully with this position, but was concerned with the test-protocol used to verify brain death. This concern was a direct result of the erroneous information provided him by his medical advisor. Indeed, it is sad to realize that this great *posek*, to whom every doctor in Israel and outside Israel was available for consultation, chose as his advisor one who was unable or unwilling to provide him with accurate information on which to base his halachic ruling.

Iggeros Moshe, Yoreh De'ah I:145
[25 Tammuz 8707 (July 13, 1947)]

Why the Rambam Omitted the Law of "Your Life Comes First" (Hayecha Kodmin)

Introductory Note

This responsum reveals the analytical method that Rav Moshe used in all his Torah studies and, most evidently, in his responsa. It demonstrates his technique of first analyzing the earliest primary halachic source available, the Talmud itself. After dissecting the logic of the disputants in the Talmud he proceeds to draw analogies from other halachos to establish a principle. Once this principle is established, the application to the case at hand becomes self-evident. The question posed to Rav Moshe concerned the omission of the law of "your life comes first" from the halachos governing life-threatening situations. Rav Moshe, without citing the exact question, begins his responsum by analyzing the ethical dilemma recorded in the Talmud, Bava Metzia 72a:

Two people are lost in the desert. One has a canteen of water which is inadequate for both to survive until they reach a habitation. Ben Petura is of the opinion that both should drink, and indeed, that if they are not rescued, both will die, but one should not witness the death of his fellow. Rebbe Akiva decries this ruling and cites the verse in the Bible: "Your brother shall live with you," or, as our sages put it, "Your life comes first."

Rav Moshe rejects the suggestion that the Rambam really did not omit this halachah. Although the Rambam does not record Rebbe Akiva's opinion of "your life comes first" as a separate halachah, he does include it earlier in a summation of the law of Kiddush Hashem (i.e., at times, one must sanctify the name of Hashem and not transgress a Biblical commandment). In the summation, the Rambam clearly states that it is forbidden to forfeit one's his life except to avoid the three cardinal sins of adultery, idolatry, and murder. Saving another's life does not warrant forfeiting your own life. Rav Moshe points out that this does not "excuse" the Rambam for omitting the law of Rebbe Akiva, because the two cases are not comparable. In the decision of Rebbe Akiva to instruct the one who has the canteen not to share it lest both die, we have a decision that leads to loss of life. In the law that one's life takes precedence over all but the three mitzvos recorded previously, a Torah law will be violated so as to prevent a loss of life. But in Rebbe Akiva's ruling, a life will be lost *and* a law will be transgressed, the law of charity. Therefore, surely there is such novelty in this law that the Rambam would have had to record it even though he had a prior discussion concerning forfeiting one's life for the honor of Hashem.

Let us analyze Ben Petura's logic. Surely, it is a strange halachah to urge sharing of the water though in doing so both will die. We know that the law of murder, which does not allow one to save one's own life by committing murder, refers only to active, aggressive acts. If death is caused by a passive act, a failure to respond to the needs of another individual who is in mortal danger does not incur the death penalty. The halachah distinguishes between a coercive order to kill, which must be rejected even at the cost of one's life, and a passive act. If a person is threatened with death unless he allows himself to be thrown on an infant, he need not forfeit his life in resistance, because his life comes first. It is, therefore, strange that Ben Petura would disregard these halachic facts, facts that do not seem to be in dispute.

In summary, only an act of murder cannot be committed to save one's life. Passive nonresistance that will lead to the death of someone else does not require that one's own life be forfeited. Even Ben Petura agrees that it is proper to save one's own life by refraining from taking any action and remaining passively uninvolved. Why would Ben Petura then order the individual to share the water and thus forfeit his life when he can remain uninvolved, keep the water, and drink it himself, since all agree that one's own life comes first? [Note: The Netziv, in *Ha-amek She'elah*, Parshas Re'eh, suggests that the controversy between Ben Petura and Rebbe

Akiva concerns the degree of risk that one is required to assume in order to save another person's life. If there really is no hope and both will die if they share the water, then even Ben Petura concurs that one's own life takes precedence. However, the situation, as Ben Petura sees it, is that sharing the water may enable them to survive long enough to be found or to reach an oasis, and thus both lives will be saved. This decision involves the potential risk that neither will survive, and hence the halachic question that Ben Petura ruled on was: "If we both drink, we have a hope of both being saved. If I drink alone, then my friend must die. Am I required to enter into the risk situation, not forfeiting my life, but endangering it?" In this situation, Rebbe Akiva insists that there is no halachah that requires one to enter into a mortal risk in order to save someone else's life.

This controversy, as understood by the Netziv, has great significance in the halachic evaluation of transplantation surgery. The donation of a kidney from a live donor or, as is occasionally practiced today, of a liver or lung lobe, surely involves risk to the donor. The modicum of risk that the donor must assume is the basis of the controversy in the Talmud. According to the final ruling, which concurs with Rebbe Akiva, a donation of a liver, lung, or lung lobe may not be permitted, depending on the current evaluation of the degree of risk.]

To continue the analysis of the controversy between Ben Petura and Rebbe Akiva: Rashi and Tosafos (Sanhedrin 74a, Yoma 82a, Pesochim 25b, Yevamos 53b, Avodah Zarah 54a) explain that one may not commit murder to save one's own life because the "bottom line" is a negative calculation. A life is lost either way; to forfeit one's own life and not murder, or to murder and save one's own life. But in the latter case a sin is also committed, the sin of murder. Hence, one is forbidden to save his own life by taking someone else's life.

It should follow that to allow someone to die by not giving him charity, even if one is coerced, is not permitted, and one must forfeit one's own life rather than refuse to give the charity. It would seem that again the calculation comes out in the negative. For by not giving charity, and not helping his fellow man, the one who refuses violates a mitzvah of the Torah, the positive commandment to give charity. In addition, a life is lost. We must, therefore, conclude that there is a special halachah: when one's life is endangered, there is no mitzvah to do charity.

Indeed, the Talmud in Sanhedrin 73, citing the verse "Thou shalt not stand idly by your friend while his life is endangered," does not require the forfeiture or the endangerment of one's own life. Rather, as the Talmud says, it obligates one to spend money to hire a physician to save the life of one's fellow man, even though one cannot personally help him. I must seek help elsewhere, and pay for it. This commandment "energetically to seek help even if expenditure of money is required" is both an obligation and a limitation. It is not required to do more than spend time and money.

Therefore, when it is necessary to forfeit one's life in order to save someone else by a charitable act, it is not a transgression of the mitzvah of charity to refrain from doing so because of the danger to oneself, but rather the halachah of "you come first." It is but one life against another life. It is not a life and a mitzvah, for there is no mitzvah under these circumstances. To make this point clearer, imagine a case in which someone falls into a well, and to prevent him from escaping one is coerced, on threat of death, to remove a ladder from the well and thus cause the death of the person who fell into it. Even though removal of the ladder may not be considered a direct act of murder, it certainly is a contributory cause of this individual's death, not to be considered a passive act, but rather an active, aggressive act against someone else in order to save one's own life. For this, we have the commandment that one may not save one's own life at the expense of someone else's life.

If, however, one is prevented from calling a doctor and paying his fee by a threat to one's life, one should not forfeit one's life. The reason is that the mitzvah does not exist when one's own life is endangered. Therefore, the issue is clear: "My life or his?" To this we answer: "Your own life comes first." It is clear to me that Ben Petura considers failure to share the water analogous to removing the ladder or removing the water supply from an imprisoned individual which will surely lead to his death. Even if one's own life be endangered, according to Ben Petura, one is not permitted to save it at the expense of someone else's life.

Rebbe Akiva, therefore, introduces the concept, based upon a verse in the Torah, "And you shall live by them." The statutes of the Torah are not [intended] to cause the death of an individual. Therefore, according to Rebbe Akiva, there is no mitzvah to share that which you need for yourself. In the absence of a mitzvah, the issue is simply who shall live and who shall die, to which Rabbe Akiva answers *hayecha kodmin*, "your life comes first."

This principle applies not only to life-threatening situations, but even in strictly monetary matters. If two lost objects are located simultaneously and there is no time to return both, if one of the objects belongs to you, it takes precedence over the other. Therefore, in our case, since the canteen of water is in your possession, you are now to evaluate whether you are obligated to give water to someone who is in need. However, your own need comes first. There is no mitzvah to give away that which you must have for yourself. This principle is so clearly established that we must conclude that Ben Petura, who does not apply this principle to the case of the two men in the desert, claims that this principle does not apply in cases of *pikuach nefesh*.

We might offer an analysis of Ben Petura's position based upon the halachah that to save one's life it is permitted to violate the laws of theft. Hence, the concept of ownership cannot be applied here, since the individual without the water is permitted to steal the water for his own use. Once we disregard the ownership of the canteen of water, it must follow logically that since each can lay claim to the water, the only equitable solution is for them to share the water equally in the hope that both will survive and, if not, both will perish. We might even add that in the absence of ownership, which would give the one who has the canteen some priority over all others, the mitzvah of *tzedakah* is in full effect. Consequently, we would now have an equation in which if one refrains from giving the water he violates the mitzvah of *tzedakah*, at the same time causing the death of another individual. Therefore, once again, the equation ends up in the negative, for a life is lost and a sin has been committed.

Rebbe Akiva's original contribution is, as we said, to analyze the circumstances and conclude that when one's life in endangered there is no mitzvah of *tzedakah*. If one is impoverished and cannot afford to buy tefillin or an esrog and lulav, he is not free of the mitzvah. The mitzvah is an obligation, but he is under duress. Forces beyond his control make it impossible for him to fulfill his obligation.

Rebbe Akiva's analysis is that as far as the mitzvah of *tzedakah* is concerned, in the case at hand, it is not that one has the obligation, but is unable to fulfill it due to extenuating circumstances. Rather, the mitzvah does not exist. The mitzvah of *tzedakah* is limited to that which is in excess of what one must have as a basic minimum for oneself. If one has just enough food for oneself, there is no mitzvah to share this food with others.

Since one has but one life, one is not asked to share this life with anyone else. Therefore, one does not violate a mitzvah or fail to fulfill a mitzvah when one does not share the water with one's fellow traveler. There is just the rule: You shall live by "My commandments." If one's life is endangered by My commandments, with the exception of the three previously mentioned sins of idolatry, adultery, and murder, the Torah establishes no obligation.

This principle of Rebbe Akiva's is codified by the Rambam in Laws of Charity 7, where the Rambam defines the mitzvah of *tzedakah* as follows: "It is a positive commandment to give *tzedakah if one has the ability to do so.*" The ability to do qualifies the mitzvah of *tzedakah*.

Now to answer the question succinctly: You asked why the Rambam does not record the law of Rebbe Akiva of "your brother shall live with you," that your life comes first. This is a most important halachah and the Rambam *does* record it, but not where you searched, but rather in the Laws of Charity, where the principle is established. Charity is obligatory only for those who can afford to share. When one's life is at stake, sharing is neither possible nor permitted.

Iggeros Moshe, Orach Chaim IV:79
[17 Adar 5735 (March 16, 1976)]

The Conduct of a Doctor on the Sabbath

[This responsum was written to a young medical school graduate who posed a number of important questions as to his conduct on the Sabbath.]

The Rambam, in Laws of Shabbos chapter 2, refers to the treatment of the critically ill on the Sabbath, using the term *dechuyah*, i.e., that the laws of saving life supplants the laws of Shabbos. The author of the *Shulchan Aruch*, in his *Kesef Mishnah* commentary to the Rambam, explains that the concept of *dechuyah*, as opposed to the concept of *hutrah*, means that the decision to save a life takes precedence over the commitment to observe the Sabbath.

The concept of *hutrah* is that on the Sabbath there are no laws that govern relationships to the critically ill. The law is not supplanted. It is not a value judgment of which law is more important; rather, the Sabbath laws were originally given for all people who were not critically ill. The difference in halachah is significant. When a law is supplanted, there is an obligation to avoid conflict if possible. If this were the case, then on the Sabbath, for example, if there were a non-Jewish physician, equally competent, the Jewish physician should defer to the non-Jewish physician. It is, therefore, strange that the Rambam's laws should be interpreted as *dechuyah* when, as we all know, there is a special mitzvah for a Jew to be involved in the saving of a fellow Jew's life. He is not to defer to a non-Jewish physician, lest people say that the Sabbath law is only reluctantly supplanted and he will not hasten to respond to an emergency call. Even if a non-Jewish physician is standing by, it is a special mitzvah for the Jew to undertake to transgress the Sabbath law and do whatever is necessary to save the patient.

In my opinion, there is no difference between the concepts of *dechuyah* and *hutrah* with reference to medical care on the Sabbath except if the patient has not yet called a physician. [A second difference might be the need to perform the task *al yedei shinnui*, i.e., not in the usual manner, assuming that to do so will not introduce any delay. M. D. T.] That is, if the concept is really *dechuyah*, the physician is not obliged to make himself easily available so that people can find him in time of need. Therefore, it is quite proper to have an unlisted telephone number that can be given only to those who have a halachic right to contact the physician, such as a patient whose care is being managed by the observant physician and may require his advice or services on the Sabbath. This assumes that there are sufficient numbers of other physicians in the area who can be contacted by anybody who needs a physician.

If, however, he is the only physician in the area, then, of course, it is necessary for him to be available so that people in need can contact him. If he lives in an area where most of the inhabitants are non-Jewish, it surely is right and proper for him to choose the Sabbath as his day off. Physicians whose schedule calls for them to be off one day of the week do not hesitate to be unavailable during that day by traveling to some distant place. They generally do not to respond to telephone calls but have a service refer the caller to the physician who is covering their practice for the day.

Now to focus directly on the question that was posed concerning the care of a non-Jewish patient on the Sabbath. There was, indeed, a time when the explanation in the Talmud [Avodah Zarah 26a] was fully acceptable. People who were devoted to their religion understood that different religions have different regulations as well as privileges for those who belong to the same faith community. Thus, a Jewish physician, as Abaye explains in the Talmud, could tell a non-Jew: "I may transgress the Sabbath only for those who are Sabbath observers." [This explanation] was fully acceptable to the non-Jew.

All must appreciate that an answer of this kind would now be totally unacceptable in every country known to us. Surely, neither the relatives of a patient nor governmental agencies nor hospital administrators would appreciate that response. Indeed, I suspect that a doctor who refused to treat a patient would have to face some legal, possibly criminal action. Therefore, it is important for a physician on the staff of a hospital to arrange his schedule so as not to be on duty on the Sabbath. Since in America Sunday is a day when most people like to be off, it should not be too difficult to change the on-duty schedule by agreeing to work on Sunday in return for others covering your duty assignment on the Sabbath.

By arranging matters so that you are never assigned any duties on the Sabbath, obviously others will be assigned in your place. There should be no concern that because of your arrangement other Jews will be forced to work on the Sabbath. It would most likely be a kindness to a Jewish physician who is not a Shomer Shabbos to be on duty in the hospital on the Sabbath, where many of his activities are covered under the mitzvah of *pikuach nefesh*, rather than to be at home or elsewhere, where he is committing transgressions of the Sabbath without any redeeming circumstance, such as providing medical care.

If a situation should arise in which you must be in the hospital, since you have been unable to rearrange your schedule and a non-Jewish patient is presented to you, surely you must treat the patient even if [doing so] involves transgression of Biblical prohibitions on the Sabbath.

Similarly, if there is an accident near your home and people rush in to call you, since you are the physician closest to the scene, even though the injured individual may not be Jewish, you are required to offer your full services in disregard of the transgressions of the Sabbath. There is no distinction between Jew and non-Jew.

The great sage, the Chofetz Chaim, in his *Mishnah Berurah* 338, criticizes doctors who are Sabbath observers for traveling great distances in order to treat a non-Jew and often compounding their own prescriptions on the Sabbath, as was the custom in Russia. He concludes that they are Sabbath transgressors. This is surely not in consonance with the current social condition. The halachic principle of *eivah* [i.e., minimizing factors which cause enmity between people] is not based solely on the desire for good human relations within a community. There is a far greater concern that a breakdown in human relations will actually lead to the killing of Jews. Thus, not treating a non-Jew on the Sabbath may very well endanger the lives of other Jews. This is why I find it so difficult to understand the position of the Chofetz Chaim.

I can certify that in Russia, in small towns where there was only a single physician for an entire district, a Jewish physician who refused to travel to care for a non-Jew on the Sabbath, regardless of his defense that his religion did not allow it, would surely have endangered his life and the lives of other Jews. Even the police would have made no effort to protect him from the wrath of [the patient's] relatives, who would have claimed that his failure to treat their relative had caused his death.

It is obvious to me that the [author of the] *Mishnah Berurah* was aware of this problem, because he appended a footnote to explain that his position that the prohibition of a Jewish physician treating a non-Jew on the Sabbath applies "to the country of India, who[se inhabitants] are even today true idolaters."

Obviously, he also feared that in the West the Jew would be endangering his own life and the lives of other Jews if he failed to treat all patients on the Sabbath who needed his help, without regard to the their religious affiliation. The Chasam Sofer, in his responsum on Yoreh De'ah 131, said this quite openly. If there is danger that enmity will result from failure to treat a non-Jew on the Sabbath, this involves danger to life. Therefore, it is permissible to transgress even the Sabbath Biblical laws in order to treat the non-Jew.

It is interesting to note that the author of *Divrei Chaim* (Orach Chaim II:25) explains that the concept of *eivah*, or enmity, that might result, is not adequate justification for transgressing Biblical commandments on the Sabbath. Nevertheless, he records the custom of religious physicians to transgress the Sabbath, even with reference to Biblical commandments, in order to treat non-Jews on the Sabbath, basing themselves on a special edict issued by the Council of the Four Lands (an organization of the greatest rabbinic scholars that held the sway from the mid-sixteenth century until 1764), which ruled that in light of the social impact of failure to treat all patients who needed a physician's help, it was required that physicians treat patients on the Sabbath, regardless of religious affiliation. It is difficult for me to understand why this edict was needed since it is quite obvious that the law is as I have stated it and as recorded by the Chasam Sofer. The edict must be understood, therefore, as recording the consensus of the opinion of the *poskim* of the time that even if the physician personally feels that it will not lead to the animosities that are our concern, the edict was issued to order him to disregard his personal evaluations and accept this as a *pesak din* of the *gedolim* of the generation.

It is interesting that the *Divrei Chaim* never expressed himself in opposition to the actions of these physicians, recording his own opinion and then stating the reason for the current practice of the physicians who take the more lenient approach. It should be obvious to everyone that whether [such a refusal] leads to enmity or not may vary in different places, and hence, the necessity for a general ruling so that the conduct of a physician in one part of Europe should not have a negative impact upon the Jewish population in other parts of Europe.

The personal opinion of the physician only has validity in his own town, but he is unaware of the far-reaching impact of his actions in refusing to treat a no-Jew on the Sabbath. I must reiterate that it is my considered opinion that in our day we have to worry about the impact on the Jewish community worldwide. If it should be reported that a Jewish physician refuses to treat a non-Jew on the Sabbath while he does treat his Jewish compatriots, true enmity will result to the great detriment of the Jewish inhabitants.

It has been reported, in the name of the Klausenberger Rebbe זצ"ל, that physicians should not take any fee for treatment [rendered] on the Sabbath. This ruling is right and proper. Surely, it is forbidden to profit from any Sabbath transgression, and therefore in this case, his entire motivation should be the saving of a human life and the performance of that mitzvah.

Iggeros Moshe, Orach Chaim IV:81
[2 Rosh Chodesh Adar 5739 (Feb. 28, 1979)]

Use of Beepers by Medical Personnel on the Sabbath

[This responsum was written to clarify the workings of the Hatzolah organization in Brooklyn, New York, with specific reference to carrying a beeper on the Sabbath.]

The question posed to me concerns the wearing of a radio by members of the Hatzolah organization. If they could not wear the radio and be in contact with the central office while away from home, it would necessitate their staying in their apartments with a radio receiver turned on waiting for a call for their services. Not to be able to leave home on the Sabbath would be surely a great burden and would reduce the number of volunteers so necessary for the proper functioning of this organization.

The Talmudic discussion in tractate Shabbos [63a] makes it clear that an object can be classified as an article of clothing even though it does not serve the usual function of clothing, namely, to protect the body from the elements. The controversy recorded there concerns a soldier wearing his sword or carrying his bow, and involves the aesthetic evaluation of these items. If they are regarded as a sign of his status and importance as a defender of society, he may wear it on the Sabbath. If, however, it is a degrading symbol of his association with killing and warfare, then he may not. Clearly, if the item under discussion has no negative connotations, it can be considered an accessory to clothing, even though it may not be made of anything more than base metal.

The Hatzolah beeper certainly does not signify an individual involved in a degrading activity. On the contrary, it identifies someone who is waiting to serve his fellow man in time of need. Although there is a controversy in the Talmud as to whether weapons will be needed during the Messianic era, and those who believe they will not be needed (for there will be no wars) do not look upon the sword as a symbol that gives honor and importance to the wearer, this does not apply to a beeper.

Even if we accept the opinion of Rebbe Eliezer that there will be no illness in the Messianic era, and hence [there will be] no need for the Hatzolah organization, this in no way casts aspersions on the social approval accorded those who wear the beeper because of their great mitzvah work. There are no negative connotations to the wearing of the beeper as there may be to the wearing of a sword. In my opinion, therefore, it is permissible to wear a beeper on the Sabbath. They may leave their homes with it attached to their belts, so that they may respond quickly to a call from someone in need. It would be too burdensome to expect these people to stay at home waiting for the call to come, and as I have said, this would surely reduce the number of volunteers for this important work. Someone has suggested that the Sabbath work should be done by hiring non-Jews to serve as Hatzolah members. This contravenes the halachah that says that *pikuach nefesh* activities should be performed only by Jews and not by non-Jews, even when a non-Jew is readily available. In addition, a staff which works for money cannot be expected to respond with the same alacrity, the same devotion as those who do it in order to perform the great mitzvah of *pikuach nefesh*.

Iggeros Moshe, Orach Chaim IV:80
[30 Sivan 5738 (July 5, 1978)]

Emergency Medical Personnel and the Observance of the Sabbath

[This teshuvah concerns a very important instruction to the Hatzolah movement. It has evoked significant opposition from the Chasidic Rebbe community.]

I begin by extending my sincerest blessings to those who have undertaken the holy work of providing the means to respond quickly to individuals who may fall critically ill and need immediate aid in order to survive. May Hashem crown their efforts with great success, and may they be rewarded for their great mitzvah.

Rushing to bring oxygen to someone in critical need of help often necessitates transgressing many Sabbath laws. First-aid equipment must be transported from and to the public domain, and the use of electricity or, occasionally, even the driving of the ambulance, involves many Biblical and rabbinic transgressions. Surely this is what is meant when we are taught in the Talmud that the saving of life supersedes Sabbath observances. I believe it would be wise for the organization to have a non-Jewish driver. Even though *pikuach nefesh* activities should be performed only by Jews, the driving of the ambulance is not directly the *pikuach nefesh*, whereas the first aid performed by the Hatzolah member is the actual performance of the mitzvah of *pikuach nefesh*, so that there is no objection to having a non-Jew drive the vehicle. This has the advantage that with a non-Jew driving, the ambulance can be moved to a suitable parking place once the patient has been delivered to the hospital, thus facilitating the Sabbath observances of the Hatzolah member and not involving any confrontation with the authorities, whether the hospital's security staff or police officers. However, if waiting for the non-Jewish driver would involve any delay, even the slightest, the Hatzolah member should drive the ambulance himself.

I would like to direct my attention to a very important halachah concerning the Hatzolah organization. It is clear that going to the patient is an act that can be designated as life-saving. Thus, all Sabbath laws are suspended in order to allow the Hatzolah volunteer to save a human life. However, returning with the ambulance to the home base is halachically problematic. Often the hospital where the patient is brought is at too great a distance from home to allow the Hatzolah member to walk home, nor is it sufficiently safe to walk the streets, especially if the call responded to came in the early morning hours. The lawlessness in our streets makes it too dangerous to walk alone even when the hospital is not at a great distance from the Hatzolah member's home. If the Hatzolah member were required to stay at the hospital until the end of the Sabbath, surely this would inconvenience him and his family to such a degree that they would be reluctant to allow him to continue his work. Indeed, he might also be reluctant to disrupt his Sabbath to such a great extent, especially if this occurred with some regularity. The question of whether the Hatzolah member may return home after his life-saving mission has been completed has its answer in the two primary sources, Eruvin 44[b], especially the Tosafos there [s.v. *kol ha-yotzin*], and Beitzah 11b, where the halachic principle referred to as "permitting the end because of the beginning" is discussed in great detail. The halachic concept of permitting the concluding stage of an action in order [not to discourage] the first stage refers to a number of cases, such as witnesses coming to testify that they have seen the new moon, a midwife who goes to deliver a baby, and a Jewish defense force that goes out to save a town that is under attack, as well as other cases.

The present question concerning Hatzolah members must be understood to refer to circumstances where the work of the Hatzolah organization is *not* endangered if the equipment which is now at the place where the call came from [remains there] and as a result cannot be used again. Presumably there is sufficient staff and adequate equipment for [Hatzolah] to continue to function on the Sabbath. The question concerns those who go out on a call, complete their duty, and now ask whether they must wait where they are until the end of the Sabbath or may return home, preferably, of course, with the help of a non-Jewish driver.

However, the questioner directed my attention to the circumstance where there is no non-Jewish driver because the Hatzolah team responded to the emergency before the non-Jewish driver was available. May the Hatzolah member drive home on the Sabbath?

[The responsum contains a lengthy discussion of the text of the Talmud in Eruvin and in Beitzah that deserves the attention of scholarly readers, who will benefit greatly from the brilliance of this analysis.]

The Tosafos in Eruvin and the commentary of the Rashba in Beitzah clearly conclude that someone who goes out on a Hatzolah mission need not wait until the end of the Sabbath, but may return home even though it involves the transgression of Biblical Sabbath commandments. That is, even if he must travel a distance of more than twelve kilometers (a Biblical transgression), or must carry from the private domain to the public domain, or even if it requires driving a car, which involves multiple Biblical transgressions if a non-Jew is not available to drive him home. This is what is meant by "They permitted the end because of the beginning." The rabbis ruled that it is permissible at the end of the mission to transgress the Sabbath lest the inconvenience to the rescuer cause him and others to hesitate when called again the following Sabbath. We may add that many times the decision to remain where the rescue operation occurs could expose the rescuer to the danger of [attempted] robbery and mugging, which sadly are so omnipresent in our communities today.

Maimonides, in Laws of Sabbath 2:23, wrote as follows: "Those who go out to help their brethren who are under attack by the enemy on the Sabbath, when they succeed in rescuing their brethren, they may return with all their weapons to their starting point lest they be discouraged from responding to a call for help in the future." This clearly supports the position of Tosafos and the Rashba.

[However,] many have noted what appears to be a contradiction in the Rambam. In Laws of Sabbath 27:17 the Rambam writes as follows: "Those who go out to save their brethren from attack by non-Jews, or to help them in time of flood or collapse of buildings, must conduct themselves [in the same manner] as residents of the town and [therefore] may walk two thousand cubits [a kilometer] in any direction." This refers to the halachah of *techumin* on Shabbos, which states that an individual is prohibited from walking more than two thousand cubits beyond the inhabited portion of town. The rescuers are granted the same rights as the citizens of the town. We might conclude from this ruling that the rescuers may not return home but must remain in the town.

However, this [conclusion] is not accurate. There is no contradiction. The Rambam in a second paragraph refers to rescuers who have completed their mission and now may return home except that the Sabbath laws inhibit them from doing so. In this case the Rabbis ruled that they are permitted to return, for otherwise people would be discouraged from initially responding to the call.

The Rambam in chapter 27 refers to an entirely different set of circumstances. Careful reading of the text and the commentaries leads me to conclude that the situation there is that the rescuers had gone out on a rescue mission in the expectation that repulsing the enemy might take several days. They had made the necessary arrangements at home to permit their absence. Thus, nothing compels them to return home, nor do they fear an attack by the enemy, whom they have repulsed completely. Under these circumstances, the Rambam feels that it is proper for them to remain in the town, and therefore he records the halachah that they have the same rights and privileges as other members of the town, namely, to walk freely within the town and up to two thousand cubits in any direction outside the town.

This leads me to deduce a novel, and important, halachah. In the case discussed by the Rambam in chapter 2, the rescuers may return home because they are unwilling to subject themselves to continued attack. Having successfully repulsed the enemy this time, they have decided to return home even though there is still a danger that the enemy will attack. This circumstance is, of course, not uncommon where the secular authorities either will not or cannot control the marauding gangs that loot and pillage at will. The halachic novelty of this suggestion of the circumstance, referred to in the second chapter of Rambam, must be underscored. The rescuers need not subject themselves, for a prolonged period of time, to personal danger; having done their duty once, they may decide that they will not incur the continued risk of personal death or injury. The townspeople would be wise to accompany their rescuers away from the town, since the town is now a potential battlefield with continued danger to both townspeople and rescuers. However, the townspeople, feeling that they have no choice, decide to remain in town, and not to flee and leave their homes and possessions to be looted. The rescuers, however, have decided to return home. That is why the Rambam in chapter 27 introduces the notion of fear. They fear to remain in the town.

This critical distinction in understanding the two halachos in the Rambam [in chapters 2 and 27] provides insight into the halachah [in question]. In chapter 2 the Rambam notes that a *town* was being attacked. In chapter 27 the Rambam refers to rescuers coming to save the lives of *Jews* being attacked by non-Jews or being threatened by flood or collapse of houses possibly due to earthquake. It is my understanding of the Rambam that chapter 2 refers to a rescue squad. Once they arrive in sufficient strength, the enemy will flee and the town will be spared. Those who come on the rescue mission realize that [their mission] is only for a limited time, and their very arrival constitutes the rescue. Therefore, our only concern is that they not be discouraged from responding a second time when needed. Thus the Rabbis ruled that they may return home even though it involves transgressing of the Sabbath.

I do not refer to a return home with weapons. [The question of weapons] is dealt with by a special rabbinic edict requiring the rescuers to return with their weapons at all times because of an incident in which a misjudgment of the circumstances resulted in the storage of weapons in the town so as not to transgress the Sabbath; when the enemy attacked from ambush [the defenders weapons were not available to them]. For this reason the Rabbis ruled that the rescuers must return home with their weapons and not trust their [optimistic] judgment of the situation. However, other transgressions of the Sabbath are not involved in this rabbinic edict. They are covered by the halachah that we permit "the end because of the beginning." We permit the transgression of the Sabbath after the successful mission lest the rescuers be reluctant to undertake the mission in the future.

In chapter 27, [however,] there is no mention of non-Jews laying siege to a town, but merely the saving of Jewish lives. The case, as I conceive it, is that of a pogrom in which Jews are under attack, hiding in various hidden places to escape the murderers, and it is the job of the rescuers to search every house and courtyard—all the places where people can hide, so as to restore law and order in the town. The rescuers know very well that they are on a prolonged mission, and therefore we are not concerned that requiring them to wait until the end of the Sabbath may discourage them from responding in the future. They were fully aware that this would be a lengthy mission and are prepared to spend that time.

This is not the case in chapter 2, where the rescuers come for the specific task of repulsing a siege of the town and, indeed, may not want to remain in the town, a town that is exposed to enemy attacks. Having done their duty once successfully, [they are not willing to linger]. It is of great halachic interest to note that such a town with its inherent dangers is not considered to be unfit dwelling for Jews. The inhabitants are not required to vacate the town in order to protect their lives, leaving their homes. One cannot compare the reaction of a rescue squad, which may, indeed, decide not to spend much time in the town for fear of future attacks, to that of the townspeople, who feel they have no choice but to remain.

Obviously, the townspeople hope to be able to repulse the attacks themselves, and only when about to be overwhelmed by superior forces do they call for rescue by others living in distant towns.

Therefore it is abundantly clear that the Rambam does not question the ruling in our case (neither in his halachah of chapter 2 nor that of chapter 27) that it is proper for the members of Hatzolah to return to their homes or their base after they have successfully completed their rescue mission, so as not to discourage the volunteers from making themselves available for future missions that may occur on the Sabbath.

Iggeros Moshe, Yoreh De'ah II:174
[19 Tammuz 5728 (July 15, 1968)]

Concerning Heart Transplants for Sick Patients

[This teshuvah was written in 1968 to the Gaon Rav Yitzchok Yaakov Weiss when he was in Manchester, England, prior to assuming the role of Av Beis Din of the Beis Din Tzedek in Yerushalayim.]

Concerning your question about a heart transplant for a sick patient, a new surgical procedure that some surgeons have instituted. I do not want to enter into any extended discussion or analysis of this question. The conclusion that it is forbidden to do this is obvious, and any discussion of the issue will serve only to weaken the clear halachic ruling. Heart transplants involve the murder of two people. They kill the donor by taking his heart while he is still alive according to Torah law, and they kill the recipient because he could have lived much longer if managed by other medical means. By removing his diseased heart and transplanting the heart of someone else, the reality is that he will die from this procedure. This seems to be the consensus of most learned physicians who have studied this procedure. It is clear to me that doctors who permit this procedure do so because they consider the donor's life to be only of limited duration and, therefore, do not regard their shortening of his life as ethically significant. Of course, in Torah law, shortening the life of any patient is an act of murder, even if the patient would die of natural causes sometime in the near future.

[Soon after this teshuvah was written, the medical profession declared a moratorium on heart transplants because of the procedure's lack of success and the qualms some of them had as to the status of the donor. This was a time when brainstem death was not yet clearly differentiated from deep coma.

This lengthy responsum is presented in English translation in outline form so as to highlight its significant halachic conclusions.]

1. Concerning a person who has been decapitated. This is the case referred to in Mishnah Ohalos 1:6. Even though the body shows signs of trembling or motion, the individual is halachically dead and "defiles the tent" [i.e., is halachically dead]. [This ruling] should not be confused with the halachah regarding someone who has suffered a severe neck wound that severs both the trachea and the esophagus. Such an individual is considered to be fully alive and may even gesture to order a divorce written for his wife so as to exempt her from any complications of a levirate marriage (*yibbum*). Imminence of death is not equivalent to death itself. [On the other hand,] decapitation is equivalent [to death].

2. Since a decapitated person is considered halachically dead, even if one could develop a means of reattaching the head so as to allow the individual to recover, there is no ethical obligation to do so. There is no *chiyuv* [obligation] to resurrect the dead. Surely, if it could be done there would be no reason not to do so, but if such an incident occurred on the Sabbath, when the permissibility of saving of human life is based upon the fact that saving human life takes precedence over Sabbath law, it would not be permissible to transgress Sabbath law for a person who has already been declared halachically dead. This situation is not covered by the *heter* of *pikuach nefesh*, which supersedes the Sabbath laws.

3. You question the ruling in the *Shulchan Aruch*, Orach

Chaim 330:5, that we do not permit the posthumous cesarean section of a woman who seemingly dies in labor in order to attempt to save the fetus, because we are uncertain as to the moment of death of the pregnant woman. Let me explain what this uncertainty is. Since death is determined solely by the cessation of breathing, why are we not able to determine the time of death as well as any prior generation? It is my opinion that the sages were concerned about the presence of shallow breathing not easily discernible. Death occurs when breathing stops completely, but often breathing becomes shallow and irregular, so that absolute concentration on the patient is required to make sure that the patient is not breathing even sporadically. Because of this uncertainty, the sages ruled that it is too dangerous to allow people to rush into a cesarean section in order to save a fetus without first giving the careful attention needed to ascertain whether the mother is in fact dead. Once this very careful attention is given to, and it is determined that there is no shallow breathing, even sporadically, then, of course, there would be no point in attempting a cesarean, since by then the oxygenation of the blood would have been reduced to a point where the fetus would not be viable.

Indeed, the Rambam does not prohibit closing the eyes of a patient who appears to have died, as long as it is not done before the patient is [declared halachically] dead. The Rambam does not require a lengthy period of time to ascertain that the patient has died before it is permissible to touch him. Unlike a cesarean section, the closing of the eyes may have a detrimental effect on the patient's last moments of life, but clearly it is in no way comparable to doing a cesarean section on the patient. Since closing the eyes is for the benefit of the patient before rigor mortis sets in, the sages did not prohibit it as they did the attempted cesarean, which is done solely for the benefit of the fetus.

4. You ask whether it is permissible for the doctors to keep a patient in an intensive care unit, providing him with all heroic measures, solely for the purpose of maintaining him as

a potential donor. If prolonging the life of this patient means that he will be maintained in a state of suffering, then it is forbidden to do so. We know from the *Shulchan Aruch*, Yoreh De'ah 339:1, that the Rema permitted removal of the crystal of salt put under the tongue of a dying patient, which was at that time believed to be [a means of] prolonging his life. Removal of this deterrent to dying was permitted because of the anguish the patient was suffering. Surely, it is forbidden to do anything that will prolong a life of anguish. Moreover, if the patient is not suffering and it is possible to prolong his life, then it is certainly not permitted to cease therapy. The only justification for refraining from further treatment is that the quality of life of this pain-ridden patient is such as to justify refraining from further treatment.

5. I strongly oppose the opinion cited in the *Minchas Chinuch* (Kometz Minchah 237) that if someone attempts suicide, there is no mitzvah to save his life. [Saving a life] is based upon a direct application of the principle of "returning a lost object," the ethical basis for medical care. As the Talmud explains, if you must return a person's lost object, how much more must you return his lost health!

The [author of the] *Minchas Chinuch* carries the analogy to a lost object to its rational conclusion. If someone throws away an object, there is no mitzvah to return it to him. Likewise, if someone throws away his life, there is no mitzvah to return it to him.

I believe this is a misapplication of the principle. A person is permitted to relinquish ownership of his physical possessions. This is called *hefker*. However, to destroy life is a capital crime, a Biblical prohibition. The fact that an individual transgresses that prohibition and attempts to destroy his life in no way exempts onlookers from attempting to save his life. They have the special mitzvah of *hatzolas nefashos* regardless of whether the individual himself thought his life worthless. In the eyes of Hashem, and therefore in our eyes, that life is still of infinite worth and must receive whatever ministrations enable the individual to survive.

6. You ask whether it is obligatory to forfeit a limb in order to save a fellow man from certain death. A Jew is required to spend his entire wealth in order to avoid transgressing a *lo ta'aseh* [negative Biblical commandment]. This is recorded in Orach Chaim 157:1. It is clear from the commentaries that one must forfeit one's wealth but need not incur the pain and danger of forfeiting a limb in order to avoid transgressing a Biblical prohibition. Since the prohibition of "Thou shalt not stand idly by when your brother is wallowing in his blood" is no different than any other prohibition, the expenditure of funds becomes an obligation but not the sacrifice of a limb.

This matter is discussed by the Radbaz and the Or Same'ach, in [connection with the Rambam's] Laws of Murder 7:8. Both of them conclude that it is not required to sacrifice a limb in order to save another person's life. The same logic can be applied concerning the question of assuming a significant risk in order to save someone else's life. It is not only not required to enter into a situation in which you endanger your life in order to avoid a Biblical prohibition (except for adultery, idolatry, and murder)—it is forbidden to do so.

However, with reference to the Biblical prohibition against standing idly by and not helping someone who is in danger of dying, we can make [the following] distinction: In this case there is no obligation to risk one's life to save one's fellow man, but it is permissible to do so. It is forbidden to endanger one's life to avoid committing a sin, because the key principle of Judaism is "And you shall live by My commandments." Therefore, if one endangers one's life, [in the end] it may very well be that life will be lost solely in order to safeguard the Biblical commandment which does not stand in the way of human life! [This is a contradiction in terms!] However, in the case of saving someone else's life, the forfeiture of one's own life is counterbalanced by the saving of the life of the one in danger.

Therefore, although it is forbidden to forfeit one's own life to save another's, and there is no obligation to endanger one's own life to save another's, it is an option available to someone who wants to attempt a risky rescue. He may choose to risk his life in order to save another person from certain death, since it is possible that both will be saved.

7. Concerning your question why I permit organ donation when the family of the deceased is greatly anguished at the thought of the mutilation of their loved one, I would analyze the situation as follows: It is true, as mentioned by Tosafos (Shabbos 44[a, s.v *mitoch*]), that concern for the dignity of a deceased relative is of greater significance than loss of money. Pain and anguish at the thought of the mutilation of a relative would, indeed, exempt one from signing a donor permission card. The Torah requires us to spend money to avoid a prohibition. Therefore, to avoid the prohibition of "Thou shalt not stand idly by [thy brother's blood]," one must spend money but not suffer pain and anguish at the thought of the mutilation.

However, I must point out that the anguish a person feels at the thought of the mutilation should be counterbalanced by the knowledge that by doing so he is saving a human life. There are some who believe it is an act of great piety even to forfeit a limb to save someone else's life. Therefore, surely it is possible to explain to the family that they should not be anguished over the mutilation, since it is not a desecration of the dead, leading as it does to the saving of human life. That being so, the family should not be anguished and should permit the donation.

Iggeros Moshe, Yoreh De'ah II:166
[14 Elul 5724 (Aug 22, 1964)]

May a Kohein Visit a Sick Patient in a Hospital?

The issue concerns two halachic problems: the presence of autopsy specimens in the pathology department or in a research laboratory, and concern lest there be a deceased patient in the hospital at the time of the visit.

Concerning the possibility that autopsy or pathology specimens may be present in the hospital at the time of the *kohein's* visit, we may assume that since the vast majority of the people in the United States are not Jewish, the specimens can be presumed to come from a non-Jewish cadaver. [The halachah that an entire house is under the halachic restrictions of *tum'as mes* applies only to Jewish dead. The dead of other religions may not be touched by a *kohein* but the halachah of *tum'as ohel* does not apply.]

In addition, even irreligious Jews are unlikely to permit the keeping of anatomical parts of the body and not require that they be buried after medical examination. There is but a slight possibility that these specimens are from Jewish patients, and therefore *le-halachah* it is permissible to visit the hospital when there is a need to do so.

Visiting a relative, and certainly visiting a wife, involves the halachos of *shalom bayis* and *shalom* of the family with reference to relatives. Therefore, if it is possible to ask someone in the administration in order to find out for sure whether at that moment there is no deceased patient in the hospital, it is permissible to visit. If it is not possible to make such a determination, it is still permissible, again because we assume that if there is a dead patient, he would not be of the country's Jewish minority group, but rather of the non-Jewish majority population. [In Israel, hospitals have a means of informing visitors that a *kohein* may not enter until the body of the deceased is removed to the morgue.]

Iggeros Moshe, Yoreh De'ah II:164
[2 Sivan 5732 (June 6, 1972)]

Kohanim and Travel in an Airplane Carrying a Corpse

[This teshuvah concerns the halachic problem faced by *kohanim* when traveling in an airplane, especially to Eretz Yisroel, since there is a significant likelihood that there might be a casket on the plane bringing a Jewish deceased for burial in Israel.]

The airplane must be regarded as a "single container." Even though the plane is divided into a cargo compartment and a passenger section, the entire plane is made of metal and consequently cannot be considered to have a halachically valid separation between the cargo and passenger sections.

It is interesting to consider the possibility that the airplane is made of a metallic material that is not one of the six varieties mentioned in the Torah to which the laws of *tum'ah* of utensils captured from the Midianites is discussed. Only six varieties of metal are mentioned: gold, silver, copper, iron, lead, and tin. Surely, Hakadosh Baruch Hu knew that there are other metals that can be extracted from the soil, yet He saw fit to list only these six. I believe that airplanes are made of metals other than these six [e.g., aluminum, magnesium].

If my assumption that the airplane is made of materials other than the six listed metals is correct, we should certainly not add newly discovered metals to the list. The halachos of *tum'ah* and *taharah* are all strictly defined in the Torah. It is not for us to add or subtract from these laws. Glass, also extracted from the soil, is not considered to be a material that is involved in the Biblical laws of *tum'ah* and *taharah*. The Rabbis imposed the laws of *tum'ah* upon glassware to avoid confusion in the minds of people, since earthenware [pottery, stoneware, chinaware] is governed by the laws of *tum'ah*, as are metals. It would be confusing to the uneducated to differentiate glassware even though the Torah excludes glassware from the laws of *tum'ah*.

Nevertheless, this is a question worthy of further investigation. Is it true that airplanes do not contain any of the six metals? If they do, even if only as an alloy, then we would consider the metallic component of the airplane to be governed by the laws of *tum'ah ve-taharah*.

The fact that an airplane is a "movable tent" is not particularly relevant to our discussion; the *kohein* enters the plane when it is stationary, and in addition the concept of a movable tent should not be applied to the material within that tent. The concept of a movable tent, which is not governed by the laws of *tum'at ohel* according to most authorities, applies to material or people outside the tent, not to those within the confines of the movable tent.

Iggeros Moshe, Yoreh De'ah II:162
[5 Sivan 5723 (May 28, 1963)]

Disinterment and Reburial

This teshuvah concerns the permissibility of disinterring a body so as to rebury a parent in a cemetery closer to where the children reside. Doing so will permit them to visit the grave, which now is at a great distance from their home. The halachah is quite clear on this matter. Disinterring Jewish dead is not permitted unless it is done for the honor and dignity of the deceased. The intent of this disinterment is to facilitate visits by the children. Hence, it is for their benefit, not for the benefit of their deceased parent.

It should be noted that there is no halachic obligation to visit the cemetery where a parent is buried. Admittedly, it has become customary to do so, and people consider it a sign of respect to honor their parents both in life and after life. Nevertheless, it is not an honor that would permit violating the law which states that it is forbidden to disinter a body once it is buried. The Shach in Yoreh De'ah 363:2 permits the reburial of a deceased person if it is to be in a family plot next to his parents, which is considered to be an honor. Therefore in this case, where the reburial is planned only to facilitate visits by the children, it is not permitted to do so.

Unpublished Responsum: "So One May Live"

Siamese Twins

Early in September, 1977, a drama began that added much *kavod*, much dignity, to the wisdom of Torah and to those who spend their lives applying Torah knowledge to the complex problems encountered daily in the modern world. In Lakewood, New Jersey, Siamese twins were born to a prestigious family of Torah educators. The twins were taken by helicopter, on September 15, to the Children's Hospital in Philadelphia, where Dr. C. Everett Koop, who subsequently became the Surgeon General of the United States, was then the hospital's Chief of Surgery. Immediately after the initial evaluation, it was obvious to all the physicians called in to evaluate the twins that both would die unless they were separated. However, the only way one child would be viable was if the other child was killed during surgery. The question was referred to Rav Moshe Feinstein for his evaluation and decision.

The children, designated Baby A and Baby B, were fused in the ventral area all the way from the shoulder down to the pelvic region. The twins shared one six-chambered heart. The wall separating the essentially normal four chambers from the other two, most likely the stunted heart of Baby A, was too thin to be divided. It was not possible to give the two-chambered heart to Baby A, so that she would survive for as long as a two-chambered heart could carry her physiological needs. There was only one solution. The entire six-chambered heart had to be given to Baby B, and the life of Baby A would have to be sacrificed.

It was clear to all concerned that this was a major ethical issue that had ramifications for the abortion debate, and for the ethics of neonate salvage. The Chief Surgeon, a deeply religious man, was fully aware of the ethical import of any decision in this case. Dr. Koop referred the case to the courts so as not to have any accusation of premeditated murder leveled against him. In addition, nurses and doctors at Children's Hospital consulted with their religious guides, and many reported back that they would not be able to participate in the surgery.

On September 20, I met with Dr. Koop and his staff to determine the medical facts. The first halachic concern was to establish that we were, in fact, dealing with two separate human beings. Although they were joined at the chest and their livers were co-joined, as were the hearts, the girls were separate human beings with their own brains and nervous systems. Dr. Koop recommended that the twins should be separated as soon as possible, because there were signs that the heart was failing and could not maintain the load of supplying blood to two infants. It was emphasized that even with surgery the chance was slim that one could be saved. Never before had Siamese twins been successfully separated from a ventral connection, and certainly not when they had a joined liver and a single heart between them.

On September 30, twenty doctors and nurses assembled in the meeting room to be brought up to date. Many were already disturbed by the lapse of time. They were all leaders in their fields and had gathered to be able to participate in the separation. Practically every surgical and medical specialty was represented, since no one really knew, despite the X-rays and the many tests that had been done, what they would encounter during actual surgery. Dr. Koop had prepared a team that would be able to handle any emergency that might arise. In brainstorming sessions, all possible problems were discussed. The simple problem of fitting a six-chambered heart into the small chest of Baby B proved to be unexpectedly difficult and could be resolved only by building the chest larger by using part of the chest of Baby A. On October 3, the intensive care unit nurse assigned to the twins noticed significant changes in the heart rate and respiration and in the electrocardiograph tracings. This was reported to Rav Feinstein, who then posed, once again, the key question: Was Dr. Koop sure that the six-chambered heart could only be given to Baby B? Could it not also be given to Baby A and have Baby B die?

Dr. Koop responded that there was no doubt that the only infant who could be helped by surgery was Baby B, because in addition to the shared liver and heart, Baby A also had a circulatory defect that would not permit her to survive any length of time, even if she were given the six-chambered heart.

Discussion involved many members of the Feinstein/Tendler family, each contributing his own insight. The surgical team had essentially completed its work and had a plan which allowed for the separation of the twins despite the unknown consequences of the separation. If Baby A was to be sacrificed, it was important that the separation be done immediately after Baby A was no longer alive, so that the toxins that immediately pour out when tissue is devitalized would not begin to affect the survival of Baby B. Yet there was little knowledge as to what impact the sudden removal of a large volume of blood (the blood that was circulating in Baby A) would have on the functioning of the six-chambered heart now in Baby B's chest.

On October 6, Rav Feinstein asked me to call Dr. Koop and instruct him to go ahead with the surgery. On Tuesday, October 11, the surgery was completed. Baby B successfully survived the surgery. Baby A had to be sacrificed. The following is a summation of Rav Moshe's reasoning for approving the surgery. A second approach that leads to the same conclusion, but based upon a different halachic principle, is also here recorded since it was presented in great detail during the discussions that led to the final permissive ruling.

One of the fundamental rules of halachah is that one life is not to be sacrificed for another. An exception to this rule is the sacrifice of a fetus in order to save the life of the mother during delivery. The Mishnah in Ohalos [7:6] records: "If a woman is in difficulty during childbirth, it is permissible to destroy the fetus surgically because her life comes first. If, however, the head of the fetus has already been delivered, then it is forbidden to intercede even though it may cost the life of the mother. The fetus is now an infant with the ability for independent life. Therefore, we do not sacrifice one life to save another."

The Talmud in Sanhedrin [72b] elaborates on this mishnah by posing the question: "Why should you not sacrifice the infant even though the head has already been presented, since this infant is endangering the life of the mother? Is not the infant, then, a *rodef* [pursuer]? The law of the pursuer should apply, which is to kill the pursuer in order to save the life of the victim." The Talmud answers: "No, Heaven is the pursuer." In other words, this is an act of Hashem, and therefore it is not correct to assume that the fetus is the attacker. We cannot decide to favor either the child or the mother in this terrible dilemma. While the child is in the uterine environment, totally dependent on the mother's life yet threatening it, we classify the fetus as a pursuer. The logic is, as Maimonides says, "simple." While in the uterine environment, the child is totally dependent on the mother's life forces. Thus, either the mother's death or the fetus's death would result in a fetus that was not viable. This complete dependency on the mother, so that if the mother dies the fetus will also die, is the reason for giving the mother priority over the fetus, because she is the source of fetal life.

Once the head appears, however, and the child is able to breathe independently, he is treated as an entity separate from the mother. He is now independent of the mother's circulatory and respiratory systems. We grant him the full rights and privileges of an adult. The most important of these privileges is the right to life.

This is surely the Rambam's reasoning in Laws of Murder [1:9]. The Rambam states as follows: "When the head has appeared we no longer intervene because we cannot destroy one life for the sake of another." He adds the explanation: "For this is natural law." Why is this case less a matter of natural law than when the fetus is still *in utero*? Why do we not say that "Heaven is the pursuer," and not intervene, even in early pregnancy? It is, after all, an "act of Heaven"? Surely, it is the fetal status of dependency on the mother that justifies the sacrifice of fetal life to save maternal life.

Rav Feinstein compared the case of the Siamese twins to this classic case of the conflict for survival between a mother in childbirth and the fetus. Baby A had no independent ability to survive. Her entire survival was completely dependent on her sister, who had the circulatory system to back up the functioning of the heart and liver.

To Rav Feinstein's critical question, "Can the heart be given to Baby A and she would live?" Dr. Koop had responded, "No, there is no way to save Baby A. The issue is only should both die or should Baby B be saved." Without the attempted separation, both would surely die, and therefore in halachic terminology we classify the baby that had no independent survival, Baby A, as the pursuer, as if she were pursuing her sister and threatening her life.

Further, sophisticated testing had determined that the halachic concept of dependency was, indeed, the relationship between the twins. The two-chambered heart, which was the heart of Baby A, was receiving its blood though two apertures leaking from the four-chambered heart. Except for that contribution of blood to the two chambers Baby A would have died *in utero*. This was the analysis that allowed the surgery to proceed.

I recall how impressed I was with a statement Dr. Koop made, a statement that in my opinion revealed the man's personality and also incurred a special merit. When the team of twenty or so professionals were awaiting Rav Feinstein's decision, and, indeed, were expressing impatience at the lapse of time, which interfered with their private, professional lives significantly, Dr. Koop quieted the group with the following statement: "The ethics and morals involved in this decision are too complex for me. I believe they are too complex for you as well. Therefore I referred it to an old rabbi on the Lower East Side of New York. He is a great scholar, a saintly individual. He knows how to answer such questions. When he tells me, I too will know."

During the almost two weeks of intensive discussions held under the guidance of Rav Moshe, an objection was raised to the analogy to a mother in difficult childbirth. The Rambam uses the expression: "For this is *tiv'o shel olam*, or the law of nature, or more accurately, the natural event of our world."

It is easy to see how such an expression applies to a woman in childbirth, since childbirth, a normal natural event, sometimes involves dangers that result in a serious conflict between the mother and the child about to be brought into the world. It is difficult to see how this concept can be applied to so rare an occurrence as the birth of a Siamese twin, especially one with a six-chambered heart and a shared liver, as was our case. Therefore, a second approach was suggested which received the careful attention of Rav Moshe. It did not receive his concurrence, only his appreciation for the analysis suggested.

The Talmud in Sanhedrin [72b] and the commentary of Rashi on the case of Sheva ben Bichri recorded in II Samuel 20:

> There was an evil man named Sheva ben Bichri . . . and he said, "I have no allegiance to David HaMelech" [i.e., he led a rebellion against King David]. Yoav's men chased after him and they came to a town and laid siege to it. Yoav announced to the townspeople, "Sheva ben Bichri has raised his hand against David HaMelech. Send him out of your town, for he alone is the one that is guilty, and I will then withdraw my forces from the siege." A woman responded to Yoav, "Behold, here is his head which I am throwing to you next to the walls of the city."

The whole story is cited in great detail in the Talmud Yerushalmi, Terumot [8:4]. From this story is derived a halachic ruling concerning a caravan of Jews surrounded by gentiles. The gentiles had the military power to destroy the Jews but instead offered a deal: "If you will give us one of you so that we may do as we will with him and kill him, then you can all go free. If not, we will kill you all."

The Talmud rules that it is forbidden to hand over one Jewish life to them even though all must forfeit their lives. If, however, the gentiles had singled out one individual against whom they had some complaint, as specified: "Give us *this* man," just as in the case of Sheva ben Bichri, the halachah states that he should be turned over to them and the entire caravan be saved.

Resh Lakish qualifies this ruling by saying that it applies only if he is guilty of a death penalty, as was Sheva ben

Bichri, who rebelled against the king and incurred such a penalty. Rav Yochanan states that is not a prerequisite. Even if he was not guilty, as long as they specified "this man and this man alone," it is permitted to turn him over in order to save the rest. Rashi, in his commentary on Sanhedrin, analyzes the case further and points out that whereas it was permissible to turn over Sheva ben Bichri, it is not permissible to kill a fetus which has already presented its head so that there is independent life, because sacrificing one life for another is forbidden. In the case of Sheva ben Bichri, even if they had not handed him over, they would not have been able to protect him against the siege laid by Yoav. They could only have died with him. If, however, there had been a possibility that defending him would have given him an opportunity to escape, so that there was no certainty that he would die, then they would have been required to raise a defense, and not save themselves by causing the death of Sheva ben Bichri.

The Rambam, in Law of the Foundations of Torah 5:5, concludes that Resh Lakish's opinion, and not Rav Yochanan's, is the correct one: "If he is liable to the penalty of death, as was Sheva ben Bichri, they are permitted to turn him over in order to save themselves. If, however, he is not guilty of any death penalty, then it is forbidden to turn him over, but they must defend themselves and him even if it means forfeiting all their lives."

It is clear, according to Rashi's analysis in his commentary on Sanhedrin, that in our case, where both would have died, it was permissible to sacrifice one in order to save the other. But according to Maimonides' ruling, unless one of them had incurred the penalty of death, it was forbidden to do so. The Rema, in Yoreh De'ah 157, records the Rambam's ruling as the correct halachah that it is forbidden to save one life at the cost of another unless that individual was guilty of a death penalty, as was the case of Sheva ben Bichri.

The analysis of the case of the Siamese twins, however, seems to satisfy even the requirement of Maimonides, so that in this case all would have concurred with the opinion of Rav Moshe. Baby A could not live, no matter what surgical plan was followed. Although there was no ruling of a Beit Din that she was guilty of any sin and therefore would be subjected to capital punishment, Hashem Himself issued such a ruling. There was an edict from Heaven that the child could not live. Nobody could help this child. Even if all the organs were placed in her body, she could not survive. Therefore, Baby A should be classified as if she were Sheva ben Bichri, for whom there was no hope, and the destiny was already inscribed by Hashem Himself, that this soul would enter the world only for a limited period of time so as to "help empty the storehouse of souls and hasten the coming of Moshiach" (Yevamot 62a).

The decision to sacrifice her is one that would have had the approval of both Rashi and the Rambam. The logic of equating inevitable death from physiological causes, because of the anatomical deficiencies of Baby A, and a case in which an individual is guilty of a capital crime, is based on an analysis by the Rema in Sanhedrin 72b, and I quote: "The case of the woman in labor requires deep analysis. The fetus was not guilty of any crime. It is like the case of a caravan surrounded by enemies in which the gentiles demand one life in order to let the other go, where the ruling is that we may not sacrifice one life even to save many lives."

The Rema concludes [that the rule that "we do not sacrifice one life even to save many lives" applies] only because the fetus has a chance to live. If the fetus did not have a chance to live, there would be no problem about killing it to save the mother, because the absence of any hope that the fetus could survive, and not the mother, makes it as if this individual were designated for death. According to Rema's analysis, then, in an early pregnancy, where the child still does not have viability, it is tantamount to being designated for death. Thus, in our case, Baby A, because of the defects in her body structure, had been designated for death, and therefore it is permissible to hasten that death in order to save the life of the sister.

[M. D. T.]

Quality and Sanctity of Life in the Talmud and Midrash

co-authored by Dr. Fred Rosner

Introduction

The Talmudic maxim "to save one life is tantamount to saving a whole world" (Sanhedrin 37a) indicates that the value of human life is infinite. A fraction of infinity is still infinity. Nothing in this world is of higher value or greater ethical import than human life. Even Torah commandments of the Holy One, blessed be He, must give way to the higher value of preserving human life. The Biblical verse "You shall study and observe My laws and live thereby" (Lev. 18:5) is interpreted in the Talmud (Yoma 85b) to mean that the saving of a life takes precedence over Sabbath observance. By inference, all other Torah laws must also be suspended to save a life since none are more important than the Sabbath laws.

One exception exists to this absolute "vote for life." Rav Yochanan (Sanhedrin 84a) taught that the rabbinic consensus is that if someone's life is in danger, he should transgress all Torah laws to save his life. If, however, to save his life, he must transgress the laws of murder, idolatry, or forbidden sexual relations, such as adultery, he must rather forfeit his life. Maimonides explains that these three exceptions to the rule of "transgress and do not die" exist because of the duty to sanctify God's name.

All the members of the house of Israel are commanded to sanctify the great Name of God. . . . Should an idolater arise and coerce an Israelite to violate any one of the commandments mentioned in the Torah under the threat that otherwise he would put him to death, the Israelite is to commit the transgression rather than suffer death. . . . This rule applies to all commandments except the prohibitions of idolatry, forbidden sexual relations, and murder.'

The sanctity of human life is superseded only by the Biblical imperative to sanctify God's Name. One may not, even *pro forma,* engage in an idolatrous act or service, as the infinite worth of human life is devalued by the debasing idolatrous service. It is prohibited to commit murder to save a life since there is no net gain of life—only a substitution of one life for another. Forbidden sexual relations, such as adultery, are equated, by Divine decree, with murder.

This essay explores the attitude of the rabbinic sages to the question of quality of life. Is there a level of quality of life beneath which life loses its sanctity? Is such life no longer of infinite worth? Are there qualities of life which rank higher than the sanctity of life? If there are, they are, for the purposes of this essay, encompassed in the term "quality of life." The secular world has indeed reached such a conclusion. The courts in the United States have repeatedly permitted the withdrawal of hydration and nutrition from a patient in the irreversible coma known as persistent vegetative state. The reasoning offered is that the quality of life in coma has usually been unacceptable to those patients who have expressed their opinions on this issue when they were yet competent.

Torah law disputes such court decisions because the inevitability of death by dehydration classifies the removal of hydration as active euthanasia. But must we fight for every additional breath of life with every weapon of modern medical pharmacology and technology? Can a terminally ill but competent patient refuse further treatment because of intractable pain or the psychotrauma that results from the loss of control over his life, or the unrelieved loneliness of a mind preoccupied with thoughts of dying? Is life with a little quality of life also of infinite worth?

The competent patient is the only one who can decide that life has lost its quality, not the family or friends or the courts. What is an unacceptable quality of life for a healthy thirty-year-old man may be perfectly acceptable to him as a wheelchair-bound invalid of eighty. A recently published study revealed that 87 percent of patients with muscular dystrophy using long-term mechanical ventilatory support who must spend the rest of their lives bound to a ventilator and a wheelchair "have a positive affect and are satisfied with life despite the physical dependence which precludes many of the activities most commonly associated with perceived quality of life for physically intact individuals."[2]

Our analysis in this essay should not be interpreted or misconstrued as a final halachic ruling. Each case must be presented to a competent rabbinic authority (*posek*) for a halachic directive. This individualized decision-making approach is particularly important concerning decisions about withholding specific therapy for a terminally ill patient. Decisions about resuscitative measures or discontinuation of ventilator or pressor drugs are not free of family and physician emotional involvement or bias. Only the objective, individualized analysis of a *posek* can help plan a course of action in accord with Torah law.

Treatment of the Dying in Judaism

Judaism never condones the deliberate destruction of human life except in judicial execution for certain criminal acts, in self defense, or in time of war. One may not even sacrifice one life to save another life. The principles of Jewish medical ethics are based on this concept of the sanctity and infinite value of human life. Judaism is a "right to life" religion. The obligation to save lives is both an individual and a communal obligation. A physician is Biblically mandated to use his medical skills to heal the sick and thereby prolong and preserve life.[3] A patient is also (authorized and perhaps) mandated to seek healing from a physician.[4] How far do the physician's obligation and the patient's mandate extend? Is a physician always obligated to provide even futile therapy just to keep the patient alive a little longer? Is a patient obligated to accept all medical treatments even if the medical situation is hopeless and the patient has considerable pain and is suffering? Jewish law opposes euthanasia without qualification, and it condemns as sheer murder any active or deliberate hastening of death, whether the physician acts with or without the patient's consent. How does Judaism resolve the conflict between the sanctity of life and the relief of human suffering? Rav Moses Isserles (Rema), in his famous gloss, asserts: "If there is anything which causes a hindrance to the departure of the soul, such as the sound of a wood chopper or a lump of salt on the patient's tongue . . . it is permissible to remove them because it is only the removal of the impediment to the dying process."[5]

Rav Solomon Eger comments that "it is forbidden to hinder the departure of the soul by the use of medicines."[6]

In modern medical care, are antibiotics, blood transfusions, medications, dialysis machines, respirators, and the like, impediments to dying? The impediments spoken of in the codes of Jewish law, whether far removed from the patient (as exemplified by the noise of wood chopping) or in physical contact with him (such as the case of salt on the patient's tongue), did not constitute even at that time any part of the therapeutic armamentarium employed in the medical management of the patient. They were not intended to restore the patient to a former, healthier condition. Therefore, such impediments may be removed. However, the discontinuation of life-support systems, which are specifically designed and utilized in the treatment of both curable and incurable patients, might only be permissible if one is certain that in doing so one is shortening the act of dying and not interrupting life. Is there any basis for such a formulation? Is there indeed a difference between prolonging life and postponing death?

Recent Rabbinic Rulings

The numerous responsa of Rav Moshe Feinstein on the treatment (or non-treatment) of the dying and terminally ill have been reviewed elsewhere.[7] These responsa comprise the most authoritative rulings on matters of life and death. With reference to comatose patients, the terminally ill, and those suffering from intractable pain, he rules that no effort should be made to prolong their lives by pharmacological or technical means; however, hydration and nutrition must be provided. If the patient is competent to decide and refuses to eat, no coerced feeding is permitted. Food and drink should be offered at regular intervals with proper emotional support. But how does the rabbinic decisor (*posek*) direct the treatment modalities for the many different kinds of patients who are terminally ill? Does he take into account the patient's "quality of life," or is this phrase foreign to Judaism because of the principle of the sanctity and infinite value of human life? Is there any validity in the claim of some rabbis[8] that we are obligated to fight for the last breath of life?

Quality of Life in Classic Jewish Sources

Although mercy killing and assisted suicide are opposed by Jewish law and considered to be a deliberate hastening of death, Judaism is deeply concerned about pain and suffering. Judaism does not always require physicians to resort to "heroic" measures to prolong life but sanctions the omission of machines and artificial life support systems that only serve to prolong the dying patient's agony, provided, however, that basic care, such as food, good nursing, and psychosocial support, is provided. All reputable commentators on the halachic perspective on terminal care concur that analgesics and narcotics may be given to relieve pain and suffering even if they increase the danger of depressing respiration and of predisposing the patient to contracting pneumonia.

Quality of life is a recognized concept in Judaism. The Talmud (Kesubos 77b) relates an amazing tale about the great righteous sage Rav Yehoshua ben Levi, who feared not the fatal infectious disease *ra'athan* but attached himself to sufferers of that disease and studied the Torah with them, saying, "Torah bestows grace upon those who study Torah and protects them." When he was about to die, the Angel of Death was instructed, "Go and carry out his wish." While traveling toward Paradise in fulfillment of his wish to see his place in Paradise before he died, Rav Yehoshua ben Levi asked to hold the sword of the Angel of Death. When shown his place in Paradise, he jumped in and refused to return the sword. God exclaimed, "Return it to him, for it is required by My mortals." The sword is the scythe of the grim reaper in modern imagery and is needed when life becomes so burdensome that death is preferred.

Quality of life is a major concern even for a condemned man, who, according to Jewish law, is given a cup of wine containing a grain of frankincense to benumb his senses and intoxicate him prior to execution (Sanhedrin 43a). Rashi there explains that the benumbing of the senses is an act of compassion to minimize or eliminate the anxiety of the accused during the execution. Although the criminal's right to live was forfeited by his crime, the duty to maintain as much of a quality of life as possible is imposed on society.

Physical Pain

Intractable pain is described in the Talmud in several cases. In each instance, death is the preferred outcome, and either the removal of an impediment to death or the withholding of a life-prolonging measure to allow death to occur naturally is not only sanctioned but praised. One case concerns Rav Yehuda haNasi, known as Rebbe, the compiler of the Mishnah. When he fell deathly ill, his handmaid ascended the roof and prayed for his recovery as follows: "The immortals [i.e., angels] desire Rebbe [to join them] and the mortals [i.e., the Rabbis desire Rebbe [to remain with them]; may it be the will [of God] that the mortals overpower the immortals" (Baba Metzia 85a).

She saw how often he resorted to the privy because he suffered from acute and painful intestinal disease. She observed him painfully taking off his phylacteries whenever he went to the privy and putting them on again when he returned. As a result she prayed, "May it be the will [of God] that the immortals overpower the mortals."

But the Rabbis incessantly continued their prayers for heavenly mercy for Rebbe's recovery. She, therefore, interrupted the prayer service by throwing an urn to the ground. The noise startled the Rabbis, who momentarily ceased praying and the soul of Rebbe departed to its eternal rest (Kesubos 104a).

Another quality of life case involving intractable pain is that recorded in the Talmud as follows: "One of Rav Akiva's disciples fell sick and none of his fellow students visited him. So Rav Akiva himself entered [his house] to visit him and provided necessary care. 'My master, you have revived me,' said the disciple. [Straightaway] Rav Akiva went forth and lectured: He who does not visit the sick is like one who sheds blood" (Nedarim 40a).

Rav Nissim Gerondi, known as Ran (1320–1380), states in his Talmudic commentary that "none visited him" and, therefore, none prayed on his behalf either that he recover or die. What the Talmud means, continues Ran, is that sometimes it is appropriate to pray that a patient die, particularly if the patient is undergoing great suffering and has an incurable disease or condition. He then cites the case of Rebbe and his handmaid as an example of severe suffering where it is to the patient's benefit that one pray for his death.

Perhaps the most famous Talmudic case of severe physical pain and suffering is the story of Rav Chanina ben Tradyion, who was martyred because he refused to abide by the Roman decree not to study and teach Torah. According to the Talmud

(Avodah Zarah 1 8a), he was wrapped in the Torah scroll, and bundles of branches were placed around him and set on fire. The story continues as follows:

> They then brought tufts of wool, which they had soaked in water, and placed them over his heart, so that he should not expire quickly. . . . His disciples called out, "Rav, what seest thou?" He answered them, "The parchments are being burnt, but the letters of the Torah are soaring on high." "Open then thy mouth" [said they] "so that the fire enter into thee" [and put an end to the agony]. He replied, "Let Him who gave me [my soul] take it away, but no one should injure oneself." The executioner then said to him, "Rav, if I raise the flame and take away the tufts of wool from over thy heart, will thou cause me to enter into the life to come?" "Yes," he replied.

Several lessons are derived from this narrative. First, the removal of an impediment to death, i.e., the tufts of wool, is permitted to allow nature to take its course. Second, it is forbidden to hasten one's death, i.e., by opening the mouth to let the flames enter. Third, there was great concern voiced about the intractable pain that the rabbi was suffering—an important quality of life issue.

Increasing the flame presents a serious challenge to the unanimity of halachic opinion that active euthanasia is never condoned. This view was affirmed by Rav Chanina who refused to open his mouth and breathe in the flames. One of us (M. D. T) has suggested that, as an extra measure of cruelty not mandated by the emperor or governor, the executioner had placed the wads of wet wool and had lowered the flame. Burning at the stake had a formal protocol which was not followed by the cruel executioner. Restoring the flame to its original intensity was not an act of hastening death but merely the removal of the extra measure of cruel torture introduced by the executioner.

Mental Anguish

Judaism is not only concerned with physical pain but also with psychological or emotional pain. Mental anguish is just as significant as intractable physical pain. Mental and physical suffering are recognized as being of equal importance in Jewish legal thought. A woman who has had two postpartum psychoses is allowed to use contraception, since another pregnancy would be a serious threat to her mental health.[9] Even abortion is sanctioned for serious maternal psychiatric disease that may lead to suicide.[10]

In the area of death and dying, Judaism is concerned with psychological trauma. A classic example of this concern is the Talmudic story of the great righteous sage, Choni the Circle-Drawer, who slept for seventy years. When he awoke and identified himself, no one would believe him. When he came to the house of study and told the rabbinic scholars who he was, they did not believe him or give him the honor due to him although they recognized his great mastery of Torah law. This hurt him greatly and he prayed for death and was granted his wish. Raba commented: "Hence the maxim, 'Either companionship or death' (Ta'anis 23a). Choni had no terminal illness but suffered from severe mental anguish and psychological pain. By divine intervention his suffering was ended and his wish for relief by death was granted.

Another example of concern for psychological pain is recorded in the Midrash.[11] A very old woman came to Rav Yose ben Halafta saying that she was so old that life had no more meaning. She complained of loss of appetite and lack of desire to live, and asked to be taken from this world. He said to her, "How did you reach such a ripe old age?" She replied, "I go to synagogue services every morning to pray, I allow nothing to interfere with that daily activity." He said, "Absent yourself from the synagogue for three consecutive days." She complied with the rabbi's suggestion. On the third day she took ill and died. The Midrash is a proper source for halachic directives when unopposed by Talmudic sources.[12]

This story illustrates the fact that the psychotrauma of depression and the mental anguish of loneliness, resignation, senility, and the like, are of significant concern in Judaism. Even in the absence of terminal illness, death is sometimes a welcome and desired goal as God instructed Rav Yehoshua ben Levi, "My mortals need it." There are times, however, when it is appropriate to pray for the death of a suffering patient in intractable physical pain or with severe psychological or mental pain.

Another Talmudic passage dealing with the quality of life relates to the old men of the city of Luz, who became tired of life and "became greatly depressed" (Sotah 46b). The Angel of Death had no permission to enter that city. When the elderly righteous men of Luz determined that life had lost its quality and that life was tiresome to them, they went outside the walls of Luz to await natural death. No negative comment is recorded by the Talmudic sages. Loss of quality of life is seen to be adequate justification for their behavior.

Two additional traditional sources about the quality of life relate to Moses. One homiletical passage states that if Moses had wanted to live many more years he could have lived, for the Holy One, blessed be He, told him, "Avenge the vengeance of the children of Israel of the Midianites; afterward thou shalt be gathered unto thy people" (Numbers 31:2), making his death dependent upon the punishment of Midian.[13] Had he delayed waging war with Midian, he could have prolonged his life. But Moses decided not to delay. He thought: Shall Israel's vengeance be delayed that I may live? He immediately ordered the Israelites "Arm ye men from among you for the war" (Numbers 31:3). Why did not Moses wait? One must conclude that the desire or need to avenge Jewish honor took precedence over increasing his life span. Sanctity of life is not the supreme value in Judaism. The quality of life of his nation, which had been degraded by the Midianites, who led Jewish youth to lechery and idol worship, had to be restored in preference to a longer personal life for Moses.

The other homiletical passage deals with the imminent death of Moses.[14] When God told Moses to call his successor

Joshua (Deut. 31:14), Moses said to God, "Master of the Universe, let Joshua take over my office and I will continue to live." Whereupon God replied, "Treat him as he treats you." Immediately Moses arose early and went to Joshua's house, and Joshua became frightened. Moses said to Joshua: "My teacher came to me," and they set out to go, Moses walking on the left of Joshua as a disciple walks on the left of his teacher. When they entered the Tent of Meeting (*Ohel Moed*) the pillar of cloud came down and separated them. When the pillar of cloud departed, Moses approached Joshua and asked him, "What was revealed to you?" Joshua replied, "When the word was revealed to you did I know what God spoke with you?" At that moment Moses exclaimed: "Better to die a hundred times than to experience envy, even once." Solomon has expressed this clearly: "For love is strong as death, jealousy is evil as the grave" (Song of Songs 8:6). This refers to the love wherewith Moses loved Joshua, and the jealousy of Moses toward Joshua. A life of envy and jealousy is not worth living for a man of the ethical stature of our Teacher, Moses.

Summary

Judaism espouses the principle of the infinite value of human life and requires that all Biblical and rabbinic commandments (except the cardinal three) be waived to save a human life. Physicians are divinely licensed and obligated to heal, and patients are mandated to seek healing from physicians. Any deliberate hastening of death of even a terminally ill patient is prohibited as murder. Active euthanasia is not allowed in Judaism.

A physician is only obligated to heal when he has some medical treatment to offer the patient. If the patient is dying from an incurable illness and all therapy has failed or is not available, the physician's role changes from that of a curer to that of a carer. Only supportive care is required at that stage, such as food and water, good nursing care and maximal psychosocial support.

If a patient near death is in severe pain and no therapeutic protocol holds any hope for recovery, it may be proper to withhold any additional pharmacological or technological interventions so as to permit the natural ebbing of the life forces. The physician's role at that point may be limited to providing pain relief. Experimental therapy, if available, is an option which the patient can accept or reject, particularly if significant side effects are anticipated. Judaism is concerned about the quality of life, about the mitigation of pain, and the cure of illness wherever possible. If no cure or remission can be achieved, nature may be allowed to take its course. To prolong life is a *mitzvah,* to prolong dying is not.

Notes

1. Maimonides (Rambam), *Mishneh Torah,* Hil. Yesodei Hatorah 5:1.

2. J. R. Bach, D. I. Campagnolo, and S. Hoeman, "Life Satisfaction of Individuals with Duchenne Muscular Dystrophy Using Long-term Mechanical Ventilatory Support," *American Journal of Physical Medicine and Rehabilitation,* 70, no. 3 (June 1991): 129–135.

3. Bava Kamma 85a; Maimonides, *Commentary to the Mishna,* Nedarim 4:4, Maimonides, *Mishneh Torah,* Hil. Rotzeah 1:14; *Shulchan Aruch,* Yoreh De'ah 336.

4. Maimonides, *Mishneh Torah,* Hil. Deot 4:1; Bava Kamma 46b; Yoma 83b.

5. Rema, *Shulhan Arukh,* Yoreh De'ah 339:1.

6. Rav Sh. Eger, commentary *Gilyon Maharsha* on *Shulchan Aruch,* Yoreh De'ah 339:1. Other rabbinic authorities, such as *Responsa Shevut Yaakov,* part 3 no. 13, disagree.

7. Fred Rosner, "Rav Moshe Feinstein on the Treatment of the Terminally Ill," *Judaism* 37 (Spring 1988):188–189.

8. Rav Eliezer Yehuda Waldenberg (*Responsa Tsits Eliezer,*5, Ramat Rahel, no. 28:5) rules that physicians and others are obligated to do everything possible to save the life of a dying patient, even if the patient will only live for a brief period, and even if the patient is suffering greatly. Any action that results in hastening of the death of a dying patient is forbidden and considered an act of

murder. Even if the patient is beyond cure and suffering greatly and requests that his death be hastened, one may not do so or advise the patient to do so (ibid., no. 29 and 10, no. 25:6). A terminally ill incurable patient, continues R. Waldenberg, may be given oral or parenteral narcotics or other powerful analgesics to relieve his pain and suffering even at the risk of depressing his respiratory center and hastening his death, provided the medications are prescribed solely for pain relief and not to hasten death (ibid., 13, no. 87). He also states that it is not considered interference with the Divine will to place a patient on a respirator or other life-support system (ibid., 15, no. 37). On the contrary, all attempts must be made to prolong and preserve the life of a patient who has a potentially curable disease or reversible condition (ibid., 13, no. 89). Thus, one must attempt resuscitation on a drowning victim who has no spontaneous respiration or heartbeat because of the possibility of resuscitation and reversibility (ibid., 14, no. 81). One is not obligated or even permitted, however, to initiate artificial life-support and/or other resuscitative efforts if it is obvious that the patient is terminally and incurably and irreversibly ill with no chance of recovery.

Rav Shlomo Zalman Auerbach (*Halachah uRefuah*, 2 [1981]: 131 ff) states that a terminally ill patient must be given food and oxygen even against his will. However, one may withhold, at the patient's request, medications and treatments which might cause him great pain and discomfort. Rav Gedalia Aharon Rabinowitz (*Halakhah uRefua*, 3 [1983], pp. 102–114) reviews the laws pertaining to the care of the terminally ill and the criteria for defining the moment of death. He also states that experimental chemotherapy for cancer patients is permissible but not obligatory (ibid., pp 115–118). Such therapy must have a rational scientific basis and be administered by expert physicians; untested and unproven remedies may not be used on human beings. Dr. A. Sofer Abraham (*Halachah uRefuah*, 2 [1981], 185–190) quotes Rav Auerbach as distinguishing between routine and nonroutine treatments for the terminally ill. For example, a dying cancer patient must be given food, oxygen, antibiotics, insulin, and the like, but does not have to be given painful and toxic chemotherapy which offers no chance of cure but at best temporary palliation. Such a patient may be given morphine for pain even if it depresses his respiration. An irreversibly ill terminal patient whose spontaneous heartbeat and breathing arrest does not have to be resuscitated.

Rav Moshe Hershler (ibid., pp. 30, 52) opines that withholding food or medication from a terminally ill patient so that he dies is murder. Withholding respiratory support is equivalent to withholding food, since it will shorten the patient's life. Every moment of life is precious, and all measures must be taken to preserve even a few moments of life. However, if the physicians feel that a comatose patient's situation is hopeless, they are not obligated to institute life-prolonging or resuscitative treatments.

He also states that if only one respirator is available and two or more patients need it, the physicians should decide which patient has the best chance of recovery. However, a respirator may not be removed from a patient who is connected thereto for another, even more needy patient, since one is prohibited from sacrificing one life to save another. Only if the patient has no spontaneous movement, reflexes, heartbeat, and respiration can the respirator be removed.

Rav Zalman Nehemia Goldberg (ibid., pp. 191–195) discusses the question of whether or not a physician may leave a dying patient to attend another patient. Rav Avigdor Nebenzahl (*Assia,* 4 [1983]: 260–262) describes the permissible use of narcotics for terminally ill patients. The treatment of the terminally ill and the definition of a *goses* (a deathly ill person) are reviewed by Levy (*Noam,* 16 [1973]: 53–63) and Abraham (*Assia,* 3 [1983]: 467–473). Rav Nathan Friedman (*Responsa Netser Matai,* no. 30) reiterates that euthanasia in any form is prohibited as an act of murder even if the patient asks for it. A person is prohibited from taking his own life even if he is in severe pain and suffering greatly (*Responsa Besamim Rosh,* no. 348; *Responsa Hatam Sofer,* Even Haezer 1, no. 69). Even if the patient cries out, "Leave me be and do not help me because I prefer death," everything possible must be done for the support and comfort of the patient, including the use of large doses of pain relief medications (*Responsa Tsits Eliezer* 9, no. 47:5).

9. R. Moshe Feinstein, *Responsa Iggeros Moshe,* Even Haezer 1, no. 65.

10. R. Nathan Z. Friedman, *Responsa Netser Mata'ai,* 1, no. 8.

11. Proverbs Rabbah 8.

12. The great Talmudic authority Rabbenu Tam (1100–1171), head of the French school of Tosafists, cites in two places (Berachot 48a, s.v. *velet hilchata* and *Sefer haYashar,* no. 619) that the Midrash is the source of practical Jewish law (*halachah lemaase*) if it is unopposed by any Talmudic reference.

13. Numbers Rabbah 22: 2.

14. Deuteronomy Rabbah 9: 9.

Appendix

Hebrew Text of Responsa.

על מה שהפסידו שודאי אינו רוצה דהתם נתן בידים ולא על מה שנגרם איסור בהפסד לעצמו שבזה לא שייך שלא איכפת לו בהאיסור שנאסור בשביל זה.

והנה הא יש קושיא גדולה בהא דלידרוש דאונס שרי הא אף שאונס שרי הוא רק כשלא הלכה האשה למקום שיאנסוה אבל ודאי כשתלך האשה למקום שיאנסוה אין זה אונס וכיון שאם תנשא היום יבא ההגמון ויאנסנה איך אפשר להחשיב זה לאונס, ואף אם שייך להחשיב אונס לענין להתירה לבעלה לא שייך להחשיב אונס לענין האיסור אשת איש שתעבור, וא"כ תמוה על הגאון מהרי"ל דיסקין עד שמקשה קושיא קלושה ומוזרה יקשה קושיא זו החמורה, ולכן משמע שאין זה מפי הגאון מהרי"ל זצ"ל דאם ניחא שבשביל עקירת התקנה ראו חכמים להחשיב זה לאונס גם לענין להתיר ליכנס להאונס מאי הוקשה לו מצד לפנ"ע לההגמון. ואני בחדושי יישבתי שפיר בעזה"י.

*

ומה שכתבתי דמחוייבין לחלל שבת להציל המאבד עצמו לדעת הוא בלא פקפוק, והמ"ב סי' שכ"ח סקל"א לא שייך לענין זה דהרמ"א שם סעיף י' כתב שאין לחלל שבת כדי להציל את האחד מעבירה אפילו עבירה גדולה וע"ז כתב דאם אפשר לחוש שלא יעבור העבירה אלא יהרג צריך לחלל שבת דהרי הוא זה חלול בשביל פקוח נפש שחייבה תורה ואין זה חטא בשביל שיזכה חברך, ובשאר עבירות אם יודע שיחמיר הנאנס ולא יעבור בין מחמת שסובר שמותר להחמיר כשיטת התוספות עבודה זרה כ"ז ע"ב ד"ה יכול בין מחמת שאינו יודע שהדין הוא שיעבור ואל יהרג אבל סתמא תלינן שיעבור והוי חלול שבת כדי שיזכה חברך שזה אסור, ובאלו ג' עבירות שיהרג ואל יעבור הוא מסתפק וכתב בלשון אפשר דכיון דמחוייב ליהרג ולא לעבור בשביל קדוש השם ליכא בזה חיוב הצלה כיון שהוא מניעה מקידוש, אך שמ"מ בחול מספק יש לחייב להציל אבל בשבת אם ליכא חיוב להציל איכא איסור שבת מספקא ליה, אבל מסתבר דמחוייבין לחלל שבת דהרי בספק פ"נ נמי מחללין.

והנני ידידו, משה פיינשטיין

סימן צא

איסור לפרסם קיצורי דינים ופסקים מספרי תשובות וגם לתרגם תשובות ללשון המדינה

בע"ה

מע"כ נכדי אהובי הרב הגאון מוהר"ר שבתי אברהם שליט"א שלו' וברכה לך.

אף שאני כותב עתה תשובה ארוכה בדבר השמות אבל מכתבי זה הוא בקצור בדבר ששמעתי שאחד עשה ספר בלע"ז בהעתקת דינים מהספר אגרות משה שלי, והוא איסור אף אם היה התרגום ראוי שבזמננו ליכא מי שיכול לומר ולהדפיס פסקים בלא באור ומקורות, וכבר בקש ממני רשות איזה אינשי מכאן ואמרתי שאיני נותן רשות על זה. וגם נמצא שלא העתיק כראוי ויש כמה דברים בטעותים וכמה דברים שגורמים לטעות שזה עוד גרוע ביותר, וגם להעתיק התשובות ממש פשוט שהוא חסרון גדול ליתן הפסקים לאינשי דעלמא שאינם ת"ח שיבואו לדמות מלתא למלתא ולכן אני מוחה בכל תוקף שיש למחות.

והנני זקנך אוהבך בלו"נ,

משה פיינשטיין

סימן צב

ביאור התוס' ביבמות י"ד גבי בת קול

יום א' ד' שבט תשי"ז

מע"כ בני הרה"ג מוהר"ר שלו' ראובן נ"י שלו' לך ולתורתך.

מה שהקשת על תירוץ התוס' ביבמות דף י"ד ע"א ד"ה רבי יהושע דבת קול דהלכה כר"א לא יצאה אלא לכבודו עכ"פ הרי אמר הבת קול וא"כ אמת הוא אם אך יש לסמוך על ב"ק כדסובר תירוץ זה ומה לנו הסיבה מפני מה השיבו מן השמים וגם הא אמר הבת קול גם מה שלא ביקש שאמר הלכה כר"א בכ"מ, הנה אמרו חז"ל שאלו ואלו דברי אלקים חיים ונמצא שבעצם למוד התורה ליכא דבר שאינו אמת בדברי חז"ל בין בדברי ב"ש בין בדברי ב"ה וכן בין בדברי ר"א וכדומה בכל התנאים ואמוראים וכולם ניתנו מרועה אחד ונמצא שאינו דבר שקר מה שאמר הבת קול שהלכה כר"א כיון שגם דבריו אמת בעצם אף שלמעשה בעוה"ז נאמר שנפסוק כהרבים ומטעם זה אנו מברכין אשר נתן לנו תורת אמת אף כשלומד אז רק דברי ב"ש ודברי היחיד וכן רק כשראו ב"ד אחרון דברי היחיד יכולין לחלוק על ב"ד הראשון ואם לא שמצאו דברי היחיד הראשון לא היו האחרונים יכולין לדחות דברי הראשונים מדעת עצמן אא"כ גדול בחכמה ובמנין כדאיתא בעדיות פ"א מ"ה לפי' הראב"ד והוא שייך רק כשגם דברי היחיד הם דברי אמת ורק שנדחו מלעשות כמותו למעשה מחדוש התורה להטות אחרי רבים. ולכן בשביל כבודו דר"א לא אמר הבת קול גם צד השני שהרי אין הכרח להבת קול לומר כל הדברים דברובא דרובא פעמים אינו משיב כלל בדברי תורה ולכן אף כשהשיב מפני כבודו של ר"א לא אמר כל הדברים אלא מה שהוא לכבודו של ר"א שהלכה כמותו בכל מקום בעצם הלמוד שהרי

הקדמה

הנה ספרי זה שרובו הוא מה שהשבתי מה שהיה נראה לע"ד להורות הלכה למעשה לאלו שרצו לידע דעתי. ואף שמן הראוי היה לכאורה למנוע מלהשיב למעשה שהרי הרבה גדולי עולם בתורה וביראת ה' נמנעו מלהורות מיראתם ממאמר ר' אבא א"ר הונא אמר רב בסוטה דף כ"ב רבים חללים הפילה זה ת"ח שלא הגיע להוראה ומורה, ואף שאמר גם ועצומים כל הרוגיה זה ת"ח שהגיע להוראה ואינו מורה ומטעם זה כתב רעק"א הובא בהקדמת בניו לספר התשובות שלו ודי אשר הוצרכתי להשיב לשואלי מדאגה שבל אהיה בכלל כל מי שהגיע להוראה ואינו מורה עיי"ש, מ"מ אלו שנמנעו הוא מאחר שגם עתה צריך המורה להורות כאמיתות הדין כמו שהיה צריך להורות בימי רב ורב הונא ור' אבא, לכן אף שודאי בכל דור הוא מדה אחרת להחשיב הגיעו להוראה שהרי רק חכמי דור זה שייך שיורו עתה ועליהם הוא הציווי להורות לדורם, דהא אי אפשר להשיג בדורות האחרונים מורי הוראה כדורות הראשונים, ובע"כ כוונת מאמרם זה ת"ח שהגיע להוראה, אינו רק על אלו שהגיעו להוראה בזמנם דוקא, אלא אף על אלו שהגיעו להוראה בדורות אלו שמחוייבים להורות כדהורה רעק"א, מ"מ יש ודאי על כל אחד לחוש שמא אינו מכוין כהאמת ולכן מצד היראה הכריעו שאין יכולין לכוין אמיתות הדין ואין להם להורות ושאני רעק"א שאף אחר כל החששות הורה והשיב למעשה מטעם החיוב שעליו מדין הגיע להוראה דרב גובריה והיה יכול לאמוד עצמו. וא"כ כ"ש לקטני ערך כמוני שאין בי תורה וחכמה כראוי שהיה לי למנוע מלהורות לגמרי וכ"ש מלהעלות על הדפוס שהוא כהוראה לכל העולם.

אבל הוא מטעם שהנכון לע"ד בזה שהיו רשאין ומחוייבין חכמי דורות האחרונים להורות אף שלא היו נחשבין הגיע להוראה בדורות חכמי הגמ' שיש ודאי לחוש אולי לא כיוונו אמיתות הדין כפי שהוא האמת כלפי שמיא אבל האמת להוראה כבר נאמר לא בשמים היא אלא כפי שנראה להחכם אחרי שעיין כראוי לברר ההלכה בש"ס ובפוסקים כפי כחו בכובד ראש וביראה מהשי"ת ונראה לו שכן הוא פסק הדין הוא האמת להוראה ומחוייב להורות כן אף אם בעצם גליא כלפי שמיא שאינו כן הפירוש, ועל כזה נאמר שגם דבריו דברי אלקים חיים מאחר שלו נראה הפירוש כמו שפסק ולא היה סתירה לדבריו. ויקבל שכר על הוראתו אף שהאמת אינו כפירושו. והוכחה גדולה לזה מהא דשבת דף ק"ל א"ר יצחק עיר אחת היתה בא"י שהיו עושין כר"א ונתן להם הקב"ה שכר גדול שמתו בזמנן וכשגזרה מלכות הרשעה גזירה על המילה לא גזרו על אותה העיר אף שהאמת אליבא דדינא נפסק שלא כר"א והוא חיוב סקילה במזיד וחטאת בשוגג, אלמא דהאמת להוראה שמחוייב להורות וגם מקבל שכר הוא כפי שסובר החכם אחרי עיונו בכל כחו אף שהאמת ממש אינו כן. וזהו ענין כל מחלוקות רבותינו הראשונים והאחרונים שזה אוסר וזה מתיר שכל זמן שלא נפסק כחד יכול כל אחד להורות במקומו כמו שסובר אף שהדין האמתי הוא רק כאחד מהן ושני החכמים מקבלים שכר על הוראתם. ומטעם זה מצינו הרבה חלוקים גם באיסורים חמורים בין מקומות הנוהגים להורות כהרמב"ם והב"י ובין המקומות הנוהגים להורות כחכמי התוס' וכהרמ"א ושניהם הם דברי אלקים חיים אף שהאמת האמתי גליא כלפי שמים שהוא רק כאחד מהם.

ומפורש כן בסנהדרין דף ו' אחר שאמר ויהו הדיינים יודעין את מי הן דנין ולפני מי הן דנין ומי עתיד ליפרע מהן, שמא יאמר הדיין מה לי בצער הזה ופרש"י שאם אטעה איענש, ת"ל ועמכם בדבר המשפט אין לו לדיין אלא מה שעיניו רואות ופרש"י דאין לו לדיין לירא ולמנוע עצמו מן הדין אלא לפ"מ שעיניו רואות לידון ויתכוין להוציא לצדקו ולאמיתו ושוב לא יענש, עיי"ש, וכוונתו דזהו האמת להוראה שמחוייב להזדקק ולהורות ולדון אף שאינו האמת ממש.

ובזה ביארתי מה שאיתא במנחות דף כ"ט א"ר יהודה אמר רב בשעה שעלה משה למרום מצאו להקב"ה שיושב וקושר כתרים לאותיות אמר לפניו רבש"ע מי מעכב על ידך אמר לו אדם אחד יש ועקיבא בן יוסף שמו שעתיד לדרוש על כל קוץ וקוץ תילין תילין של הלכות, שלכאורה לא מובן לשון כתרים שאמר. ועוד קשה שאלת משה מי מעכב, מה כוונתו בזה, דמה שפרש"י למה אתה צריך להוסיף עליהם אין שייך ללשון מעכב דאף אם היה שייך כביכול להיות מעכב יקשה למה לו זה, ואם כוונתו להקשות למה לא כתב בפירוש לא מובן תירוצו בזה שר"ע ידרוש תילין של הלכות. אבל לפ"מ שבארתי מדויק לשון כתרים שנמצא שהשי"ת עשה את אותיות התורה למלכים היינו שיעשה החכם וידמה מלתא למלתא ויפסוק הדין כפי הבנתו טעם האותיות שבתורה, וכשיהיה מחלוקת יעשו כפי הבנת רוב חכמי התורה אף שאפשר שלא נתכוונו להאמת ולא היה דעת הב"ה כן, דהקב"ה נתן את התורה לישראל שיעשו כפי שיבינו את הכתוב ואת המסור בע"פ בסיני לפי הבנתם ויותר לא יפרש ולא יכריע השי"ת בדיני התורה שלא

בשמים היא אלא הסכים מתחלה להבנת ופירוש חכמי התורה ונמצא שאותיות התורה הם מלכים שעושין כפי מה שמשמע מהתורה לחכמי התורה אף שאולי לא היה זה כהבנת השי״ת. וניחא לשון אמרה תורה שמצינו בכמה דוכתי משום דאנן דנין רק איך אומרת התורה. וכן ניחא מה שאיתא בעירובין דף י״ג על ב״ש וב״ה אלו ואלו דברי אלקים חיים, דכיון שיכולין לפרש בתורה כב״ש וכב״ה הרי נמצא שנאמר כתרוייהו כל זמן שלא נתבטלו דעת אחד ברבים החולקין. וזהו פירוש מי מעכב שמשה שאל למה עושה הקב״ה האותיות למלכים שיעשו כפי משמעות החכמים בלשון הכתוב והמסור, דמי מעכב שתכתוב באופן שלא יהיה אפשר לפרש רק דרך אחד ככוונתך האמתית ולמה נתת כח מלוכה להאותיות שימצא שלפעמים יעשו שלא ככוונתך. והשיב הקב״ה משום שע״י זה ידרשו ר״ע וכל החכמים תילין של הלכות שהוא הגדלת תורה ממעט הנכתב והנמסר ולכתוב הרבה כל דבר בפרט אין קץ שהתורה היא בלא קץ וגבול עיין בעירובין דף כ״א.

ומאחר שנתברר שהאמת להוראה הוא מה שנראה להחכם אחרי שעמל ויגע לברר ההלכה בש״ס ובפוסקים כפי כחו בכובד ראש וביראה מהשי״ת שכן יש להורות למעשה וזה מחוייב להורות, גם החכמים שבדור הזה יש להחשיבם הגיעו להוראה ומחוייבים להורות משום שהוראתם נחשב דין אמת. ומה שבב״מ דף ל״ג בת״ח ששגגות נעשות להם כזדונות הוא רק כשלא טרחו לברר היטב כדפרש״י התם בד״ה לעמי ובד״ה הוי זהיר ויותר מזה מבואר בפרש״י אבות פ״ד מי״ב שכתב הוי זהיר בלמוד לפלפל ולחקור דקדוקיו שמתוך שאין מדקדקין בלמוד ומורין שלא כדין נעשה כזדון. וכן פי׳ הר׳ יונה שם שיחזור הדברים עד שלא ישכח דבר ועד שירד לעומקן של דברים גם לא יסמוך בסברא הראשונה אשר בכל זה עושה זדון כי בכל דבר שהטעות מצויה ולא נתן אל לבו וחוטא נקרא פושע שהי״ל לידע שיש לטעות עיי״ש, אבל כשטרח ויגע בכל כחו לברר הדין מחוייב להורות כן ומקבל ע״ז שכר בכל אופן.

וע״ז סמכתי להורות וגם להשיב מה שנראה לע״ד אחרי שבררתי את ההלכה ברוב עמל להרוצים לידע דעתי, ובפרט שכתבתי הטעמים וכל מה שנברר שבאופן זה הנני רק כמלמד ההלכה שהשואל יעיין בעצמו ויבדוק ויבחור, שאיני כלל כפוסק ומורה כדאיתא בדברי רעק״א שם. וגם משמע לי מברכות דף ד׳ שאמר דוד לא חסיד אני ואני ידי מלוכלכות בדם ובשפיר ובשליא כדי לטהר אשה לבעלה, שלכאורה קשה טובא אם אין זה כבוד למלך הו״ל לשלח את הנשים השואלות לחכמים אחרים שהיו הרבה בירושלים, שלכן צריך לומר דאסור לחכם לשלח את השואל ממנו לחכם אחר דכיון שבאת אצלו היא מצוה שלו אם הוא ראוי להורות. וזהו טעמי ונמוקי שהוריתי והשבתי לכל השואל אותי אם אך עזרני השי״ת לברר ההלכה. וגם שיש בזה נחת רוח לאבי מארי הגאון זצ״ל שאמר עלי שמקוה וכמעט שהוא בטוח שירבו השואלים ממני דבר ה׳ זו הלכה בע״פ ובכתב ובעזרת השי״ת אשיב כהלכה, ואני מברך להשי״ת על שעזרני עד עתה לברר השאלות שאוכל להשיב וכן יעזרני כל ימי להבין דברי רבותינו לאמיתתן ולהורות כהלכה בלי שום טעות ומכשול וגם לזרעי ולזרע זרעי ולכל תלמידי בתוך כל לומדי תורה לעולם.

ולכן מצאתי גם לנכון להדפיסם מאחר שאיני בזה אלא כמברר ההלכה שכל ת״ח ומורה הוראה יעיין בהדברים ויבחון בעצמו אם להורות כן וכאשר יראה שאני לא סמכתי כסומא בארובה אף על חבורי רבותינו אלא בדקתי בכל כחי להבין שהם נכונים כאשר צוה רעק״א שם וכן אני מבקש לכל מעיין בספרי שיבדוק אחרי דברי ואז יורה למעשה, ולכן יש בזה תועלת גדול לידע איך לברר הלכה על בוריה ואהיה גם בספרי זה בכלל גלי מסכתי ששבחו חז״ל ויזכנו השי״ת ללמד וללמד כל הימים ולזכות לנו ולכל ישראל בקרוב לגאולה שלימה ע״י משיח בן דוד ולבנין בה״ב ולמלאה הארץ דעה כבהטחתו.

משה פיינשטיין

לבניהם ותלמידיהם איך שנהגו. ועובדא דבי ר' ינאי בע"ז דף ס"ב דיזפי פירי שביעית מעניים לכאורה שייך רק בהלואה, ולא בלוקח בהקפה, דאחר שכבר נקנה להלוקח ובאותה שעה לא היה שייך לחול קדושת שביעית על פירות התשלומין שלא היה דבר בעין אף כשישלם אחר זמן אף בשביעית אף שעדיין לא אכלו הפירות לא שייך שיחולו קדושת שביעית עלייהו, משא"כ בהקפה, ומה שלא קנו מהם דבי ר' ינאי אולי היה באופן שהיה אסור לקנות ועדיין צ"ע כי לא עיינתי בזה מפני שהוא ערב יו"ט.

והנני גומר בברכה כפולה

דודכם אוהבכם,

משה פיינשטיין

סימן קלב

קביעת עת המוות

בעה"י

ה' אייר תשל"ו

מע"כ חתני הנכבד והאהוב לנו כש"ת הרה"ג מוהר"ר משה דוד טענדלער שליט"א.

הנה בדבר ידיעת מיתת האדם מפורש בגמ' יומא דף פ"ה ע"א בנפל מפולת על האדם שמפקחין את הגל אפילו בשבת ובודקין עד חוטמו, ואיפסק כן ברמב"ם פ"ב משבת הי"ט ובש"ע או"ח סימן שכ"ט סעי' ד' שאם לא הרגישו שום חיות הוא בדין מת שהוא בבדיקת הנשימה, שאף אם הנשימה קלה מאד נמי הוא בדין חי שרואין זה ע"י נוצה וע"י חתיכת נייר דקה שמשימין אצל החוטם אם לא מתנדנד הוא בחזקת מת, אבל צריך שיבדקו בזה איזה פעמים כדבארתי באגרות משה ח"ב דיו"ד סימן קע"ד ענף ב' בבאור דברי הרמב"ם בפ"ד אבל ה"ה שכתב ישהא מעט שמא נתעלף שהוא זמן דאי אפשר לחיות בלא נשימה, והוא דוקא כשהסתכלו כל זמן זה בלא היסח הדעת אף לרגע קטן וראו שלא נשם כל העת, אבל כיון שאי אפשר לאינשי להסתכל אף משך זמן קצר בלא היסח הדעת יש לחוש שמא נתחזק מעט ונשם איזה נשימות ונחלש עוד הפעם וחזר ונתחזק אי אפשר לידע אלא שיבדקו איזה פעמים ואם יראו שאינו נושם זהו סימן המיתה שיש לסמוך על זה ואין להרהר ועיין בחת"ס חלק יו"ד סימן של"ח שביאר באורך.

זהו בסתם חולים שנקרב מצבם למיתה ולא הוצרכו למכונה שיעזרם לנשום, אבל איכא חולים גדולים שלא יכלו לנשום והניחו הרופאים בפיהם מכונה שנושם ע"י זה, שע"י המכונה הא שייך שינשום אף שהוא כבר מת דנשימה כזו הא לא מחשיבו כחי, הנה אם לא ניכר בו בענינים אחרים ענין חיות שנראה כלא מרגיש בכלום אף לא בדקירת מחט וכהא שקורין „קאמא" כל זמן שהמכונה עובדת עבודתה אסור ליטול מפיו דשמא הוא חי ויהרגוהו בזה, אבל כשפסקה מלעבוד שנחסר העקסיגזען שהיה שם לא יחזירו לפיו עוד הפעם עד עבור זמן קצר כרבע שעה, שאם אינו חי כבר יפסיק מלנשום וידעו שהוא מת, ואם יחיה היינו שיראו שהוא נושם גם בלא המכונה אף בקושי ובהפסקים יחזירו המכונה עוד הפעם לפיו מיד וכה יעשו הרבה פעמים עד שיוטב מצבו או שיראו שאינו נושם בעצמו כלל שהוא מת.

אבל זהו באינשי שנחלו בידי שמים באיזו מחלה שהיא אבל באלו שהוכו בתאונת דרכים (בעקסידענט ע"י הקארס) וע"י נפילה מחלונות וכדומה שאירע שע"י התכווצות העצבים באיזה מקומות הסמוכים להריאה ולכלי הנשימה אינם יכולין לנשום וכשיעבור איזה זמן שינשומו אף רק ע"י המכונה יתפשטו מקומות הנכווצים ויתחילו לנשום בעצמם שאלו אף שאין יכולין לנשום בעצמן וגם לא ניכרין בהם עניני חיות אחרים אפשר שאינם עדיין מתים, וכיון שאתה אומר שעתה איכא נסיון שרופאים גדולים יכולין לברר ע"י זריקת איזו לחלוחית בהגוף ע"י הגידים לידע שנפסק הקשר שיש להמוח עם כל הגוף שאם לא יבא זה להמוח הוא ברור שאין להמוח שוב שום שייכות להגוף וגם שכבר נרקב המוח לגמרי והוי כהותז הראש בכח, שא"כ יש לנו להחמיר באלו שאף שאינו מרגיש כבר בכלום אף לא ע"י דקירת מחט ואף שאינו נושם כלל בלא המכונה שלא יחליטו שהוא מת עד שיעשו בדיקה זו שאם יראו שיש קשר להמוח עם הגוף אף שאינו נושם יתנו המכונה בפיו אף זמן גדול, ורק כשיראו ע"י הבדיקה שאין קשר להמוח עם הגוף יחליטו ע"י זה שאינו נושם למת.

וגם הערת דבאלו שלקחו מיני סם וכגון הרבה כדורי שינה שעד שיצא הסם מהגוף אינם יכולין לנשום, שלכן יש להצריך שהמכונה תהיה בפיו זמן ארוך עד שיהיה ברור שכבר אין הסם בגוף שיכולין הרופאים לבדוק זה בטפת דם שיוציאו ממנו, ואז יוכלו שלא להחזיר את המכונה לפיו עוד הפעם ויראו שאם אינו נושם כלל הוא מת ואם נושם אף רק בקושי הוא חי ויחזירו המכונה לפיו עוד הפעם.

הכו"ח חותנך אוהבך בלו"נ,

משה פיינשטיין

משה פיינשטיין
ר"מ תפארת ירושלים
בנוא יארק

בע"ה

ר"ח כסלו תשמ"ה

למע"כ ידידי הנכבד מוהר"ר ד"ר ש. ש. בנדי שליט"א, נכדו של האי גברא רבה, הגאון מוהר"ר יוסף ברויאר זצ"ל, בברכת שלום וברכה וכט"ס.

אחדשה"ט,

הנה נכדי, הרה"ג מרדכי טענדלער שליט"א, דיבר לי באריכות בכמה מהספיקות והחקירות שנתחדש אצל ידידי, מחמת הפסק שערכאות הראשיות בנוא יארק הכריעו, לקבל "מיתת המוח" כהגדרת מיתה.

למעשה, כפי ששמעתי מחתני, הרב הגאון מוהר"ר משה דוד טענדלער שליט"א, הערכאות רק קבלו הגדרה שגם מוצדק לדינא, הגדרה שקוראים "ההארבערד קריטיראי" שנחשב ממש כ"מחתך ראשו" ר"ל של החולה, שהמוח כבר, ר"ל, ממש מתעכל.

והנה, אף שהלב עדיין יכול לדחוף כמה ימים, מ"מ כל זמן שאין להחולה כוח נשימה עצמאית, נחשב כמת, וכדביארתי בתשובתי בא"מ יו"ד ח"ג סימן קל"ב. במקרה שאיזה בית חולים, או איזה מדינה, יתחיל להחשיב כמתים גם חולים שלדינא חיים, ויתחייבו הרופא שמטפל בחולה זה, לצוות שיסלקו החולה ממכשירי נשימה, הנה מעצם הדין, נחשב כ"חד עברא דנהרא", שהרי בלעדו, יש עוד רופאים שכך יצוו, ומ"מ עדיף שיסלק עצמו מטיפול החולה, וישאר ביד הבית חולים לצוות כרצונם.

אבל במקרה שזה חולה יהודי, מחוייב הרופא וה"ה שאר יהודים, לעשות כל שביכלתם להצילו, אף שרק מצילו לכמה ימים, שהרי כבר הוי כגוסס, וגם אם הצלה זו יתחייב הרופא להוציאו הון רב, לשלם להמשכת המכשירי נשימה ושאר טיפולן, מחוייב כך לעשות, וכפי הגדרים של הארכת חיי שעה.

ואם יהיה איבה, יהיו מחוייבים כך לעשות גם לגויים.

ואסיים בברכה שנזכה בקרוב לקיומו במלואו של "אני ה' רופאיך" בביאת משיח צדקינו.

בידידות,

משה פיינשטיין

אגרות חושן משפט משה שג

ממש שבלא טעם דהוא רודף אסור, ואף לרש"י שפי' בסנהדרין דף ע"ב ע"ב דכל זמן שלא יצא לאויר העולם לאו נפש הוא וניתן להרגו ולהציל את אמו, ולא כתב מטעם רודף כהרמב"ם אלמא שזה עצמו דלאו נפש הוא מותר, עכ"פ הרי ג"כ כתב דוקא ולהציל את אמו משמע דבלא הצלת האם אסור. והוא פשוט שהוא מדין רציחה דהא בן נח נהרג על זה ומי איכא מידי דלישראל שרי ולעכו"ם אסור כדכתבו התוס'. וגם עצם הקרא אף שנאמר בבני נח הוא גם לישראל, כמו עדין הורג עצמו ודין מוסר חברו לפני חיה לטרפו ושוכר אחרים להרוג את חברו איתא מפורש ברמב"ם פ"ב מרוצח ה"ג שאסור ודינם מסור לשמים אף בישראל ידעינן מהקרא דנאמר בפ' נח שהוא בבני נח, ואדרבה הא יש לבקש טעם על מה שהוא גם לבני נח דהא דבר שנאמרה לבני נח ולא נשנית בסיני לישראל נאמרה ולא לבני נח ככללא דריב"ח בסנהדרין נ"ט ע"א, וצריך לומר דכיון דעיקר רציחה נשנית בסיני ודינים אלו הם פרטים בדיני רציחה הוא גם לבני נח דאין פרטים בכלל זה, אבל לישראל ודאי נאמר הקרא, והיה שייך לחייבו גם מיתה ונתמעט מהקרא דמכה איש בסנהדרין דף פ"ד ע"ב, והסמ"ע מוכיח גם מהא דחייב בדמי ולדות בסימן תכ"ה סק"ח עיי"ש, ועיין בתוס' שם ד"ה הו"א שלדבריהם ליכא הראיה דהסמ"ע, אלא הוא ממיעוט הקרא דוקא. וניחא מה שהוצרכו התוס' להוכיח שאסור מצד מי איכא מידי, משום דהיה מקום לומר דאף שהמיעוט נאמר בקרא דמיתה הוא מיעוט גם למעט מאיסור והוכיחו מצד מי איכא מידי שא"א לומר כן אלא צריך לומר דהוא מיעוטא רק ממיתה ולא מאיסורא (ועי' מה שהארכתי בזה, לעיל סי' ס"ט).

ומאחר שאיכא איסור רציחה על עובר פשוט שאף אם נדע בברור שהוא ולד כזה שיחיה רק זמן קצר וחולה כל העת ולא יהיה לו שום דעת ויצטרכו לטרוח הרבה עמו יותר מכפי האפשר להאם ואף שבשביל זה יש לחוש גם שתחלה אמו לא שייך להתיר להרוג העובר, שיש גם בעובר זה איסור רציחה כמו לעובר בריא ושלם.

ובכלל צריך לידע שבדיקה דהרופאים שידונו מבדיקתם שהוא ולד כזה הוא רק אומדנא והשערה בעלמא שלא היה שייך לסמוך על דבריהם בזה, אך שאינו נוגע זה לדינא משום דאף אם הוא ולד כזה אסור כדלעיל. ובכלל יש לידע כי הכל הוא מן השמים ולא שייך להתחכם להמלט מעונשין ח"ו בדברים שמסיתים הרופאים כי הרבה שלוחים למקום שלכן צריך לקבל באהבה כל מה שעושה השי"ת ואז בזכות זה והבטחון בו ובבקשה ממנו יברך את האשה שתלד ולד קיים בריא ושלם לאורך ימים ושנים.

ידידו מוקירו,

משה פיינשטיין

סימן עב

בענין השתלת הלב לחולה

עש"ק ב' דר"ח אדר השני תשל"ח

מע"כ ידידי הנכבד והחשוב מאד כש"ת הרה"ג מוהר"ר קלמן כהנא שליט"א, שלום וברכה וכל הטוב לעולם.

הנה בדבר חולשת בריאותי ל"ע נתאחר כתיבתי איזה ימים, ולדינא השבתי בטעלעגראמא שאסור והוא רציחה בידים לשתי נפשות כדכתבתי עוד בשנת תשכ"ח והיא גם נדפסה בספרי אג"מ ח"ב דיו"ד סימן קע"ד וכדכתבתי שם שאין להאריך בזה בפלפולים שלא ידמו לטועים שיש גם מקום להתיר. אבל באתי בזה כי בררנו הדבר וחתני הרה"ג מוהר"ר משה דוד טענדלער שליט"א ראה גם כל הזשורנאלן שבעניני רפואה שליכא שום שינוי לטוב אפילו לפני זה ששתלו בו שלא נראה מי שחי איזו שנים ואף אלו החדשים שהוא חי הם חיים של יסורים ומכאובות וצריך לרופאים, ובמדינתנו ארצות הברית דאמעריקא אסרו זה לבד מדינה אחת הנקרא סטייט שהתירו לרופא אחד שחושבין אותו לגדול ביותר, והוא בלא טעם אך אוה"ע אין חוששין לרציחה, וכן הרבה מלוכות אסרו זה מטעם שהוא רציחה בלא תועלת, ולכן שקר אמרו הרופאים שהוטב המצב לענין החולה שנשתל בו, ואדרבה יש לענוש את הרופאים שעושין זה בחיוב רוצחים במזיד כי גם הם יודעין שלא הוטב כלל.

והנני ידידו עוז,

משה פיינשטיין

סימן עג

בענייני חיי שעה, ועניין טרפה וגוסס, כפיית חולה ליקח תרופה, ועוד עניינים שונים דרפואה

ט"ז אייר ל"א למטמוני"ם תשמ"ב

מע"כ ידידי החשובים מאד נכבדים ויקרים ד"ר ר' נפתלי זאב רינגל שליט"א, וד"ר ר' יואל יעקבוביץ שליט"א, השלום והברכה יהיו עמכם לעולם.

הנה מאיזה סבה לא נזדמן לי האפשרות להשיב לכם יקירי על מכתבכם בדבר שאלות הנחוצה לרופאים יראי השי"ת לדעת איך להתנהג, והרבה גרם בזה חולשת בריאותי בעוה"ר, השי"ת יחזקני ויאמצני

ממש שבלא טעם דהוא רודף אסור, ואף לרש"י שפי' בסנהדרין דף ע"ב ע"ב דכל זמן שלא יצא לאויר העולם לאו נפש הוא וניתן להרגו ולהציל את אמו, ולא כתב מטעם רודף כהרמב"ם אלמא שזה עצמו דלאו נפש הוא מותר, עכ"פ הרי ג"כ כתב דוקא ולהציל את אמו משמע דבלא הצלת האם אסור. והוא פשוט שהוא מדין רציחה דהא בן נח נהרג על זה ומי איכא מידי דלישראל שרי ולעכו"ם אסור כדכתבו התוס'. וגם עצם הקרא אף שנאמר בבני נח הוא גם לישראל, כמו שדין הורג עצמו ודין מוסר חברו לפני חיה לטרפו ושוכר אחרים להרוג את חברו איתא מפורש ברמב"ם פ"ב מרוצח ה"ג שאסור ודינם מסור לשמים אף בישראל ידעינן מהקרא דנאמר בפ' נח שהוא בבני נח, ואדרבה הא יש לבקש טעם על מה שהוא גם לבני נח דהא דבר שנאמרה לבני נח ולא נשנית בסיני לישראל נאמרה ולא לבני נח ככללא דריב"ח בסנהדרין נ"ט ע"א, וצריך לומר דכיון דעיקר רציחה נשנית בסיני ודינים אלו הם פרטים בדיני רציחה הוא גם לבני נח דאין פרטים בכלל זה, אבל לישראל ודאי נאמר הקרא, והיה שייך לחייבו גם מיתה ונתמעט מהקרא דמכה איש בסנהדרין דף פ"ד ע"ב, והסמ"ע מוכיח גם מהא דחייב בדמי ולדות בסימן תכ"ה סק"ח עיי"ש, ועיין בתוס' שם ד"ה הו"א שלדבריהם ליכא הראיה דהסמ"ע, אלא הוא ממיעוט הקרא דוקא. וניחא מה שהוצרכו התוס' להוכיח שאסור מצד מי איכא מידי, משום דהיה מקום לומר דאף שהמיעוט נאמר בקרא דמיתה הוא מיעוט גם למעט מאיסור והוכיחו מצד מי איכא מידי שא"א לומר כן אלא צריך לומר דהוא מיעוטא רק ממיתה ולא מאיסורא (ועי' מה שהארכתי בזה, לעיל סי' ס"ט).

ומאחר שאיכא איסור רציחה על עובר פשוט שאף אם נדע בברור שהוא ולד כזה שיחיה רק זמן קצר וחולה כל העת ולא יהיה לו שום דעת ויצטרכו לטרוח הרבה עמו יותר מכפי האפשר להאם ואף שבשביל זה יש לחוש גם שתחלה אמו לא שייך להתיר להרוג העובר, שיש גם בעובר זה איסור רציחה כמו לעובר בריא ושלם.

ובכלל צריך לידע שבדיקה דהרופאים שידונו מבדיקתם שהוא ולד כזה הוא רק אומדנא והשערה בעלמא שלא היה שייך לסמוך על דבריהם בזה, אך שאינו נוגע זה לדינא משום דאף אם הוא ולד כזה אסור כדלעיל. ובכלל יש לידע כי הכל הוא מן השמים ולא שייך להתחכם להמלט מעונשין ח"ו בדברים שמסיתים הרופאים כי הרבה שלוחים למקום שלכן צריך לקבל באהבה כל מה שעושה השי"ת ואז בזכות זה והבטחון בו ובבקשה ממנו יברך את האשה שתלד ולד קיים בריא ושלם לאורך ימים ושנים.

ידידו מוקירו,

משה פיינשטיין

סימן עב

בענין השתלת הלב לחולה

ע"ש"ק ב' דר"ח אדר השני תשל"ח

מע"כ ידידי הנכבד והחשוב מאד כש"ת הרה"ג מוהר"ר קלמן כהנא שליט"א, שלום וברכה וכל הטוב לעולם.

הנה בדבר חולשת בריאותי ל"ע נתאחר כתיבתי איזה ימים, ולדינא השבתי בטעלעגראמא שאסור והוא רציחה בידים לשתי נפשות כדכתבתי עוד בשנת תשכ"ח והיא גם נדפסה בספרי אג"מ ח"ב דיו"ד סימן קע"ד וכדכתבתי שם שאין להאריך בזה בפלפולים שלא ידמו לטועים שיש גם מקום להתיר. אבל באתי בזה כי בררנו הדבר וחתני הרה"ג מוהר"ר משה דוד טענדלער שליט"א ראה גם כל הזשורנאלן שבעניני רפואה שליכא שום שינוי לטוב אפילו לפני זה ששתלו בו שלא נראה מי שחי איזו שנים ואף אלו החדשים שהוא חי הם חיים של יסורים ומכאובות וצריך לרופאים, ובמדינתנו ארצות הברית דאמעריקא אסרו זה לבד מדינה אחת הנקרא סטייט שהתירו לרופא אחד שחושבין אותו לגדול ביותר, והוא בלא טעם אך אוה"ע אין חוששין לרציחה, וכן הרבה מלוכות אסרו זה מטעם שהוא רציחה בלא תועלת, ולכן שקר אמרו הרופאים שהוטב המצב לענין החולה שנשתל בו. ואדרבה יש לענוש את הרופאים שעושין זה בחיוב רוצחים במזיד כי גם הם יודעין שלא הוטב כלל.

והנני ידידו עוז,

משה פיינשטיין

סימן עג

בענייני חיי שעה, ועניין טרפה וגוסס, כפיית חולה ליקח תרופה, ועוד עניינים שונים דרפואה

ט"ז אייר ל"א למטמוני"ם תשמ"ב

מע"כ ידידי החשובים מאד נכבדים ויקרים ד"ר ר' נפתלי זאב רינגל שליט"א, וד"ר ר' יואל יעקבוביץ שליט"א, השלום והברכה יהיו עמכם לעולם.

הנה מאיזה סבה לא נזדמן לי האפשרות להשיב לכם יקירי על מכתבכם בדבר שאלות הנחוצה לרופאים יראי השי"ת לדעת איך להתנהג, והרבה גרם בזה חולשת בריאותי בעוה"ר. השי"ת יחזקני ויאמצני

בחסדיו המרובים וגם יתן לי דעה ובינה והשכל להשיב דברי אמת בתוה"ק.

א. אם יש חולים שאין ליתן להם תרופות להארכת חייהם

הנה בדבר אם יש אנשים חולים כאלו שאין ליתן להם איזה מיני רפואות להאריך חייהם קצת יותר, הנה מפורש בכתובות ריש דף ק"ד בעובדא דפטירתו של רבי דבעו רבנן רחמי והועילה תפלתם שלא ימות אבל לא שיתרפא וכשראתה אמתיה דרבי שקמצטער טובא אמרה יהי רצון שיכופו עליונים את התחתונים ולא הוו שתקי רבנן מלמיבעי רחמי, שקלה כוזא שדיא מאיגרא לארעא אישתיקי מרחמי ונח נפשיה דרבי, ונקט זה הגמ' לאשמועינן שאיכא לפעמים שצריך להתפלל על האדם כשמצטער ואין מועילין מיני רפואות לרפאותו, והתפלות שיתרפא לא נתקבלו, שצריך להתפלל עליו שימות, כי אמתיה דרבי היתה חכמה בדיני התורה והיו למדין ממנה רבנן לפעמים, ועיין בר"ן נדרים ריש דף מ' על הא דמפרש הגמ' הא דר' דימי דהוא אמר כל שאינו מבקר חולה אין מבקש עליו רחמים לא שיחיה ולא שימות, כתב דה"ק פעמים שצריך לבקש רחמים על החולה שימות כגון שמצטער החולה בחליו הרבה וא"א לו שיחיה, כדאמרינן בפרק הנושא דכיון דחזאי אמתיה דרבי דקא מצטער אמרה יה"ר שיכופו העליונים את התחתונים כלומר דלימות רבי, ומש"ה קאמר דהמבקר את החולה גורם לו שיחיה היינו שמועיל בתפלתו אפילו לחיות שזהו ברוב החולים וזהו שצריך המבקר להתפלל ברובא דרובא פעמים, ומי שאינו מבקר אצ"ל שאינו מועילו לחיות אלא אפילו היכא דאיכא ליה הנאה במיתה אפילו אותה זוטרתי אינו מהנה, הרי דהר"ן מביא לדינא הא דהתפללה אמתיה דרבי לבסוף כשראתה צעריה דרבי טובא ותפלות דרבנן לא מתקבלות לרפאותו לגמרי ואף לא להקל יסוריו אלא שיחיה כמו שהוא ביסוריו, ומפרש גם בדר' דימי שלפעמים צריך המבקר להתפלל שימות כשרואין שא"א להחולה שיחיה ויש לו יסורין, ובאינשי כה"ג שהרופאים מכירין שא"א לו להתרפאות ולחיות, ואף לא שיחיה כמו שהוא חולה בלא יסורין אבל אפשר ליתן לו סמי רפואה להאריך ימיו כמו שהוא נמצא עתה ביסורין, אין ליתן לו מיני רפואות אלא יניחום כמו שהם, כי ליתן להם סמי רפואה שימות עי"ז וכן לעשות איזה פעולה שיגרום לקצר אפילו לרגע אחת הוא בחשיבות שופך דמים, אלא שיהיו בשב ואל תעשה, אבל אם איכא סמי מרפא שיקילו היסורין ולא יקצרו אף רגע מחייו צריך לעשות כשעדיין אינו גוסס.

וחולה מסוכן שאינו יכול לנשום צריך ליתן לו חמצן (אקסידזשען) אף שהוא באופן שא"א לרפאותו, שהרי הוא להקל מיסוריו, דהיסורין ממה שא"א לנשום הם יסורים גדולים והחמצן מסלקן, אבל כיון שלא יהיה ניכר אם ימות צריך להניחו בחמצן קימעא קימעא שיהיה כל פעם לשעה אחת או שתים, וכשיכלה החמצן יראו אם חי הוא עדיין יתנו עוד חמצן לשעה או שתים, וכן כל הזמן עד כשיראו אחר שכלה החמצן איך שהוא מת, ובאופן זה לא יהיה שום מכשול לחשש איבוד נפשות ולא להתרשלות ברפואתו אפילו לחיי שעה הקצרה ביותר.

ב. שני חולים שאחד צריך לרפוי בודאי והוא רק לחיי שעה, והשני ספק אם צריך לרפוי זה אבל יכולין לרפאותו, איזה מהם קודם

ובדבר שני חולים, אחד שלפי אומדנא דהרופאים הוא רק ריפוי לחיי שעה להאריך ימיו במה שאפשר להם, ולפעמים הוא רק לסלק ממנו היסורין אבל צריך לטיפול נמרץ, והשני לפי האומדנא שלהם יכולין לרפאותו אבל אין ידוע להם אם יצטרך לטיפול נמרץ כזה שעושין בבית החולים בהיחידה לטפול נמרץ (עמירדזענסי רום), ויש שם רק מטה אחת בהיחידה, מי קודם להכניס לשם לטיפול הנמרץ בתחלה כשבאו בבת אחת, ובדיעבד כשבא רק אחד והכניסוהו ועדיין לא התחילו לטפל בו ובא השני. הנה נראה לע"ד שאם באו שניהם בבת אחת, היינו קודם שהכניסו האחד מהם צריך להכניס בתחלה את מי שלדעת הרופאים הנמצאים שם יכולין לרפאותו אם גם לחולה זה צריך להתחיל תיכף אם יש צורך אף מספק, ואם כבר הכניסו שם את החולה שלדעתם הוא רק לחיי שעה אין מוציאין אותו משם, בין שהכניסוהו כדין מחמת שעדיין לא היה שם חולה השני, ובין שעשו שלא כדין, בין שוגגין או מזידין אין מוציאין אותו משם. והטעם פשוט דודאי חיי הראוי להתרפא ולהיות כל ימי חייו הראוין שיחיה כדרך סתם אינשי עדיפא מאלו שעומדין למות מצד חולי שלהן שלא ידוע להרופאים רפואה למחלתן, אבל זה הוא לעלמא, דלהחולה עצמו ליכא חיוב להציל נפש אחרים בנפשו, וכיון שהכניסוהו להיחידה לרפאותו כבר זכה בהמקום, לא מיבעיא כשהוא משלם בעד הזמן שנמצא בבית החולים, בין שאינו משלם שמרפאין שם בחנם, ואף אם רק לעניים בחנם והוא עני מ"מ כבר קנה במה שהובא שם להיות שם הזמן שצריך להיות שם והשעבודים שיש על ביה"ח והרופאים דשם לרפאותו ואינו מחוייב ואולי גם אסור שיתן את זכותו שעי"ז יחיה החיי שעה שהוא הזמן קצר שאפשר לו לחיות לחולה אחר אף שראוי לחיות כשיתרפא כל ימיו הקבועים לו.

ומסתבר דאף אם השני שאפשר לרפאותו הוא נמי עתה מסוכן גדול שצריך להכניסו מתחלה לחדר היחידה

נמי אין להוציא את הראשון שנמצא שם אף שחייו הוא רק חיי שעה לפי אומדנתם, שהרי גם להציל ודאי אינו מחוייב החולה בנפשו, ורק קודם שהכניסו לשם את החולה דהוא רק לחיי שעה יש להכניס תחלה את החולה המסוכן שיש לרפאותו תחלה אף שבא לשם אח"כ. אבל הוא דוקא באופן שלא ידע החולה המסוכן שלפי אומדנות הרופאים א"א לרפאותו דאם ע"י זה יודע שא"א לרפאותו הרי יתבעת שבשביל זה יש לחוש שיקרב מיתתו ויטרף דעתו שאסור בכל אופן, ומחמת שיותר מצוי שאינו יודע מצבו דהא זהירין מלגלות לו, וגם אסור לגלות לו, לכן יש להקדים להכניסו לחדר היחידה למי שבא תחלה, ואף כשהחולה יודע מצבו נמי יש לחוש שיטרף דעתו שיאמר שכבר מחשבין אותו כמו שאינו שאין מתעסקין עמו, שלכן למעשה כמדומה שרחוק הדבר שלא יגרע מצב הראשון כשיכניסו קודם את השני וממילא יש להם להכניס את מי שבא ראשון אף כשהחולה דסוברין שא"א לרפאותו בא תחלה. אבל צריכין למצוא עצה שלא יחסר טפול הצריך גם לשני אף כשיהיה במקום אחר אם אפשר.

ג. בהא דצריך להזהר מנגיעה בגוסס

ולענין סימני גסיסה שמעתי שהרופאים אין מכירין בהם, ואולי הוא מחמת שמצד ענין רפואה ליכא חלוק שאין אומות העולם חוששין להא שיבא מצד הנגיעה והטיפול בו אבוד נפש, ואין סוברין שיש איסור ועולה בזה משני טעמים, חדא דאין יודעין שאסור ליגע בגוסס והנוגע בו ה"ז כשופך דמים, כדתניא במס' שמחות פ"א ה"ד ונפסק ברמב"ם פ"ד מאבל ה"ה והובא בש"ך יו"ד סימן של"ט סק"ה, ועוד דאף אם יודעין זה לא איכפת להו ברציחה כזו דע"י נגיעה לגוסס, ואולי ליכא איסור זה לבני נח, דהא איתא בע"ז דף י"ח ע"א בעובדא דר' חנינא בן תרדיון שגזרו עליו מלכות רומי לשרפו על שהיה עוסק בתורה ומקהיל קהלות ברבים והקיפוהו בחבילי זמורות והציתו בהן את האור והביאו ספוגין של צמר ושראום במים והניחום על לבו כדי שלא תצא נשמתו במהרה ולא רצה הוא לפתוח את פיו כדי שתכנס בו האש וימות מהרה מטעם שאסור לחבול בעצמו, וכשאמר לו קלצטונירי שאם ירבה בשלהבת ונוטל ספוגין של צמר מעל לבו יביאנו לחיי העוה"ב השיב לו הן וגם נשבע לו ויצתה בת קול שר"ח בן תרדיון וקלצטונירי מזומנין הן לחיי העוה"ב, ואם היה גם לבני נח איסור רציחה בגוסס אף שלא אפשר שיחיה אלא רגעים היה אסור גם הקלצטונירי לעשות זה וא"כ משמע שלבני נח ליכא איסור זה. אבל הא ברמב"ם פ"ט ממלכים ה"ד איתא שבן נח חמור שנהרג אף כשהרג טריפה וא"כ כ"ש להרג גוסס שאף ישראל נהרג עליו, ואף שעל גוסס בידי אדם סברי רבנן בסנהדרין דף ע"ח ע"א שפטור כדאמר שם רבא שא"כ ר"ח בן תרדיון מסתמא הוא סובר כרבנן ולא כר"י בן בתירא, הא הטעם הוא משום שגוסס בידי אדם מדמין רבנן לטרפה ועל טרפה הא חייב בן נח שא"כ גם על גוסס בידי אדם יש לחייב לבן נח אף לרבנן וכ"ש לריב"ב, איברא דברמב"ם שם לא הוזכר אפילו הרג את הגוסס, אבל הוא משום דלא הזכיר אלא טרפה וכדומה שהן אלו שישראל אינו נהרג עלייהו אף שאסור אבל גוסס דגם ישראל נהרג עליו כדאיתא בפ"ב מרוצח ה"ז אין שום צורך להזכירו בבן נח שג"כ חייב, וא"כ משמע שגם בני נח אסורין ולא מתורץ לדינא לכאורה הא דהתיר להקלצטונירי להסיר הספוגין של צמר ולהרבות שלהבת וכבר הזכרתי זה שהוא צ"ע בתשובה באג"מ יו"ד ח"ב סי' קע"ד ענף ג', ומוכרחין לומר שהוראת שעה היתה במה שהתיר ר"ח בן תרדיון להקלצטונירי שיקרב מיתתו וגם הבטיח לו עוה"ב והסכימו משמיא להוראת שעה זו, וקצת משמע שלא אמר לו ר"ח בן תרדיון דודאי יהיה לך שכר מאחר שאתה עושה טובה גדולה זו שלא אצטער אלא הוצרך להבטיח לו וגם לישבע לו משום שמדינא לא היה שייך ליתן לו שכר משמיא מטעם שבעצם הוא חטא ורק מחמת הבטחת רחב"ת וקיום שבועתו נתנו משמיא להקלצטונירי עוה"ב, אך אפשר שהוצרך לזה שלא יסלקו אותו באיזה שכר בעוה"ז והוא רצה דוקא בשכר דעוה"ב. עכ"פ משמע שגם בני נח אסורין בהריגת גוססין אבל מ"מ לא איכפת להו לרופאים הנכרים ואף לרופאים ישרא' שאינם שומרי תורה בנגיעה בגוססין או משום דאין יודעין זה או משום דאין חוששין לזה, אבל שומרי תורה יש להם לישמר כשיודעין שלא שייך לרפאותו ורואין שהוא גוסס שצריכין ליזהר מליגע בו. ואנשי חברה קדישא שהיו בכל עיר ועיר אנשים העוסקים למצוה זו לעשות כל הדברים דצריך לכבוד המת משעת יציאת הנפש עד אחר הקבורה כמנהג ישראל שומרי תורה היו בקיאין בזה, וכמדומני שרופאים הרוצים לידע כשנמצאים בבתי חולים שמצוי שם גם אלו שמתים שם יכולים להכיר זה כשישתדלו להיות אצל החולים כשנוטים למות.

ד. באור החלוק בין גדר טרפה בבהמה שאינו משתנה, וגדר טרפה באדם שתלוי ברפואה דאותו זמן, והחלוק שבין טרפה לגוסס

וחלוק גדול יש בין טרפה לגוסס כי טרפה הוא שיש לו חסרון באברים הפנימים כגון שיש בריאה ולב ובני מעים נקב ממש ואף כשליכא נקב אבל הקרומים שלהם הם לקויים ושחופים בין כשאיכא מוגלא בין בליכא מוגלא, ואיכא אברים שלא נטרף אלא דוקא בחסר וביתר ויש דוקא בלקותא וכמבואר ביו"ד

בטריפות דבהמה, ולרוב האברים גם באדם הוא כן, אך איכא חלוק בעצם הגולגולת ואולי אף בשדרה עיין בתוס׳ חולין דף מ״ב ע״ב ד״ה ואמר. אבל בעצם איכא חלוק גדול לדינא בין טרפות דבהמה לאיסור אכילה למה שנוגע לדיני טרפות דאדם שהוא ליהרג עליו כדאבאר. דהרי כל עניני מחלות ורפואתן אינם דברים קבועים בכל ימות העולם דהרבה דברים טבעיים נתחלפו כמפורש בתוס׳ מו״ק דף י״א ע״א ד״ה כוורא וכמו כן שייך שישתנו גם במחלות ורפואות, שא״כ בטריפות שמנו בר״פ אלו טריפות זה הכלל כל שאין כמוה חיה טרפה א״א לפרש שהוא כפי כל זמן וזמן דהא דיני טרפות לאכילה הם קבועים לעולם אלא שהיה כלל על זמן התנאים חכמי המשנה ואולי גם האמוראים חכמי הגמ׳ ומה שנכלל אז בכלל זה הוא נאסר לעולם מהל״מ. ולכן ניחא מה שנאמרו למשה בסיני כל הפרטים כדאמר עולא בחולין דף מ״ג ע״א שמונה מיני טריפות נאמרו לו למשה בסיני ולא סמכה תורה על דעת החכמים שיאמרו איזו הן הדברים העושין שלא תוכל הבהמה לחיות וכדמצינו הרבה דברים בתורה שלא נאמר אלא כלל וסמכה תורה על החכמים שיפרשו הפרטים, אלא הוא משום דמצד הכלל דכל שאין כמוה חיה טרפה לא היו נאסרות כל הטריפות שנשנו אלא רק באותן השנים הרבים שלא היו הבהמות יכולות לחיות, והיו כשרות שלא נאמרו שכשרות, וכשנשתנו הטבעיים שאיזה דברים שלא היו יכולות לחיות בזמן המשנה והגמ׳ נשתנו שיכולות לחיות, ואיזה דברים שהיו יכולות לחיות בזה נשתנו שאין יכולות בזה, היה מצד כלל זה להיפוך, דאף שבמשנה וגמ׳ נאמר לאיסור מדין טרפה נעשות מותרות מאחר שנשתנו שיכולות לחיות בזה, ואלו שנאמר במשנה וגמ׳ שהן כשרות ומותרות מדין טרפה נעשות אסורות מדין טרפה מאחר שנשתנו שאין יכולות לחיות, ובאה ההלכה למשה מסיני לומר שאינו כן אלא אלו שנשנו במתני׳ ובגמ׳ אלו הן האסורות מאיסור טרפה לעולם אף לאחר שנשתנו הטבעיים ויכולות לחיות בזה ואלו שנשנו שהן כשרות הן כשרות לעולם אף לאחר שנשתנו הטבעיים ואין יכולות לחיות בזה, והכלל דנקט במתני׳ דכל שאין כמוה חיה טרפה נשנה זה רק על זמן מתן תורה שהיה כן גם בזמן המשנה והגמ׳.

ומפורש זה ברמב״ם פ״י משחיטה הי״ב שכתב ואין להוסיף על טריפות אלו כלל ואפילו נודע לנו מדרך הרפואה שאין סופה לחיות, ובהי״ג כתב וכן אלו שמנו ואמרו שהן טריפה אע״פ שיראה בדרכי הרפואה שבידינו שמקצתן אינן ממיתין ואפשר שתחיה מהן אין לך אלא מה שמנו חכמים, שלשון זה משמע שאף שהאמת בזמן ההוא כפי שידוע מדרכי הרפואה לא נשתנה הדין דבשביל זה באה ההלכה שלא תלוי במה שיאמרו חכמים שבזו תהא חיה ובזו לא תהא חיה אלא כפי שהיה בשעת מתן תורה דמה שהיה אז אין כמוה חיה נאסרה לעולם אף כשישתנו הטבעיים, ומה שהיה כמוה חיה כשרה אף כשישתנו הטבעיים, ואין כוונת הרמב״ם שאין האמת כידיעתנו מדרכי הרפואה דהא כתב ואפילו נודע מדרך הרפואה שאין סופה לחיות ולא כתב ואפילו הרופאים אומרין שאין סופה לחיות, וכן בהי״ג כתב אע״פ שיראה בדרכי הרפואה שבידינו שמקצתן אינן ממיתין ואפשר שתחיה מהן, שהוא לשון ודאי וברור שכן הוא ומ״מ לא נשתנה הדין, דהוא מצד ההלכה שבשביל זה נאמרה בסיני להשמיענו שאף שישתנו לענין החיות לא ישתנה דינם. ומה שכתב בהי״ב שכל שאירע לבהמה או לחיה או לעוף חוץ מאלו שמנו חכמי דורות הראשונים והסכימו עליהן בבתי דיני ישראל אפשר שתחיה, שמשמע דוקא מחמת שאפשר שתחיה משום שבעצם יש לה רפואה וידעו זה חכמי דורות הראשונים ונשכח מדורות האחרונים, שלפ״מ שכתבתי לא היה צריך לזה שאף שבדורות אלו האמת שאין לה רפואה משום שנשתנו הטבעיים נמי כיון שבזמן נתינת התורה וזמן חכמי המשנה והגמ׳ היה אפשר שתחיה היא כשרה וכמו שכתב בהי״ג באלו שאמרו שהן טריפה אע״פ שבדרכי הרפואה שבידינו אינן ממיתין ואפשר שתחיה שלדינא טריפה שהוא אף שהוא דבר ודאי שתחיה כפי דרכי הרפואה שבידינו שמ״מ לא נשתנה הדין וכמו כן הוא גם בהא דהי״ב שאלו שהיו כשרות לדינא דגמ׳ אף שברור ודאי שבזמננו א״א שתחיה מחמת שנשתנו הטבעיים כשרות, אולי מאחר שבזה אין צורך לזה שנשתנו הטבעיים דאפשר שגם בזמננו יכולות לחיות אף שלא ידוע לנו הרפואה, אבל יותר טוב לגרוס היה אפשר שתחיה, היינו שלכל חכמי דורות הראשונים וכל בתי דיני ישראל דהראשונים שלא מנו היה אפשר שתחיה היא כשרה לדינא גם בזמננו אחר שנשתנו הטבעיים וא״א שתחיה דלדינא אף בזמננו יש לדון כמו בזמנם.

ועיין בכ״מ שהביא מחולין דף נ״ד ע״א על דין הראשון דהי״ב דאין להוסיף על הטריפות דאיתא שם דבי יוסף רישבא מחו בגידא נשיא וקטלי ואר״י בן בתירא דאין להוסיף על הטריפות אין לך אלא מה שמנו חכמים ודבי ר״פ בר אבא רישבא מחו בכוליא וקטלי וא״ר אבא דאין להוסיף על הטריפות דמסיק הגמ׳ דאף שחזינן דקא מתה גמירי דאי בדרי לה סמא חייא, וכתב שהרמב״ם מפרש דגמירי הל״מ דאי בדרי לה סמא חייא ואע״פ שבספרי רפואה שבידינו כתוב שרפואות תעלה אין לה, וזה הא לא שייך לתרץ בהי״ג לענין כשבזמננו איכא בדרכי הרפואה שבידינו שאפשר שתחיה ברפואות ואף שלא ברפואה שכתב הרמב״ם שלדינא היא טרפה ואסורה באכילה שכתב ע״ז הכ״מ

כ"כ הרשב"א בתשובה ומשמע מזה שלא כתב הכ"מ הטעם שכתב הרשב"א, שהוא מאותו טעם שכתב הכ"מ בדינא דהי"ב כשנודע מדרכי הרפואה שאין סופה לחיות והיינו שאף שלא שייך הטעם אם הוא אמת שיש בזמננו רפואה שמתרפאות ויכולה לחיות עוד הרבה שנים וכ"ש כשהיא חיה גם בלא רפואה, שייך טעם הראשון ע"י הכחשה שאינו אמת ובטעות אומרים זה כדאיתא ברשב"א סימן צ"ח, אבל לשון הרמב"ם לא משמע כן אלא שהוא ג"כ סובר כדרכי הרפואה שהאמת היה גם בזמנו כדרכי הרפואה שבידינו דהא כתב בלשון ואפילו נודע לנו מדרך הרפואה שהוא לשון ודאי בהי"ב ואף לשון הי"ג אע"פ שיראה בדרכי הרפואה שבידינו שמקצתן אינן ממיתין ואפשר שתחיה הוא לשון ודאי, ובזמננו ידוע לכל העולם כולו שאיכא הרבה דברים מעניני טריפות שחיים חיי בריאים וגם חיים ארוכים לפי הדור ומגיעים גם לגבורות ואף ליותר דהא עושין הרופאים חתוכים בבני מעיים כחתיכת הסניא דיבי שהוא כבר נעשה למליאנים כשהן צעירים וגם לקטנים והם בריאים והגיעו לזקנה ושיבה ולגבורות, וכן עושין נתוחים ומתרפאין גם כשחותכין חלק מהבני מעיים כשנעשה שם מכה שא"א לרפאותה ועושין אף בריאה חתוכים כשאיכא מכה שא"א לרפאותו בסממנים וידוע שהרבה אינשי שעשו להם נתוחים כאלו והם אנשים בריאים עוסקים במלאכתן כאנשים בריאים, וידוע שמתחלה בדקו הרופאים זה על בעלי חיים וכשראו שנתרפאו וחיו הרבה שנים כדרך הבע"ח אז התירו להם מדיני המדינה והמלכות, ונמצא שידוע זה גם בבהמות וחיות, והרמב"ם והרבה רופאים גדולים בזמנו וגם הרבה שנים קודם באיזה דברים מאלו שבזמן התנאים ואמוראים לא היה אפשר לחיות ובזמנו ואיזה דורות קודם נשתנה הטבע ואפשר להתרפא ולחיות בזה שלכן כשנחלה אדם באברים הפנימיים ולא היה אפשר לרפאות ניסו לחתוך מתחלה בשרצים וחיות ובהמות ועלתה להם שאז התחילו לעשות זה גם באינשי, ובכל דור ודור נוספו מחלות שעושין להם ניתוחין והוא בין מצד חדוש הידיעה ובין מצד חדוש הטבע, וכדחזינן שגם בעניני רפואות מתחדשין בין מצד הידיעה ובין מחדוש הטבע ויש מיני רפואות שהיו בדורות הקודמין ועתה אינם מרפאין והרבה מיני רפואות נתחדש ומתחדשין בין מחמת שלא ידעו מהם אף שהיו בהמציאות ויש גם שרק עתה נתחדש בהטבע שמרפאין. ובימי הרשב"א לא עשו הניתוחים האלו (עי' בתשו' הנ"ל סי' צ"ח) ואפילו אם נזדמן באיזה מקום שעשה איזה רופא גדול לא ידעו ממנו דלא היה שייך לידע אז כל כך ממה שנעשה בעולם כפי שיודעין בדורותינו מעת שהתחילו להשתמש במסילות הברזל להוליך ע"י זיעת מים רותחין ביותר וע"י הספינות הגדולות שע"ז באין בימים אחדים גם למדינות הרחוקות ביותר, וכ"ש זה יותר מחמשים שנה שנוסעין בעראפליינס שביום אחד עוברים כל העולם, והידיעות יודעין בשעה אחת וגם בפחות משעה ע"י טעלעפאן וטעלעגראמעס שנעשו ע"י ידיעת ענין העלעקטרן, אבל הרמב"ם שהיה חכם גדול ביותר וגם היה רופא גדול בדורו ידע שהאמת הוא כפי שידוע מדרכי הרפואה אבל לא הוקשה לו כלום משום שהתורה אסרה לעולם מה שהיתה טרפה בשעת מתן תורה שלא היתה כמוה חיה, והוא מוכרח ממה שאמר עולא דהח' מיני טריפות שאיתא נאמרו למשה בסיני ולא סמכה תורה על החכמים משום דאסרה תורה אלו לעולם אף אחר שישתנה הטבע בזה שהקב"ה נותן התורה הא ידע זה ואם היה סומך על החכמים היו משתנים דיני הטריפות אז והוצרך להודיע למשה בסיני שאלו הן הטריפות שלעולם יהיו אסורות באכילה אף אחר שישתנה הטבעיים ויהיו מקצת דברים ואף אם כולן להיפוך לא ישתנה דינם כדלעיל.

ולכאורה משמע שהכ"מ פי"ג שחיטה הי"ב מתרץ זה שהוצרכה ההלכה מסיני שאמר עולא בזה שכתב ונראה שמפרש רבינו הל"מ דאי בדרי לה סמא חייא, היינו דבשביל זה מתורץ מה שהוצרכו להלכה מסיני דאמר עולא לח' מיני טריפות דלא היה אפשר לסמוך על החכמים מאחר שאיכא מיני מחלות שאין להו רפואה לענין המציאות בעולם ומ"מ כשרות מצד דגמירי הלכה מסיני שבעצם יש להו רפואה אך שלא רצה השי"ת שתתגלה רפואה זו בעולם מאיזה טעם, והוא דבר שלא מובן כלל, חדא דליכא שום טעם שהשי"ת יגנוז רפואה זו יותר מכל הרפואות ועוד אם מאיזה טעם נגנזה מכו"ע רפואה זו ורצונו שלא יתודע בעולם יש להחשיב לדינא כלית לה רפואה, והא לפי אגדתא דב"ב דף ע"ד ע"ב דר' יהודה הינדואה משתעי דאיכא אבן טבא דמרפא אף לחתוכין ומתים כבר היתחשב לפ"ז כל אברים החתוכין כשלמין להכשיר בני מעים חתוכין וושט חתוך כ"ז שלא מתה ממש, ולכן ליכא שום טעם להכשיר בשביל שאיכא רפואה כזו שאין רצון השי"ת לגלותו לבנ"א אלא דוקא, שלא ידעו בנ"א דאין לך אין לה רפואה יותר מזה, וצ"ע דברי הכ"מ. אבל מאחר שחזינן שלהכ"מ הוקשה לו מנ"ל לרמב"ם זה שאף שלנו ידוע שאינה יכולה לחיות מותרת כשאינה מאלו שמנו והביא שהוא מעובדא דבי יוסף רישבא דמחו בגידא דנשיא וקטלי והכשיר ריב"ב ומדבי ר' פפא בר אבא רישבא דמחו בכולייתא וקטלי והכשיר ר' אבא משום דאין להוסיף על הטריפות ומסיק הגמ' טעמם משום דגמירי דאי בדרי לה סמא חיי ומזה הוא מקור הרמב"ם דה"ה לכל מחלות ומאורעות שבעולם שלא נמנו בכלל הטרפות שכשרות אף שלא ידוע רפואה בדרכי הרפואה שהוא מטעם זה דגמירי מהלכה דיש

שח אגרות חושן משפט משה

להו רפואה, אבל אין זה טעם הרמב"ם אלא דלא הוקשה לו כלל משום דמקור הרמב"ם הוא מעולא שאמר דה' מיני טריפות הוא משום דנאמרו כן מהלכה שהוא רק כדי לאוסרם אף בזמן הרמב"ם ואיזה דורות לפניו שנשתנו הטבעיים ויש מאלו מחלות הכשרות שלפי דרכי הרפואה אין לזה רפואה ואין סופה לחיות שמ"מ הן מותרות שלטעם זה לא קשה כלל גם דין השני דבהי"ג שאף שהאמת כדרכי הרפואה שמקצתן אינן ממיתין כלל אף בלא שום מעשה רפואה ומקצתן אף שלא מתרפאין אבל ידוע שיש לה רפואה ואפשר שתחיה ע"י הרפואות דהא זה שאסרה התורה אסור לעולם אף לזמן הרמב"ם וזמננו שאפשר להן לחיות ברפואות ואף גם בלא רפואות מהא דעולא דנאמר הלכה דח' מיני טריפות שנשנו במתני' שנאסרו בלאו דטרפה מטעם שאין כמוה היה הוא איסור עולמית להו אף לאחר שישתנו הטבעיים ויוכלו להיות גם בלא רפואות כמו שרואין ויודעין כל העולם כולו, וליכא בזה שום כפירה בדברי המשנה והגמ' דאדרבה מתקיימין בזה דברי המשנה והגמ' שלא יקשה עליהו מהמציאות שבדורות האחרונים שאף הרשב"א אם היה חי וכן עתה שהוא בעולם האמת בג"ע מודה שיש מקצתן כאלו שמנו במשנה וגמ' שהן טריפות שיכולין לחיות, והרשב"א לפ"מ שהיה סבור דא"א להן לחיות היה מוכרח לדחוקי בהא דעולא דהוצרך להשמיענו בהלכה מחמת שאיכא מחלות שליכא רפואה ונמנו לכשרות דהוא משום שנשכחו הרפואות מהרבה מחלות שלכן אין יכולות לחיות והיינו טועין לאוסרן בשביל זה כדפי' הכ"מ, אבל הוא דחוק ותמוה כדכתבתי, והאמת לדינא הוא כהרמב"ם, וגמירי דאי בדרי לה סמי היי דנאמר בגמ' על הא דמהו בגידא דנשיא ועל הא דמהו בכוליתא שהכשירו אין גמירי זה מהלכה אלא מדרכי הרפואה.

עכ"פ דעת הרמב"ם, ונברר שכן הוא האמת, שאף שהאמת כדרכי הרפואה שבידנו משום שנשתנו הטבעיים ויש מאלו שכשרות שא"א להם לחיות ומהטריפות שמנו הכמים שיכולות לחיות גם בלא רפואה ויש חיות ע"י רפואה שמ"מ לא נשתנה דינם וכלל דבמשנה היה זה רק על זמן ההוא ולא קשה עליו שום קושיות ומה שמסיק בגמ' על מחו בגידא דנשיא ועל מחו בכולייתא גמירי דאי בדרי סמא חייא הוצרך למה שריב"ב ור' אבא הכשירו אף שהיו בזמן המשנה והגמ' שלא נשתנו עדיין זאבל כיון שהאמת הוא שנשתנו הטבעיים שבזמן הרמב"ם והוא אף בדורותינו שאיכא הרבה שנמנו בטריפות וכן הוא דינם לאיסור אכילה אף בזמננו ולעולם שלענין המציאות הן כשרות, ואיכא הרבה שדינם שכשרות לאכילה אף שלענין המציאות הן טריפות, נשתנה הדין לענין חיוב הרוצחו שבזה תלוי בהמציאות שאם לפי המציאות שהוא כדרכי הרפואה בזמננו יאמרו שהיה הנרצח בחשיבות כשר שהיה יכול לחיות במחלתו כל ימיו חייב מיתה ואם בדרכי הרפואה יאמרו הרופאים שלא היה יכול לחיות במחלתו הוא בדין טרפה שההורגו פטור ממיתת ב"ד. וכן הוא כמפורש ברמב"ם פ"ב מרוצח ה"ח שכתב ההורג את הטריפה פטור מדיני אדם וכל אדם בחזקת שלם וההורגו נהרג עד שיודע בודאי שזה טריפה ויאמרו הרופאים שמכה זו אין לה תעלה באדם ובה ימות, הרי לא כתב שטריפה הוא כשיש לו מכה בריאה ולב ובני מעיים וכדומה כדנמנו בטרפות דבהמה חוץ משדרה וגולגולת משום דסובר הרמב"ם דלענין הריגת רוצח בב"ד תלוי לפי המציאות בכל דור ודור כפי שנתחלפו הטבעיות דלכן לא שייך לומר בזה דין קבוע, ואף שקבוע עכ"פ לאיזה משך זמן וכל אדם שוין לזה דלכן דייק וכתב ויאמרו הרופאים שמכה זו אין לה תעלה באדם ובה ימות ולא כתב ויאמרו הרופאים שמכה זו אין לה תעלה באדם זה משום דלענין להתחשב טריפה שוין כל אדם ואדם כפי שהוא בעולם בזמן שנהרג. אבל החלוק הוא רק לענין חיוב מיתה בסנהדרין שבעוה"ר אין לנו חיובי דיני נפשות עד שיבא מלך המשיח ויבנה ביהמ"ק כי תלוי בבנין ביהמ"ק שישבו סנהדרי גדולה בלשכת הגזית שחציה קדש בקדושת העזרה וחציה חול לגבה דיש לה רק קדושת הר הבית שרק אז דנין סנהדרי קטנה של כ"ג אשר יעמידו בכל עיר ועיר בא"י, אבל במה שנוגע גם בזה"ז להתרחק ממנו ולקונסו באיזה דברים ושלא לקוברו אצל סתם אינשי שהם כשרין אם רשאין אנו מצד דיני המדינה והמלכות ליכא חלוק בין הרג אדם שלם לטריפה.

ודין הגוסס שהוא אדם שאין בו חסרון באבריו וראוי מצד זה לחיות בלא קצבה אלא מצד שנגזר מצד דאדם באכילה מעץ הדעת שכל אדם עד ביאת המשיח ותחיית המתים מוכרח למות שלענין זה כל הימים שנגזר עליו בשעה שנולד לחיות בעוה"ז ומהלידה עד שמת ממש דין אחד דההורגו במזיד חייב מיתה בעדים והתראה בזמן המקדש שהיו סנהדרין של ע"א יושבין בלשכת הגזית ולא היה חלוק בין גוסס לבריא, וגם בזה"ז ליכא חלוק באיסור רציחה שלכן כיון שהוא חלש מאד אז ואפשר שגם הנגיעה בו תכבד עליו וימות מזה צריכין ליזהר מליגע כשאין להם שום רפואה עבורו, ובטריפה כל זמן שהוא חי ליכא דין זה דרשאין ליגע בו וגם ליתן לו דבר כבד אם אפשר לפניו שאף שא"א לפניו לחיות זמן רב כשלם מ"מ הזמן שהוא חי הוא ככל אדם ואף כשנחלה הוא ככל אדם כשהוא חולה שיכולין ליגע בו וללחוץ ידו כשבאין אליו לבקרו כדרך העולם, והרופאים מחוייבין לרפאותו במה שאפשר לסלק ממנו יסורין ולהאריך ימיו כמה שאפשר.

ה. אם לכפות חולה ליקח רפואה כשאינו רוצה, ובענין תרופה מסוכנת

ובדבר כשהחולה אינו רוצה ליקח הרפואה, תלוי אם הוא מחמת יאוש או מחמת שהוא צער לפניו ומתחשב רק עם שעה זו שאינו רוצה להצטער בה אף שמאמין להרופאים שהוא לטובתו שיתרפא בזה או שידעו מזה איך לרפאותו שהוא מעשה שטות ומעשה תינוקות צריכין לכפותו אם אפשר להם, אבל אם הוא מחמת שאינו מאמין לרופאים אלו צריכין למצא רופא שמאמין בו, ואם ליכא רופא כזה ואי אפשר לפניו מצד המחלה לחכות עד שיבין שהוא לטובתו וגם לא לשלחו כשרוצה בבי"ח וברופאים שהם בעיר אחרת מוכרחין הרופאים שבכאן לעשות בעל כורחיה אם כל הרופאים שבבית חולים זה סוברים שזהו רפואתו, וגם יהיה באופן שלא יתבעת מזה שאם יתבעת מזה אפילו שהוא ענין שטות אין לעשות כי הביעתותא אפשר שיזיקהו וגם ימיתהו ויהיה זה כהמיתוהו בידים ולכן יותר טוב שלא לעשות בעל כורחיה אף שהקרובים רוצים שיעשו לו גם בעל כרחיה, וצריכין הרופאים להתיישב בזה הרבה כשנזדמן חולה שאינו רוצה בהרפואה שעושין לו אם לכפותו כשהוא גדול שקרוב שלא תהא לתועלת כל כך, ולעשות בזה לשם שמים. ובאם יש בהרפואה עצמה איזו סכנה אבל הרופאים נוהגין ליתן רפואה זו להחולה שיש לו מחלה מסוכנת שמדת סכנה של הרפואה פחותה הרבה מסכנת המחלה אין ליתן בעל כרחיה בכל אופן.

וגם בעצם נתינת רפואה כזו שיש בה סכנה שנוהגין הרופאים ליתן כשמחלתו דהחולה מסוכנת יותר ממדת סכנה דהרפואה עצמה יש לדון, דהא לא דמי הידיעה שיודעין הרופאים מאנשים בריאים וחולים קטנים כמהושים וחולשא בעלמא שאיכא לפעמים שהם לא מסתכנים כל כך מרפואה זו שרוצים ליתן לחולה זה על מחלתו הגדולה ואין למילף כלום ממאורעות כאלו, וממילא אין ליתן רפואה כזו שיש בה סכנה שהרי אפשר שלחולה כזה הוא סכנה גדולה, ורק כשאיכא ידיעה לרופאים שאף אינשי שחולים במחלה זו והם חלשים במדה זו נמי לא נסתכנו מרפואה זו אלא מיעוט קטן טובא אז כשסוברים הרופאים שלא פחות ממחצה חולים במחלה זו נתרפאו רשאין ליתן רפואה זו כשהוא ברשות החולה, והרופאים צריכין לישא וליתן טובא בזה בהרבה רופאים וגדולים שיש שם כי אומדנא כזו היא קשה מאד אף לרופאים גדולים.

ו. אם מותר לרופא לבקש מקרובי המת רשות לנתחו

ובדבר נתוח מתים שרוצים הנהלת בית החולים שהרופא שעסק עם החולה יבקש מהקרובים רשות לנתח, שיש לחוש שאם לא תעשו כרצונם יקנסו לבטל תעודת הרפואה הוא פלא שבמדינתנו יכפו להרופא לעבור על דיני התורה ואם נמצא הנהלת בית החולים שמקפידין בזה אין לחוש לאיומיו, שודאי יכול הרופא שומר תורה לתבוע אותם בדיני המדינה, ובשביל הטירהא בעלמא שלא יצטרך לזה ודאי אין להתיר. אבל הא רשאין לנתח מתי נכרים והם גם מרובין ממתי ישראל אף בבתי חולים של ישראל ויכול הרופא שומר התורה לבקש מקרובי מתי נכרים ואצלם יכול מדינא גם לפתותם ולא שייך לזה ענין איבה מאחר דאיסור ניתוח הוא דבר שאין להקפיד ע"ז אלא מצד איסור תורה שליכא זה במתים דידהו ולא שייך בזה משום דרכי שלום. ובמתי ישראל אין אתם מחוייבין לומר להקרובים שלא ישמעו למי שיבקשו מהם שיניחו לנתח, וכשישאלו מכם אם יניחו לעשות ניתוח אין עליכם חיוב להשיב פס"ד אלא לומר שאתם אינכם רבנים אלא שצריכין לשאול זה מהרב שמכירין אותו אם מותרין להניח להרופאים לנתח את קרובם ולא יוכלו הנהלת ביה"ח לתבוע מכם כלום, ואם מצד רשעות בעלמא יתבעו דוקא מכם ודאי אין לכם מה לירא מהם כלום.

ז. אשה שהוצרכו לחתוך את רחמה אם מותר לחתוך גם השחלות וצנורות הרחם

ובדבר אשה שיש לה מחלה ברחמה באופן שצריכין לעשות ניתוח ומסירים את הרחם, ואגב אורחא דרכן של הרופאים להסיר את השחלות (אואריס בלע"ז) ואת צנורות הרחם (פאלאפיאן טובס בלע"ז), אע"פ שאין בהם שום מחלה בשביל שעלול להעשות בה ע"י מחלת סרטן (קענסער) בערך חמשה אחוזים, אם יש בזה איסור משום סירוס, הנה באשה ליכא משום סירוס אחר סירוס, ומכיון שניטל הרחם הרי שוב לא שייך שתלד וליכא שוב ממילא איסור סירוס דאין בה משום מסרס אחר מסרס כדמשמע בשבת ריש דף קי"א לענין שתיית רפואה לירקונא שע"ז מיעקר שלאיש אסור ואשה מותרת שהקשה הגמ' דלר"י בן ברוקא שגם אשה מחויבת בפו"ר מוקי לה בעקרה הרי אף שלסריס אמר שם דאסור ליקח רפואה זו משום דהכל מודים במסרס אחר מסרס שהוא אסור מ"מ מותרת בעקרה משום דליכא באשה משום מסרס אחר מסרס וכמפורש בתוס' ד"ה בזקנה ובעקרה שכתבו באשה נמי לא שייך בה מסרס אחר מסרס דאין שייך בה סירוס, שאין כוונתם לענין לעשות שלא תלד דודאי איכא מציאות דסירוס דהוא לחתוך את הרחם, אלא כוונתם דלא שייך עניני סירוס דמעוך וכתות ונתוק וכרות דכתיבי בקרא דמזה ילפינן איסור מסרס אחר מסרס, ולא שייך למילף אף לר"י בן ברוקא דהאשה מצווה על פו"ר מאיש אלא לעצם הסירוס שכיון שמצווין על מ"ע דפו"ר

אינו ענין חדוש מה שנאמר איסור לאו על סירוס דהוא לעשות עצמו לאינו ראוי לפו"ר שלכן ילפינן אשה מאיש מאחר שהיא נמי מצווה על פו"ר כהאיש אבל על מה שנאמר חדוש באיש לאסור גם מסרס אחר מסרס שהוא גזה"כ בעלמא לא שייך למילף, וכ"ש דלרבנן שהאשה אינה מצווה על פו"ר דהאיסור סירוס באשה הוא רק איסור מדרבנן שודאי אין לאסור דבלא טעם לאסור ודאי לא יאסרו, שלכן מאחר שמוכרחין לחתוך את הרחם משום מחלתה ליכא שום איסור לנתח גם את השחלות ואת צנורות הרחם. ואף להגר"א באה"ע סימן ה' ס"ק כ"ח שאיכא איסור דאורייתא גם בנקבה מקרא דמשחתם, מסתברא דההשחתה שנאמר באברי הזרע ולא באברים אחרים הוא משום שנשחת עי"ז ענין הולדת בנים, וכיון שנוטלין ממנה הרחם בשביל סכנה ליכא שום חשיבות ושם השחתה על מה שנשארו השחלות וצנורות הרחם והוי זה כצער וחבלה בשאר אבריה שלטובתה אין לאסור אף למ"ד אסור לחבול בעצמו.

וגם הא שעלול להעשות סרטן אף שהוא רק בסך המשה אחוזים יש להחשיב סכנה להאשה להתיר זה דהוא חשש גדול ואף אם נימא דאין לעשות מתחלה נתוח בשביל חשש דאחד מעשרים הוא משום שגם הנתוח בעצמו נמי יש בזה חשש סכנה אבל באופן זה שהוא בשעת הנתוח ההכרחי דהרחם שמסתבר שלא נוסף לה אלא הצער בשביל זה לבד שחתכו יותר מעט, וגם אפשר שלא ניתוסף לה שום צער יותר מלחתוך הרחם לבד וכדמסתבר כן, שלכן אפשר שיכולין לעשות כן גם בלא שאלה ממנה משום שאין בזה שום חסרון אלא רק לטובתה, אך אולי יהיה מצד זה יותר הנאת תשמיש או ענין אחר שעושין השחלות וצנורות הרחם אף שאין זה ענין גדול שלכן יותר טוב לשאול ממנה ומבעלה ויחליטו הרופאים יר"ש בזה.

ה. בענין רופא שבאה אליו אשה שיפיל עוברה

ולענין הנשים שבזה"ז בעוה"ר איכא נשים דלא מעלי ורוצות להפיל העובר שבמעיהן הנה זה הוא אסור מאיסור רציחה ואסור לסייע בזה לא רק לישראלית אלא אף לנכרית משום שבני נח נמי אסורין ברציחה גם בעובר ובני נח חמורין בזה שגם נהרגין על רציחת עוברין שלכן אסור אף לסייע בזה וגם איכא משום לפני עור, ואף כשאפשר לה להודע מרופאים שעושין זה גם מאחריני אין לסייע בזה אף לא לנכרית אף אם היה בזה חשש איבה, אבל בעצם ליכא חשש איבה כשיאמר שהוא אינו רוצה לעזור לדבר שהוא רציחת נפש, שהרי יודעות אף הנשים הנכריות שאין זה דבר נכון לעשות שהרי גם כמה מדינות אוסרין זה משום רציחה ויכול הרופא יר"ש לומר שהוא אינו רוצה להתערב בדבר רציחת עובר כשאין זה לרפואה דסכנת האם.

ט. בענין נתוח להקלת יסורים של חולה שא"א לרפאותו

במי שיש לו מחלת סרטן (קענסער) שכבר התפשט שאין רואים הרופאים שיוכל להאריך ימים אף בניתוח אלא שעושים ניתוח על עיקר המקום כדי להמעיט היסורין ויותר מצוי זה כשעיקר הסרטן הוא בפראסטאט שמסירין הרופאים בניתוח את הביצים, אם מותר לעשות זה. הנה זה מותר שאף בשביל הסרת היסורין מותר לעשות ניתוח בחולה דסכנה, וגם מסתבר שהוא מאריך חייו לאיזו שעה קטנה אף שלא ידוע זה גם לרופאים, דודאי מסתבר ששני חולים מסוכנים במחלה אחת אבל האחד אין לו יסורין, והאחד יש לו יסורין, שבדרך הטבע מי שאין לו יסורין יחיה יותר מעט דהיסורין גדולים נמי מקצרין החיים, ולכן ודאי שמותר אף שעושה סירוס שהוא בלאו כיון שהוא חולה מסוכן יש לעשות הניתוח הזה אף שהוא רק להקל יסוריו.

בענין קריעה לרופא שכבר קרע קודם אצל חולה אחר

אם נמצא הרופא אצל חולה בשעת יציאת נשמה וקרע ואח"כ היה בשעת יציאת נשמה אצל חולה אחר שם בביה"ח אם צריך לקרוע עוד הפעם, ודאי צריך אבל סגי בהוספת משהו על מה שקרע כבר על מת הראשון דהא אין להעדיף קריעה זו על קריעה דמתים קרוביו שאם מת לו ח"ו עוד מת אחר ז' שסגי בהוספת משהו על קרע הראשון, והכא אף באותו היום כלאחר ז' דהתם דמיא דהא ליכא ענין ז' ימים רק בקרובים שחייב להתאבל עליהם, אבל בחיוב קריעה דעל אחרים כלתה חיובו תיכף אחר קריעתו כמו באחר ז' דעל קרובים וסגי בהוספת משהו, ומסתבר שלא רק ביום זה אלא אף בימים שאח"כ יסגי בהוספת משהו. וראיתי בספר גשר החיים מהגרי"מ זצ"ל טוקצינסקי פי"ד סעיף ט' שהביא בשם ס' שלחן גבוה שנהגו להקל ולא לקרוע שאל"כ לא ימצאון אינשי שירצו לבא לעמוד בשעת יציאת נשמה, והוא טעם קלוש לבטל חיוב ממש שמפורש בברייתא במו"ק דף כ"ה ע"א רשב"א אומר העומד על המת בשעת יציאת נשמה חייב לקרוע ובשבת דף ק"ה ע"ב נחשב בשביל זה שהוא מתקן בהקריעה לחייבו חטאת בשבת משום קורע, ואם לא היה חיוב ממש שבשביל חשש קטן דאינשי דלא מעלי או אינשי עניי לא ירצו לבא לעמוד בשעת יציאת נשמה דבר שחז"ל לא חששו לזה אף שהם חששו ביותר להפסד ממון דאינשי, והוא רק טעם על מה שלא מיחו באלו שאין קורעין אבל לא טעם על מה

שאינשי מעלי ינהגו כך ולכן ודאי צריך לקרוע כדינא. ולענין שבת כבר בארתי בתשובה ונדפסה באג"מ ח"ד על או"ח סימן ע"ט ותעיינו שם.

והנני ידידם ואוהבם,

משה פיינשטיין

סימן עד

בעניני רפואת חולה שא"א לרפאותו לגמרי, ובענין סכנת חיי שעה בשביל ספק חיי עולם

כ"ג אדר שני שדמ"ת

מע"כ ידידי מחו' יקר וחביב לנו עד למאד הרה"ג מוהר"ר שלום טענדלער שליט"א.

א. נתינת תרופות לחולה, שא"א לרפאותו ולהקל יסוריו, רק להארכת חייו, וענין קדימה ברפואה

הנה על שאלות של כתר"ה מח"י כסלו שנה העברה נתאחרתי להשיבו מחמת מצב בריאותי ל"ע, והנני להשיב תיכף לפי המצב אצלי ובהזמן שאפשר לפני לפי סדר מכתבך. התחלת לבקש ביאור נוסף על התשובה שכתבתי לד"ר רינגל וד"ר יעקבוביץ (ונדפסה לעיל סי' ע"ג), ובאמת לא ראיתי הנחיצות ליתר ביאור בזה, שלא היה מובן לי היכן ראה כתר"ה מקום ששייך לטעות שהרי הדין שכתבתי הוא דין מבואר ופשוט, שאם אין יודעין הרופאים שום רפואה לא רק לרפאותו אלא אף לא להקל היסורין, אלא להאריך קצת חייו כמו שהן בהיסורין, אין להם ליתן רפואות כאלו. שהרי בכה"ג חזינן מעובדא דרבי (כתובות ק"ד ע"א) שלא הועילו רבנן בתפלתם שיתרפא וגם לא לסלק יסוריו אלא שהועילה תפלתם שלא ימות ויחיה בהיסורים כמו שהם כל זמן שמתפללין, אמרה אמתיה דרבי שהיתה חכמה בתורה יה"ר שיכופו העליונים את התחתונים, וכשראתה שלא הועילה תפלתה מחמת שלא פסקו רבנן מלמיבעי רחמי עשתה מעשה להשתיקם מתפלתם בשבירת כוזא ונח נפשיה, ומשמע מהגמ' שהובא זה להורות הלכה ששפיר עשתה וכדאיתא כן בר"ן בנדרים ריש דף מ' שכן סובר ר' דימי כמעשה דאמתיה דרבי. ופסק כן לדינא שכשלא מועיל התפלה להתרפאות ולהקל היסורין יש להתפלל שימות מאחר שזהו טובתו.

ואף שלא שייך למילף לענין תפלה שאין תפלותינו מתקבלות כל כך וליכא ראיה ממה שחזינן שלא הועילו תפלותינו להתרפאות ולהקל מהיסורין ואין לנו להתפלל בשביל זה להיפוך שימות ח"ו, יש לנו למילף לחולה שהרופאים אין יודעין שום רפואה לרפאותו ואף לא להקל היסורין רק שיודעין מרפואה להאריך קצת חייו בהיסורין כמו שהם עתה שאין ליתן רפואות כאלו, אבל פשוט שאם יועילו הרפואות עד שיוכלו להשיג רופא גדול מהנמצאים אצל החולה שאפשר שעי"ז שיתארכו חייו ישיגו רופא שאפשר שידע רפואה לרפאותו יש ליתן רפואה זו אף שלא מועילה להקל היסורין אלא להאריך חייו כמו שהן בהיסורין עד שיוכלו להביא הרופא ההוא. ואין צריכין לשאול להחולה ע"ז ואף אם החולה אינו רוצה אין לשמוע לו. אבל יש להשתדל שירצה החולה, שלהביא רופא בעל כרחו יש ג"כ חשש סכנה אבל אם אינו רוצה בשום אופן שיביאו רופא, אין לשמוע לו.

ופשוט שכן סובר הרמ"א ביו"ד סימן של"ט סעיף א' שמתיר וגם מצריך להסיר דברים המעכבין יציאת הנפש אף שנמצא דגורמין שימות באיזה זמן קטן קודם, דפשוט שהוא מצד היסורים שיש להגוסס בזה, דבליכא יסורין הא ליכא שום טעם שיתירו אף לסלק דברים המעכבין ליציאת הנפש, אלא אדרבה היה לנו לחייב גם להכניס. אלא ודאי שהוא מצד היסורין שיש להגוסס בזה. ואף אם נימא שליכא חיוב מהקרא דורפא ירפא בכה"ג שלא שייך שיתרפא אלא להאריך ימיו כשהוא חולה לאיזו שעות ואף לימים כשא"א לרפאותו וגם לא לסלק היסורין או כשליכא יסורין מאחר דהקראי בסתמא איירו באפשר להתרפא ולילך על משענתו ואולי אין למילף מזה לרפאות כשליכא יסורין וכשלא שייך שיתרפא, מ"מ כשאין לו יסורין למה לנו להשתדל אף רק בסלוק דברים המעכבין יציאת הנפש, אלא ודאי דהוא משום דאית לו להגוסס איזו יסורין בעכוב יציאת הנפש, והיה בודאי לרבותינו הרמ"א והקודמים לו קבלה בזה. והוא נכון ואמת לדינא.

ופשוט שאף רופאים מומחים גדולים כשאין יודעין לרפאות מחלה זו שיש בהחולה אין להם ליתן רפואות שאין מרפאין ולא מקילין היסורין ואין מחזיקין כח החולה שיוכל לסבול, ורק אם נשקט רוחו דהחולה במה שיתן לו הרופא איזה דבר צריך ליתן לו כדחזינן שתיקנו חכמים שתועיל מתנת שכ"מ בדברים בעלמא מטעם זה. אבל אין לסמוך אפילו על רופאים הרבה שלא תועיל שום רפואה בעולם, אלא צריך להביא כל הרופאים שאפשר אף רופאים קטנים מאלו שהיו אצל החולה, כי לפעמים מכוין רופא קטן יותר מהגדולים כי אף בענינים אחרים מצינו שלפעמים לפום חורפא שבשתא (ב"מ צ"ו ע"ב) שדבר פשוט נעלם מחכם

שאינשי מעלי ינהגו כך ולכן ודאי צריך לקרוע כדינא. ולענין שבת כבר בארתי בתשובה ונדפסה באג"מ ח"ד על או"ח סימן ע"ט ותעיינו שם.

והנני ידידם ואוהבם,

משה פיינשטיין

סימן עד

בעניני רפואת חולה שא"א לרפאותו לגמרי, ובענין סכנת חיי שעה בשביל ספק חיי עולם

כ"ג אדר שני שדמ"ת
מע"כ ידידי מחו' יקר וחביב לנו עד למאד הרה"ג מוהר"ר שלום טענדלער שליט"א.

א. נתינת תרופות לחולה, שא"א לרפאותו ולהקל יסוריו, רק להארכת חייו, וענין קדימה ברפואה

הנה על שאלות של כתר"ה מח"י כסלו שנה העברה נתאחרתי להשיבו מחמת מצב בריאותי ל"ע, והנני להשיב תיכף לפי המצב אצלי ובהזמן שאפשר לפני לפי סדר מכתבך. התחלת לבקש ביאור נוסף על התשובה שכתבתי לד"ר רינגל וד"ר יעקבוביץ (ונדפסה לעיל סי' ע"ג), ובאמת לא ראיתי הנחיצות ליתר ביאור בזה, שלא היה מובן לי היכן ראה כתר"ה מקום ששייך לטעות שהרי הדין שכתבתי הוא דין מבואר ופשוט, שאם אין יודעין הרופאים שום רפואה לא רק לרפאותו אלא אף לא להקל היסורין, אלא להאריך קצת חייו כמו שהן בהיסורין, אין להם ליתן רפואות כאלו. שהרי בכה"ג הזינן מעובדא דרבי (כתובות ק"ד ע"א) שלא הועילו רבנן בתפלתם שיתרפא וגם לא לסלק יסוריו אלא שהועילה תפלתם שלא ימות ויחיה בהיסורים כמו שהם כל זמן שמתפללין, אמרה אמתיה דרבי שהיתה חכמה בתורה יהי"ר שיכופו העליונים את התחתונים, וכשראתה שלא הועילה תפלתה מחמת שלא פסקו רבנן מלמיבעי רחמי עשתה מעשה להשתיקם מתפלתם בשבירת כווא ונח נפשיה, ומשמע מהגמ' שהובא זה להורות הלכה ששפיר עשתה וכדאיתא כן בר"ן בנדרים ריש דף מ' שכן סובר ר' דימי כמעשה דאמתיה דרבי, ופסק כן לדינא שכשלא מועיל התפלה להתרפאות ולהקל היסורין יש להתפלל שימות מאחר שזהו טובתו.

ואף שלא שייך למילף לענין תפלה שאין תפלותינו מתקבלות כל כך וליכא ראיה ממה שחזינן שלא הועילו תפלותינו להתרפאות ולהקל מהיסורין ואין לנו להתפלל בשביל זה להיפוך שימות ח"ו, יש לנו למילף לחולה שהרופאים אין יודעין שום רפואה לרפאותו ואף לא להקל היסורין רק שיודעין מרפואה להאריך קצת חייו בהיסורין כמו שהם עתה שאין ליתן רפואות כאלו, אבל פשוט שאם יועילו הרפואות עד שיוכלו להשיג רופא גדול מהנמצאים אצל החולה שאפשר שעי"ז שיתארכו חייו ישיגו רופא שאפשר שידע רפואה לרפאותו יש ליתן רפואה זו אף שלא מועילה להקל היסורין אלא להאריך חייו כמו שהן בהיסורין עד שיוכלו להביא הרופא ההוא. ואין צריכין לשאול להחולה ע"ז ואף אם החולה אינו רוצה אין לשמוע לו. אבל יש להשתדל שירצה החולה, שלהביא רופא בעל כרחו יש ג"כ חשש סכנה אבל אם אינו רוצה בשום אופן שיביאו רופא, אין לשמוע לו.

ופשוט שכן סובר הרמ"א ביו"ד סימן של"ט סעיף א' שמתיר וגם מצריך להסיר דברים המעכבין יציאת הנפש אף שנמצא דגורמין שימות באיזה זמן קטן קודם, דפשוט שהוא מצד היסורים שיש להגוסס בזה, דבליכא יסורין הא ליכא שום טעם שיתירו אף לסלק דברים המעכבין ליציאת הנפש, אלא אדרבה היה לנו לחייב גם להכניס. אלא ודאי שהוא מצד היסורין שיש להגוסס בזה. ואף אם נימא שליכא חיוב מהקרא דורפא ירפא בכה"ג שלא שייך שיתרפא אלא להאריך ימיו כשהוא חולה לאיזו שעות ואף לימים כשא"א לרפאותו וגם לא לסלק היסורין או כשליכא יסורין מאחר דהקראי בסתמא איירו באפשר להתרפא ולילך על משענתו ואולי אין למילף מזה לרפאות כשליכא יסורין וכשלא שייך שיתרפא, מ"מ כשאין לו יסורין למה לנו להשתדל אף רק בסלוק דברים המעכבין יציאת הנפש, אלא ודאי דהוא משום דאית לו להגוסס איזו יסורין בעכוב יציאת הנפש, והיה בודאי לרבותינו הרמ"א והקודמים לו קבלה בזה. והוא נכון ואמת לדינא.

ופשוט שאף רופאים מומחים גדולים כשאין יודעין לרפאות מחלה זו שיש בהחולה אין להם ליתן רפואות שאין מרפאין ולא מקילין היסורין ואין מחזיקין כח החולה שיוכל לסבול, ורק אם נשקט רוחו דהחולה במה שיתן לו הרופא איזה דבר צריך ליתן לו כדחזינן שתיקנו חכמים שתועיל מתנת שכ"מ בדברים בעלמא מטעם זה. אבל אין לסמוך אפילו על רופאים הרבה שלא תועיל שום רפואה בעולם, אלא צריך להביא כל הרופאים שאפשר אף רופאים קטנים מאלו שהיו אצל החולה, כי לפעמים מכוון רופא קטן יותר מהגדולים כי אף בענינים אחרים מצינו שלפעמים לפום חורפא שבשתא (ב"מ צ"ו ע"ב) שדבר פשוט נעלם מחכם

שיב אגרות חושן משפט משה

יותר גדול והכם קטן ממנו נתכווין לדין האמת וגם בעניני רפואה שייך זה עוד יותר. ובפרט ברופאים שלא כל כך ברור לעלמא מי הוא הגדול, וגם לאו מכל רופא אדם זוכה להתרפאות.

אח"כ נודע לי שכוונת כתר"ה היה שאולי שמאחר שבדין זה אנו אומדין „איכות החיים" ומתירין בשב ואל תעשה שלא לרפאות חולה, יש אולי לחוש שרשעים יקחו זה כמקור שיכולים להוסיף עוד חלוקים „באיכות החיים", לומר שאין צריך לרפאות אחד שר"ל שוטה או אחד שר"ל היה באסון והוזק ונעשה כדומם וכדומה. והנה באמת לא ראיתי מקום לטעות בדברי שליכא חיוב לרפאות למי שהוא שוטה שנחלה ולמי שאינשי דלא מעלי אומרין על איזה אינשי שאין דעתם כראוי כל כך שהם רק כמו ירק שאין לרפאותן כשנחלו באיזו מחלה כשאין לו יסורין והריפוי הוא כדי שיהיה בריא ויוכל לחיות זמן הרבה, דודאי פשוט וברור וידוע לכל בן תורה ויר"ש שמהוייבין לרפאות להציל במה שאפשר לכל אדם בלא שום הלוק בחכמתו ובדעתו, ואף ענין קדימה ליכא אלא במה שתנן במתני' דסוף הוריות (י"ג ע"א), ואף באלו קשה לעשות מעשה בלא עיון גדול. ואף באופן שיודעין שלפי הדין יש קדימה ודאי הוא דוקא כששוין בזמן, וייש להרופא לילך למי שנקרא קודם שהרי תיכף נתחייב לילך לשם ולהשני שלא נקרא עדיין לא נתחייב עד שנקרא. ורק אם השני הוא חולה קשה מהראשון יש לו לילך להשני מאחר שהוא חולה ביותר, והכרעת דבר זה תלוי בדעת הרופא. וכן אם לחולה השני יודע הרופא איך לרפאותו ולחולה הראשון אינו יודע אלא שהוא להשקיט רוחו היה מסתבר לכאורה שיש לו לילך תחלה להחולה שיודע לו רפואה, אבל ודאי לפעמים יש להרופא לילך קודם למי שהוא רק להשקיט רוחו כשיבין מזה שהוא חולה גדול ומיואש מהרופאים כיון שלפי הדרך היה צריך הרופא לילך אצלו קודם ומזה יש להוש שיסתכן וצריך הרופא לעיין בהכרעתו היטב ולשם שמים לחיוב שעליו לרפא מאחר שהוא הרופא בעיר ובסביבתה, ובעיר גדולה כששני החולים הם מאלו שמחזיקין אותו לרופא שלהם.

ב. אם יש היוב לרפא הולה שיהיה ביסורים זמן ארוך, חולה במחלה מסוכנת שנחלה בעוד מחלה אם יש חיוב לרפאותו מהמחלה השניה אף שא"א לרפאותו מהראשונה, איך לנהוג בחולה שא"א לידע דעתו אם לרפאותו, ובמעשה דר"ח בן תרדיון

והנה כפי שאמר לי נכדי הרב הגאון ר' מרדכי שליט"א, עוד שאל כתר"ה שאלה שאינו הערה על תשובתי אלא שאלה לכו"ע, והוא שאם א"א לרפאות להחולה אלא ליתן לו סמי רפואה להמשיך את חייו כמו שהוא בחליו וביסוריו אף להרבה שנים ואף לכל השנים ששייך לחיות כדרך האינשי בזמננו אם יש חיוב לרפאותו. והנה קודם נעיין בשאלה זהרת והוא אם נזדמן שאפשר להאריך חייו אבל לא יתנו לו אריכות שנים רגיל, דהנה אם נזדמן שנעשה מסוכן במחלה שניה וכשיתרפא ממחלה השניה וישאר חי עדיין יהיה חולה במחלה הראשונה ובהיסורים שיש לו ממנה ודאי איכא היוב לרפאותו ממחלה השניה, שודאי כולהו אינשי אף כשהן חולין רוצים וצריכים להתרפאות ממחלות נוספות אף כשעדיין אין יודעין רפואה לראשונה, ואף באופן שלית לו יסורין ממנה רוצים כל אדם להתרפאות, וממילא אף כשאינש זה אין רוצה להתרפאות אין שומעין לו כיון דרצונו הוא שלא כדרך האינשי. אבל באופן שיש לו יסורין ואין ידוע רפואה אף לא להקל מהיסורין שעל כעין זה ניחא להו לאינשי יותר אף למות מלהיות חיי יסורין כאלו, כדאיתא בגמ' בכתובות ל"ג ע"ב דדלמא מלקות חמור, אפשר כדמסתבר לכאורה שאין מחוייבין לרפאות חולה כזה כשאינו רוצה בעניני רפואה כאלו שמאריכין חייו בחיי יסורין כאלו, ואף בסתמא כשלא שייך לידע דעת החולה יש לתלות שאין החולה רוצה וליכא החיוב לרפאותו, אבל ברובא דרובא הא יש להחולה קרובים ואף אב ואם ואחים וכדומה העוסקים ברפואת החולה שעליהם יותר מוטל גם בדינא. אבל ודאי עצם החיוב הוא על כל אחד ואחד שיודעין מהחולה ויודעין מרופא מומחה יותר וברפואה, אבל כיון שיש לו אב ואם ואחים וקרובים ויש גם רפואות שאין בהם ממש אפשר גם שיקלקלו מוכרח כל אדם ליקח רשות מאביו ואמו ואחיו הקרובים כשיודע איזו רפואה ולא שייך שיהיה הפקר שכל אחד ואחד שסובר שיש לו רפואה לרפא בלא רשותם. ורשותם שמועיל נמי הוא דוקא בליכא רופא מומחה דבאיכא רופא מומחה צריך להביא את הרופא כל מי שאפשר לו להביא בהקדם, והרופא עצמו מחוייב לילך תיכף ולעשות כל מה שאפשר לו לפי ידיעתו, וכשאינו יודע צריכין להביא אף ממקום אחר וכל אחד מחוייב להביאו, וכשצריכין להוציא ממון ואין להחולה עצמו מעות מוטל על הקרובים ביותר, אבל חיוב יש על כל בני העיר לרפאותו מקופה של צדקה וגם לילך לאסוף ע"ז כסף מבני העיר ומכל מקום ששייך להשיג על הוצאות השגת הרופא והרפואות וכל מה שצריך לרפאותו.

אבל מצינו בעובדא דר"ח בן תרדיון בע"ז דף י"ח ע"א שרחב"ת אמר שאסור לו לפתוח פיו כדי שישרף מהרה מצד איסור רציחת עצמו ולישראל אחר נמי לא התיר, דהא ודאי אם היה מותר לישראל אחר היה מותר גם לעצמו והא לא הוזכר שהיו ידיו קשורין וגם גופו שלא היה יכול להסיר את ספוגת הצמר מעליו ולא שייך שהיה ירא מהקלצטונירי דלא שייך שיעשה לו יותר בנקל מהוא עצמו, ולא שייך שיענשהו

יותר מהריגה דע״י שריפה שהיא מיתה חמורה, אלא ודאי היה זה משום שהיה אסור לו להסיר את הספוגין הלחים שימהר מיתתו כמו שהיה אסור לפתוח פיו. ואף התלמידים היה פשיטא להו זה לאיסור ורק לפתיחת הפה היו סבורין שמותר משום דאם היה פתוח פשוט שלא היה צריך לסותמו כדי שיחיה משהו זמן יותר ביסורים גדולים של שריפת גופו, ואמר להו רחב״ת שגם לפתוח פיו מאחר שהיה סתום אסור. ומה שהתיר להקלצטונירי להרבות שלהבת ולהסיר הספוגין של צמר הלחים וגם הבטיח לו שכר בעוה״ב בשביל זה, אפשר שלא היה חש על מה שיעבור בן נח איסור רציחה מאחר שהוא טובתו והיה רשאי להבטיח לו גם שכר מאחר שהיה לו ממהירות המיתה טובה גדולה והיה מותר לו מצד הלאו דלפני עור שהוא להישראל רק לאו שבשביל היסורין שינצל מזה והוא לא יעבור במעשה, וגם אפשר שבן נח אינו אסור ברציחה שהוא לטובת הנרצח ושאני בזה האיסור לישראל מהאיסור לבן נח, ואולי איכא משמעות לזה מלשון האיסור שלישראל נאמר בלשון לא תרצח שמשמעותו כל אופן וענין רציחה אף שהוא לטובה. ובאיסור רציחה לבני נח נאמר בלשון שופך דם האדם שמשמעותו שהכוונה הוא לשפיכת הדם שאם הוא לטובתו לא שייך כל כך לשון שופך דם.

הארכתי לברר זה מפני שעצם ברור הענין הוא דבר גדול ובפרט שנוגע זה לפעמים רחוקים מאד גם להכריע למעשה בזה שהוא צריך עיון גדול מאד שיהיה קצת מבואר איך הוא לדינא אם יהיה נידון. אבל עצם הנידון הא הוא דבר גדול מאד בין מעצם הכרעת הדין שהוא דבר גדול ובאחריות הרבה בכל ענין שצריך עיון גדול מאד, ובין מצד שהנידון הא הוא בעניני פקוח נפש וחיי האדם ממש, וצריך לקבץ כל ת״ח שאפשר ובצרוף רופאים מומחים ששייך שיהיו שם שאז יש לקוות שהשי״ת יתן דעה להורות בענין חמור כזה.

ג. אם להאכיל דרך הוריד חולה מסוכן שא״א לרפאותו ולהקל יסוריו, ואם להאכיל כן אף בע״כ

והנה בתשובתי להרופאים כתבתי שלחולה מסוכן שאינו יכול לנשום צריך ליתן לו חמצן (אקסידזשען) אף שהוא באופן שא״א לרפאותו שהרי הוא להקל מיסוריו דהיסורין ממה שא״א לנשום הם יסורים גדולים והחמצן מסלקן. וכפי זה שאל כתר״ה אם בחולים שאינם יכולין לאכול אם צריכין ליתן להו אוכל דרך הורידין כשהוא מסוכן שהוא להאריך חייו כמו שהן ביסורין כשנדמה לנו שאין לו יסורין ממה שאינו אוכל. פשוט שצריך להאכילו דברים שאין מזיקין ואין מקלקלין דודאי מחזיקין כחו מעט אף שהחולה בעצמו אינו מרגיש ואף העומדין ומשמשין אותו אין מרגישין ול״ד כלל לעניני סמי רפואה, והטעם פשוט שהאכילה הוא דבר טבעי שמוכרחין לאכול להחזיק החיות ושכל אדם ואף בע״ח בעלמא מוכרחין לזה ורק בחולה דחום גדול החום הוא גם מזונותיו כמפורש בגמרא יבמות ע״א ע״ב כגון דזנתיה אישתא, שבזה אין להאכילו בע״כ אלא ע״פ רופא אפילו דברים הראוים לחולים כאלו בסתמא, ודוקא בע״כ כזה שהחולה גדול ועושה זה ברצון אך לא מחמת שרוצה ממש אלא מחמת שאומרין לו וגוזרין עליו, אבל בע״כ ממש שצריך להחזיקו בכח ולהאכילו אין לעשות כן לגדול בר דעת כשאינו רוצה לאכול וכ״ש כשסובר שלא טוב לפניו האכילה אף שהרופא אומר שצריך לאכול ושטוב לו, משום זה שסובר שלא טוב לו האכילה הוא סכנה לחולה כשלא ישמעו לו, דהא חזינן שאפשר להרע לשכ״מ כשלא ישמעו לו אף בדברים אחרים דמטעם זה תיקנו שמתנת שכ״מ מועלת אף בדברים בעלמא (ב״ב קמ״ז ע״ב), וכ״ש שיש לחוש בדברים הנוגע לרפואתו, אבל צריכין להשפיע עליו שיעשה כציוי הרופא ואם לאו אין שייך לעשות כלום, ואם אפשר שיתנו לו באופן שלא ידע צריך ליתן לו כשידוע שהוא רופא מומחה ורבים סומכין עליו, וכשאינו ברור סמכותיה דהרופא אין ליתן להחולה גדול ובר דעת בלא ידיעתו ורצונו אלא א״כ ברור לכל שזה לא יזיקו כלל.

וכמו שהזכרתי שאל כתר״ה אם יש לחלק בין חיי שעה לחיי עולם לענין חיוב לרפאות כשלא אפשר לרפאותו מיסורין אלא להאריך חייו בהיסורין כל הזמן שיחיה שאין חייבין לרפאותו כשהרפואה היא שיחיה ביסורין אותו זמן הקטן שיחיה אבל כשיתרפא לחיי עולם דהוא כדרך שחיים אינשי בזמננו חייבין לרפאותו, הנה אמת שבדברי לא הזכרתי בענין זה ובאמת לא מסתבר לחלק ובסברות בעלמא איכא למימר גם איפכא, שלכן אם יזדמן ח״ו ענין כזה למעשה לא ידוע לן להכריע שא״כ תלוי זה בדעת החולה, ובקטן, תלוי זה בדעת אביו ואמו ואחים וכדומה שעליהן מוטל יותר עד שיתברר הדין למעשה על בוריו.

ד. בענין תפילה על החולה שימות

וגם העיר כתר״ה שיש לבאר יותר הראיה מאמתיה דרבי בענין מניעה מתפילה וכעין שהר״ן הזכיר למה שהזכרנו מזה לענין מניעה מליתן רפואה, ובודאי ראיה גדולה היא מאמתיה דרבי כיון שהיתה תפלתה מקובלת ועדיף מגדולי תורה שלא ברור קבלת תפלתן, ולאינשי כר״ח בן דוסא וכדומה שתפלתן מקובלת יעשו כפסק הר״ן שאם אין תפלתו מקובלת ידוע להו שא״א לו שוב לחיות שאז צריכין אלו אינשי להתפלל כשיש להחולה

יסורין למיתה כדכתב הר״ן שפעמים צריך להתפלל שימות כשהוא טוב להחולה והוא רק בכהאי גוונא שלא נתקבלו תפלות דרבנן שלאנשי דורותינו לא שייך זה אפילו לגדולי תורה אלא אולי ליחידים שלא ידוע לנו מהם. ואם ישנם יש להם לעשות כפסק הר״ן שהוא כרב דימי דפסק שיש לפעמים להתפלל שימות כעובדא דאמתיה דרבי. אבל הוא רק בתפלה ולא לקצר ימיב במעשה שזה אסור אפילו כשהוא טובתו של הנרצח, וחייב מיתת סייף כרוצח משנאה וכעס לכוונת רציחה לרעה.

ה. בענין סכון חיי שעה בשביל ספק חיי עולם, מי רשאי להחליט בזה, ואם תלוי ברצון החולה, והדין בחולה שאינו רוצה בנתוח שישאר ממנו בעל מום

ע״כ העיר כתר״ה על התשובה שכתבתי להרופאים הנ״ל, ואח״כ ביקש כתר״ה שאסביר בכתב כמה תשובות ששמע בשמי מנכדי ב״א של כתר״ה. והנה בדרך כלל צריך לדון על כל דבר שמיזדמן ביחוד, והנה בענין אם הדין שבגמ׳ ע״ז דף כ״ז ע״ב שמוותרין חיי שעה בשביל ספק חיי עולם הוי רשות או חיוב, כבר כתבתי כמו שהזכרת בתשובתי בסימן ל״ו בח״ג דאג״מ דיו״ד שהוא רשות בספק השקול אבל אם הרופא משער שיועיל הניתוח או שאר עניני רפואה הוא גם מחוייב, אבל בניתוח באברים הפנימיים שיש לו לחוש מאד שהוא מקום שצריך זהירות מרובה שלכן יש חלוק גדול בין רופא לרופא מצד הזהירות הגדולה שצריך הרופא במעשה ניתוח הזה צריך שיעשה זה דוקא רופא מומחה המוחזק לעלמא במעשה ניתוחיו שעושה בזהירות גדולה ובזריזות יתירה שעל רופא מומחה כזה יש לסמוך שיעשה כראוי ויתרפא בעזר השי״ת, ובאם דחופה השעה רשאי לסמוך על רופא שידוע שהוא מומחה אף שלא ידוע להם זריזותו שבסתמא הם בחזקת זריזין במלאכתם, שלכן יש לסמוך עליו כשהשעה דחופה. ואם א״א להמתין כלל מוכרחין לסמוך על כל רופא שנמצא כשהוא אומר שסם זה או שמעשה זו יועיל, ואף אם יאמר שלא ברור לו שודאי יועיל אלא שיודע שזה טוב לו ואפשר שיתרפא נמי צריך לעשות כיון שאין כאן רופא מומחה אבל דוקא כשיודעין ודאי שלא יקלקל בזה, דאם יש להסתפק שמא דבר זה עוד יקלקל אין ליתן רפואה זו אף כשאומר שאפשר שירפא, ואף כשיאמר שכפי דעתו יותר מסתבר שיועיל להתרפא כיון דאינו מומחה להכריע זה אין אמירתו כלום. אך אם החולה רוצה ליקח מה שאומר משום שמסתבר לו יותר שיתרפא מזה ואף אם החולה אומר שאף שהוא לו רק ספק רוצה ליקח אף שאיכא חשש קלקול מסתבר שאם אין יכולין להשפיע עליו שלא ירצה ליקח רפואה כזו יש ליתן לו דהחשש שיגרע כשלא ישמעו לו ויעלה בדעתו שאין רוצין שיתרפא יש לחוש שיגרע לו יותר מכפי החשש דשמא תקלקל הרפואה מה שלא מסתבר כלל שהוא כן על תרופות שיש אינשי דסברי שהם דבר המרפאים, אבל הוא דוקא כשאומרין שרק איכא חשש בעלמא ולא כשאומרין שיש ודאי גם סכנה בדבר, ודבר כזה יש לדון הרבה עד שיאמרו רוב האינשי דיודעין מזה את דעתם וגם בהכרעת החולה ורצונו. זהו כפי המסתבר לע״ד והשי״ת יעזרנו שלא נכשל ח״ו בכל דבר ובפרט שהוא נוגע לחשש פק״נ.

וכשאין החולה רוצה לסכן חיי שעה בשביל ספק שיתרפא מהניתוח כשגם הרופאים מסתפקין, ודאי אין לחייב, אבל רשות להחולה ליכנס בספק חיי שעה, אבל דוקא בספק השקול אבל כשאיכא רוב לחד צד הנה כשהרוב מתרפאין וחיים מזה הוא גם מחוייב, ואם הרוב אין מתרפאין תליא, דאם ודאי אין מגרעין הזמן שהיה חי בלא הניתוח היה נמי שייך לחייב אבל קשה לסמוך על אומדנות הרופאים שלכן מסתבר שתלוי בדעת החולה ומשפחתו שאם רוצין לעשות הניתוח רשאין אבל אם אין רוצין אין לחייבן, וכשרוצין אבל אין להם על הוצאות הממון שיעלה זה, רשאין לאסוף ממון גם מאינשי המתנדבין ורשאין לאסוף בסתם שהוא לעשות ניתוח לחולה עני ואין צריכין לפרש שאינו ברור שיועיל דכו״ע ידעי דבסתמא אין הרופאים יכולים לומר שהוא ודאי, וגם כיון שהחולה רוצה שיעשו הרי איכא חשש סכנה לו כשלא יעשו כדלעיל שא״כ ה״ז סכנה ממש מכפי המצב שהוא נמצא.

ובאם החולה הוא תינוק או אף גדול שאינו יודע להחליט רשאין אביו ואמו וכל המשפחה להחליט, והרשות שיש להם משום דרוב חולים סומכין על דעת האב והאם ואף על המשפחה כאחים ואחיות ובניהם שרוצים מה שיותר טוב להחולה ולבני ביתו, וכשליכא קרובים ודאי יש לסמוך על דעת הב״ד שבעיר.

ואם אחד אינו רוצה ניתוח שנשאר מזה בעל מום ולדברי הרופאים לא יוכל לחיות בלא הניתוח והוא באופן שאין לחוש לשמא יטרף דעתו כשלא ישמעו לו כגון שחשש המיתה מהחולי ברור וטריפת הדעת כשלא ישמעו לו הוא רק ספק, וגם בלא זה הא מיתה גרוע מטריפת הדעת, וכ״ש כשאין הספקות שוות דאם לא יעשו לו הניתוח ימות ודאי וחשש טירוף הדעת הוא רק ספק וגם אולי פחות טובא מספק ממש מאחר שאמרו לו הרופאים שיתרפא מהניתוח, ודאי שרשאין ומצוה גדולה דחיי נפש יהיה כשיעשו לו בעל כרחו אף בכפיה דקשירת גופו. אבל לחייב לעשות כן לגדול יש מקום להסתפק דאולי אף למ״ד שאין אדם רשאי לחבול בעצמו הוא דוקא במעשה, ואף שגם להתענות שמצער

עצמו בשוא"ת אסור, אולי הוא משום דכיון שהוא טבעו של אדם נחשב המניעה מזה כמעשה וכן הוא מכל מיני מאכל ומשקין שהם צורך האדם וטבעו כך ששייך להחשיב המונע מאכילה ושתיה דמכל המינים כמעשה, אבל עניני רפואה דאין טבעו ודרכו של אדם בכך הוא איפכא דליקח ולעשות הרפואות הוא מעשה ולא הנמנע מזה שודאי אין זה מעשה אף שמחוייב ודרכו של אדם הוא להתרפאות מ"מ ודאי המונעו לאדם מלעשות חבלה בעצמו ואף המונעו מלעשות הפסד ממון לעצמו אין להחשיב זה למעשה שא"כ אפשר שאין לחייבו, אבל יותר מסתבר שמחוייב כל חולה להתרפאות אף בניתוח של אברים הפנימיים כיון שהרופא הוא מוחזק למומחה שיש לסמוך עליו בניתוחים כאלו. ואף שאינו ממש ניתוח כזה אבל הוא מומחה לעשות ניתוחים באברים הפנימיים שצריכין זהירות וזריזות טובא יש להחשיבו מומחה לכל הניתוחין שלמד ויודע איך לעשות שמן הסתם לענין הזהירות והזריזות כולן שוין למי שלמד החכמה והמלאכה, שודאי יעשה גם זו בזריזות וזהירות טובא.

והנה אחיך חתני הרב הגאון מוהר"ר משה דוד שליט"א ובן אחיך נכדי הנ"ל הוסיפו עוד כמה שאלות שעניתי להם בתשובה מיוחדת (ונדפסה לקמן סי' ע"ה), ואשלח לכתר"ה העתק ממנו.

והנני ידידו מחותנו,

משה פיינשטיין

סימן עה

בעניני רפואה דחולים שא"א לרפאותם לגמרי

ל"ג בעומר שדמ"ת

מע"כ חתני כבני אהובי הרב הגאון מוהר"ר משה דוד טענדלער שליט"א.

א. הארכת חיי צער של חולה שא"א לרפאותו

מה שהעיר כתר"ה על התשובה שכתבתי לאחיך הרה"ג ר' שלום שליט"א (ונדפסה לעיל סי' ע"ד), בחולה סרטן (קענסער) שבדרך הטבע אי אפשר שיתרפא לחיות חיי עולם היינו החיים הרגילין לסתם אינשי בזמננו רק לזמן קצר לאיזה חדשים אם צריכין ומחוייבין לרפאותו אם הזמן שיחיה יהיו חיי צער. הנה לפ"מ שנתבאר גם לרפא בסמי מרפא כשא"א אלא להאריך ימי החולה על משך זמן כשידוע שלא מרפאין אלא שמועילין הסמי רפואה אלא להאריך ימי החולה וא"א אלא בסמים אלו שאין מרפאין אלא מאריכין ימי החולה ביסורין צריך להודיע זה להחולה ולשאול ממנו אם רוצה שיתנו לו רפואה דסמים אלו שאם בחיי יסורין רוצה יותר ממיתה, צריכין ליתן לו ואם אין החולה רוצה לחיות ביסורין אין ליתן לו סמי רפואה אלו אלא אם הוא להאריך חייו עד שיביאו רופא יותר גדול ואפילו אין הרופא גדול אבל רוצים לשאול גם את הרופא ההוא נמי יש ליתן סמים אלו, אבל בלא זה אין ליתן להחולה סמים אלו ומעשים אלו, כיון שהאריכות ימיו יהיו בצער, ורק אם שעי"ז יהיה להם פנאי להביא רופא גדול מאלו שלפניו צריך ליתן או כשהחולה רוצה בחיים אף בחיים כאלו דחיי צער צריך ליתן לו.

ב. מה נחשב חיי שעה לענין הקדמת חולה שאפשר לרפאותו לחיי עולם

ובנך היקר נכדי הרה"ג ר' מרדכי שליט"א הוסיף שראוי להגדיר בדיוק מה נחשב חיי שעה ומה נחשב חיי עולם, הנה החלוק הוא אם יש לפנינו שני חולים ושניהם אפשר שיתרפאו בדרך הטבע ממחלות אחרות שאירע להם, יש להקדים החולה ששייך שיתרפא שיחיה יותר משנה שהוא לא אבד חזקת חיים שלו מחולה האחר שלפי דעת הרופאים לא יחיה יותר משנה שהוא בחשיבות טרפה להרופאים ועוד גרוע שלא יוכל לחיות יותר משנה וטרפה באדם הא שייך שיחיה אפילו הרבה שנים, אבל כשהנידון הוא בשומת חייו שלהרופאים לא יחיה יותר משתי שנים אין נוגע שוב כלום להלכה דשניהם שוין לחשיבות דחזקת חיים, ואמירת הרופאים שלא יוכל לחיות לא מגרע כלום החזקת חיים שלו, וליכא בשביל זה דין קדימה וצריך הרופא לילך למי שנקרא תחלה ולמי שקרוב לביתו יותר וכששוין בזה צריך להקדים לפי סדר מתני' דהוריות (י"ג ע"א) ואם לא ידוע זה להרופא יהי' גורל, כן נראה לע"ד.

ג. בענין רפוי חולה מחיי שעה לחיי שעה ארוכים יותר, בתרופה שיש בה חשש סכנה

ובדבר חולה הנ"ל שלפי מצבו לא יוכל לחיות אלא זמן קצר כב' וג' חדשים אם רשאין או גם מחוייבין ליתן לו איזה רפואה כשאי אפשר שיחיה עי"ז כחיי האינשי שרגיל בזמננו כשאפשר שגם יסתכן ע"י רפואה זו וימות מיד או שיחיה רק ימים מועטים פחות ממה שהיה שייך לחיות בלא לקיחת הרפואה, לא ידוע לי בעניותי איזה מקום לברר דבר זה, ומצד סברא בעלמא שייך לומר דדוקא ברפואה שברורה שתרפא ולכה"פ שליכא שום חשש שיסתכן מזה מותר, אבל כשאיכא עי"ז איזו חשש אפשר שאינו רשאי ויהיה אסור לפ"ז רובא דרובא הניתוחין באברים

עצמו בשוא״ת אסור, אולי הוא משום דכיון שהוא טבעו של אדם נחשב המניעה מזה כמעשה וכן הוא מכל מיני מאכל ומשקין שהם צורך האדם וטבעו כך ששייך להחשיב המונע מאכילה ושתיה דמכל המינים כמעשה, אבל עניני רפואה דאין טבעו ודרכו של אדם בכך הוא איפכא דליקח ולעשות הרפואות הוא מעשה ולא הנמנע מזה שודאי אין זה מעשה אף שמחוייב ודרכו של אדם הוא להתרפאות מ״מ ודאי המונעו לאדם מלעשות חבלה בעצמו ואף המונעו מלעשות הפסד ממון לעצמו אין להחשיב זה למעשה שא״כ אפשר שאין לחייבו, אבל יותר מסתבר שמחוייב כל חולה להתרפאות אף בניתוח של אברים הפנימיים כיון שהרופא הוא מוחזק למומחה שיש לסמוך עליו בניתוחים כאלו. ואף שאינו ממש ניתוח כזה אבל הוא מומחה לעשות ניתוחים באברים הפנימיים שצריכין זהירות וזריזות טובא יש להחשיבו מומחה לכל הניתוחין שלמד ויודע איך לעשות שמן הסתם לענין הזהירות והזריזות כולן שוין למי שלמד החכמה והמלאכה, שודאי יעשה גם זו בזריזות וזהירות טובא.

והנה אחיך חתני הרב הגאון מוהר״ר משה דוד שליט״א ובן אחיך נכדי הנ״ל הוסיפו עוד כמה שאלות שעניתי להם בתשובה מיוחדת (ונדפסה לקמן סי׳ ע״ה), ואשלח לכתר״ה העתק ממנו.

והנני ידידו מחותנו,

משה פיינשטיין

סימן עה

בעניני רפואה דחולים שא״א לרפאותם לגמרי

ל״ג בעומר שדמ״ת
מע״כ חתני כבני אהובי הרב הגאון מוהר״ר משה דוד טענדלער שליט״א.

א. הארכת חיי צער של חולה שא״א לרפאותו

מה שהעיר כתר״ה על התשובה שכתבתי לאחיך הרה״ג ר׳ שלום שליט״א (ונדפסה לעיל סי׳ ע״ד), בחולה סרטן (קענסער) שבדרך הטבע אי אפשר שיתרפא לחיות חיי עולם היינו החיים הרגילין לסתם אינשי בזמננו רק לזמן קצר לאיזה חדשים אם צריכין ומחוייבין לרפאותו אם הזמן שיחיה יהיו חיי צער. הנה לפ״מ שנתבאר גם לרפא בסמי מרפא כשא״א אלא להאריך ימי החולה על משך זמן כשידוע שלא מרפאין אלא שמועילין הסמי רפואה אלא להאריך ימי החולה וא״א אלא בסמים אלו שאין מרפאין אלא מאריכין ימי החולה ביסורין צריך להודיע זה להחולה ולשאול ממנו אם רוצה שיתנו לו רפואה דסמים אלו שאם בחיי יסורין רוצה יותר ממיתה, צריכין ליתן לו ואם אין החולה רוצה לחיות ביסורין אין ליתן לו סמי רפואה אלו אלא אם הוא להאריך חייו עד שיביאו רופא יותר גדול ואפילו אין הרופא גדול אבל רוצים לשאול גם את הרופא ההוא נמי יש ליתן סמים אלו, אבל בלא זה אין ליתן להחולה סמים אלו ומעשים אלו, כיון שהאריכות ימיו יהיו בצער, ורק אם שעי״ז יהיה להם פנאי להביא רופא גדול מאלו שלפניו צריך ליתן או כשהחולה רוצה בחיים אף בחיים כאלו דחיי צער צריך ליתן לו.

ב. מה נחשב חיי שעה לענין הקדמת חולה שאפשר לרפאותו לחיי עולם

ובנך היקר נכדי הרה״ג ר׳ מרדכי שליט״א הוסיף שראוי להגדיר בדיוק מה נחשב חיי שעה ומה נחשב חיי עולם, הנה החלוק הוא אם יש לפנינו שני חולים ושניהם אפשר שיתרפאו בדרך הטבע ממחלות אחרות שאירע להם, יש להקדים החולה ששייך שיתרפא שיחיה יותר משנה שהוא לא אבד חזקת חיים שלו מחולה האחר שלפי דעת הרופאים לא יחיה יותר משנה שהוא בחשיבות טרפה להרופאים ועוד גרוע שלא יוכל לחיות יותר משנה וטרפה באדם הא שייך שיחיה אפילו הרבה שנים, אבל כשהנידון הוא בשומת חייו שלהרופאים לא יחיה יותר משתי שנים אין נוגע שוב כלום להלכה דשניהם שוין לחשיבות דחזקת חיים, ואמירת הרופאים שלא יוכל לחיות לא מגרע כלום החזקת חיים שלו, וליכא בשביל זה דין קדימה וצריך הרופא לילך למי שנקרא תחלה ולמי שקרוב לביתו יותר וכששוין בזה צריך להקדים לפי סדר מתני׳ דהוריות (י״ג ע״א) ואם לא ידוע זה להרופא יהי׳ גורל, כן נראה לע״ד.

ג. בענין רפוי חולה מחיי שעה לחיי שעה ארוכים יותר, בתרופה שיש בה חשש סכנה

ובדבר חולה הנ״ל שלפי מצבו לא יוכל לחיות אלא זמן קצר כב׳ וג׳ חדשים אם רשאין או גם מחוייבין ליתן לו איזה רפואה כשאי אפשר שיחיה עי״ז כחיי האינשי שרגיל בזמננו כשאפשר שגם יסתכן ע״י רפואה זו וימות מיד או שיחיה רק ימים מועטים פחות ממה שהיה שייך לחיות בלא לקיחת הרפואה, לא ידוע לי בעניותי איזה מקום לברר דבר זה, ומצד סברא בעלמא שייך לומר דדוקא ברפואה שברורה שתרפא ולכה״פ שליכא שום חשש שיסתכן מזה מותר, אבל כשאיכא עי״ז איזו חשש אפשר שאינו רשאי ויהיה אסור לפ״ז רובא דרובא הניתוחין באברים

הפנימיים וגם הרבה מאברים החיצוניים אם באופן שכבר נתפשט, שיש חשש סכנה כשעושין ניתוחים כאלו, וגם בס"פ המדיר (כתובות ע"ז ע"ב) בבעלי ראתן דצריך לקרוע המוח וליטול משם איזה שרץ הוא סכנה גדולה, אבל כיון שהוא לרפאותו מחולי דסכנתא מותר להתרפא אף שהוא באופן דיש בזה סכנה אם לא יוכל ליזהר כראוי ומאחר שא"א לרפאותו בלא זה, אף שבלא זהירות טובא הוא סכנה גדולה ואפשר שלא יוכלו ליזהר טובא כהראוי, מ"מ כיון שמוכרחין לעשות רפואה יכול לסמוך על מי שאומר שהוא יכול ליזהר בעשיית ולקיחת רפואה זו, ואין טעם לחלק בדבר שלא תלוי בזהירות אלא שיש ספק בהרפואה עצמה מאחר שלא יכול להתרפא אלא ברפואה זו שהיא גם בחשש סכנה. אבל מסתבר שאם רופא מומחה אומר שמסתבר לו על איזה דבר שהוא רפואה לחולה זה אך למעשה עדיין לא נתברר ע"י רופאים שאם ליכא לפנינו מי שיודע איזה רפואה אחרת ברורה לחולה זה ולא אפשר לחכות עד שנשיג איזה רופא ששייך שידע איזו רפואה, יש לסמוך על סברת הרופא שלפנינו לפי חכמת הרפואה לדעתו, ומ"מ באיש שלא שייך לידע ע"פ חכמת הרפואה אין אמירתו כלום ויש ממילא לחוש על כל דבר שמא יקלקל, אבל אף שאין ע"ז ראיה מסתבר שהוא ברור לדינא.

ובהמקרה שהזכרת שיש חולה מסוכן שאפשר ליתן לו תרופה ששלשים אחוזים ימותו בתוך ז' ימים ועשרה אחוזים ימותו בעוד כמה ימים, הנה ענין אמירת שלשים אחוזים ועשרה אחוזים שאומרין הרופאים שמתים מרפואה זו מיד או אחר איזה ימים, היינו שבלא הרפואה היו חיים עדיין הזמן הקצר שלפי שומתן מצד המחלה היה חי והרפואה המיתתו, הנה אין בזה אמירה ששים אחוזים חולים נרפאו מרפואה זו אלא שאפשר שמתו יותר חולים שהיו במחלה זו אלא שהרופאים תלו זה באיזו סבות, שאמירה כזו אינו כלום אלא א"כ אמרו ששים אחוזים חולים במחלה זו נרפאו, שרק אז היה נחשב ידיעה, אבל אם לית להם ידיעה כזו שנרפאו אין אמירתן כלום, דאף שיש להם לרופאים לתלות בסבות אחרות הרי עכ"פ אפשר שגם מרפואה זו מתו אלא שהיה גם עוד דבר שאפשר לתלות שזה אין לחשוב כידיעה. שלכן אם הששים אחוזים מתו אף שיש לתלות בהו שמתו גם מסבה אחרת יש לנו לחוש שמתו ממחלה זו, ואף אם היה להם מחלה אחרת יש לחוש ואולי יותר נוטה שמתו מרפואה זו, ואסור ליקח רפואה כזו מאחר שידוע שהוא דבר הממית לארבעים אחוזים בודאי שזה עושה ספק שמא גם הששים כולם או חלק מהם מתו גם ממחלה זו ואיכא רוב מתים מזה ואסור ליתן רפואה זו. ומספקא יש לנו לאסור אם לא כשלפי דעת הרופאים ימות בודאי ולפי השערתם הרפואה זו תועיל לרפאותו מותר. וארבעים אחוזים היינו לומר שיודעין שרק ארבעים אחוזים מתים הוא דוקא כשידוע שששים אחוזים נרפאו לגמרי מזה או שלכה"פ לא מתו מזה שחיים בתשות כח הוא ג"כ ידיעה שעכ"פ לא מתים מזה. וכל זה כשששים אחוזים נרפאין ברפואה זו אבל ארבעים אחוזים מתים מרפואה זו היינו שמזיק להם אם הוא זה דבר ברור שיש ברפואה זו גם דבר הממית לארבעים אחוזים, לא רק שאינו מרפא להם, וממילא מתים מחמת המחלה, אבל היה כן הרי אינו דבר המזיק וליכא טעם לאוסרה, רק אולי מחמת דסומכין על רפואה זו ואין משתדלין להשיג רפואה אחרת, הא ודאי שצריכין ליתן לו רפואה זו בשביל ששים האחוזים שנרפאים ממנה, ואפילו בשביל מחצה שהיו נרפאים וגם בשביל פחות שהם מיעוטא נמי יש ליתן כשליכא לפנינו רפואה עדיפא מזו, אך שלא היו יכולין לסמוך ע"ז לבד כיון שאיכא מיעוטא דמ' אחוזים שאין מועיל לזה שלכן אף שנתנו לו רפואה זו אין להם לסמוך וצריכין להשתדל להשיג רפואה האחרת הברורה אם אפשר שאיכא, אבל ודאי שצריכין ליתן רפואה זו שיש אצלם אף שמחוייבין להשתדל להשיג רפואה האחרת היותר עדיפא, ולאסור ליתן רפואה זו שבידנו מצד שמא יסמכו ע"ז ויתעצלו מלהשיג האחרת הא לא שייך לגזור בפקוח נפש.

ובנך נכדי שליט"א הוסיף להגדיר הענין באופן זה, אם מותר לסכן חיי שעה דהוא לחיי ימים ואף חדשים להרויח יותר חיי שעה היינו לעוד חדשים. הנה לא ידוע לי בעניותי ברור לזה מגמ', ומסברא אין להתיר זה אא"כ ליותר מיב"ח כדכתבתי, שאז הוא בחזקת חיים דאין שוב שומות ואומדנות הרופאים כלום מאחר שכבר יהיה בחזקת חיים. דאמירת הרופאים לא יסלק החזקת חיים כשלא יהיה לו אז מחלה מסוכנת מצד שומתם ואומדנתם דלהחזירו לחזקת חיים שהיה לו הוא ודאי נחשב ריפוי גדול ושייך שספק חיות גמור כזה ע"י הרפואה יכריע להתיר אף שיש איזה חשש על החיי שעה, ואף שניחוש בספק השקול לאסור מ"מ כשהוא הרוב שיתרפא ודאי מסתבר שיש להתיר כשע"פ ידיעת הרופאים הוא הרוב שיתרפא ע"י ויחיה כל השנים ששייך שיחיו אינשי בדורותנו. ועדיין יש לנו למצוא ראיה לדינא למעשה שיהיה ברור בלא שום ספק בחסדי השי"ת.

ד. חולה שלדעת הרופאים יחיה רק כמה ימים, ונחלה במחלה אחרת, אם חייבים לרפאותו ממנה

ובדבר חולה גדול שלדעת הרופאים לא יחיה אלא רק שבעה ימים או פחות ונחלה בעוד מחלה מסוכנת כמו בדלקת הריאה וכדומה אם מותר או גם חייבין

אגרות חושן משפט משה שיז

לרפאותו ברפואות שמרפאין להולה ממחלה השניה, הנה פשוט וברור שמחויבים לרפאותו במה שאפשר לו ממחלה השניה אף שלית להו רפואה למחלה האחרת אם שייך לרפאותו ממחלה זו השניה אף שאין לנו במה לרפאותו ממחלה הראשונה, וכמו שכתבתי בתשובה לאחיך שליט"א, ולא ידוע לי טעם להסתפק שלא יתחייבו לרפאותו אם לא יזיק בזה מצד מחלה הראשונה, ואם הרופאים אומרים שלא ידוע להם דאפשר שיזיקהו תלוי אם אומרים טעם על הספק יש לחוש לדבריהם ואם אין להם טעם אלא שלא שמעו מזה אף שגם בספרי הרפואה לא נאמר ע"ז כלום לא נחשב זה לספק לדחות דעת האומרים שהיא רפואה אף שהאמירה אינה מרופאים מומחים אלא מסתם אינשי שהם בעלי דעת שאומרים שנרפאו אינשי ברפואה זו ממחלה כזו ממש, והידיעה שהיו במחלה אחת ממש צריך שיהיה זה ע"י רופאים מומחים אבל כשליכא רופאים ממש וגם א"א להשיג רופא ממש מוכרחין להוליכו למקום שיש רופא ממש, ואף שלא ידוע אם אפשר להוליכו עכ"פ צריך להוליכו כי הרי אין יכולים לעשות כלום בלא רופא, ועד שישיגו רופא צריך להאכילו אם החולה מרגיש שצריך לאכול אבל מה שידוע להם שהם יותר טוב לחולה, ואף שאין זה ידיעה של כלום הרי א"א לעשות אחרה ומוכרחין לסמוך על ידיעת סתם אינשי, אבל אסור להשהותו ותיכף כשאפשר להוליכו למקום שיש רופא ומטעם זה אסור לדור במקום שאין שם רופא.

ה. החלוק בין חולה מסוכן ביותר לגוסס, ובכמש"כ השי"ך דיש לגוסס חזקת חי כשהוא לפנינו

והנה בשאלתך קראת החולה הנ"ל בלשון גוסס, ואני לא כתבתי בלשון גוסס שעליו נאמר שלא יגעו בו ולא שייך שיתנו ע"ז רפואות וגם לא רפואות למחלות אחרות וגסיסה ניכר למבינים ורגילין בין החולים, וגם א"א שיחיה יותר מג' ימים כמפורש בש"ע יו"ד סימן של"ט סעיף ב' דמי שאמרו לו ראינו קרובך גוסס היום שלשה ימים צריך להתאבל עליו והוסיף הרמ"א דודאי כבר מת וכוונתו בהוספה זו דהוא עדיף מסתם רובא אלא דהוא רוב גדול ביותר מה שגוסס אינו חי ג' ימים, וסובר דברוב קטן לא היו מצריכין להתאבל מאחר שבאבלות מצינו קולות הרבה ולכן הוסיף הרמ"א דודאי כבר מת היינו דמה שמחייבין להתאבל כשאמרו לו שקרובו היה גוסס זה ג' ימים הוא משום דרוב גוססין למיתה הוא רוב גדול מאד שלכן נידון אצלינו כודאי כבר מת, שלכן אם ראינו שנדמה להאינשי המשמשין אותו שהוא גוסס יותר משלשה ימים והוא חי יש לנו יותר לתלות שאינם בקיאין וטועין היו במה שהחזיקוהו לגוסס גם קודם ג' ימים ואם הבקיאים טובא אמרו שהוא גוסס קודם מג' ימים הוי איש זה בהכרח מהמיעוט אף שאינו כהמיעוט שחיין ממש דעכ"פ ג"ז דהוא גוסס וחי יותר מג' ימים ג"כ הוא מיעוט.

(ועיין בש"ך סק"ח דכתב על הוספת הרמ"א דודאי כבר מת בזה הלשון דדוקא בעודו לפנינו השוב גוסס כחי לכל דבר אבל לא כשאינו לפנינו, באור דבריו דהוקשה לו דלשון הוא כחי לכל דבר משמע שהוא אף להחזיקו לחי לא רק לענין חיוב המצות ולגרש את אשתו, וע"ז תירץ דהוא דוקא להחזיקו לחי כשהוא בפנינו ואלו הבנים והקרובים שנמצאו שם רשאין ללמוד תורה ואשתו מותרת לאכול תרומה כשהוא בבית אף שאין רואין אותו, אבל לא לאלו שהם מחוץ לבית. ואף שהיה שייך לתרץ דלא הוי כחי אלא כשרואין אותו לענין דחייב במצות וכל מעשיו קיימין בין בעניני ממון בין בעניני איסור כדחשיבי אינשי הבריאים כדמשמע ריש שמחות שהוא חדוש גדול, ולא קאי כלל לענין חזקת חיים, וצריך לומר דמשמע להש"ך מלשון לכל דבר שהוא מיותר מאחר דחשיב להו בברייתא כל הדברים כדמסיק שם זוקק ליבום ופוטר מן היבום מאכיל בתרומה ופוסל מן התרומה ונוחל ומנחיל פירש ממנו אבר כאבר מן החי בשר כבשר מן החי וזורקין על ידו דם חטאתו ודם אשמו עד שימות, שנמצא שמה שנקט גם לכל דבר הוא מיותר, דאף שיש דברים שלא חשב בהדיא כגון לענין שיכול לגרש את אשתו באמירתו וברמיזתו, ועיין שם בנחלת יעקב שהביא שהר"ן מפרש לשון לכל דבר דהיינו לענין גט דאם רמז ליתן גט לאשתו נותנין ולענין מתנה ולענין שכהן מותר לכנוס לבית שיש בו גוסס, מ"מ הוא דחוק אלא יותר מסתבר שלא נקט הברייתא כולהו דיני אלא שייר איזה דברים שלא קשה כלום כששייר שני דברים וכ"ש כששייר שלשה אף שאין לנו טעם על מה שחשיב למנקט, ואולי נשכח טעמא על מה שחשיב בפירוש אלא רק אלו שנקט שם ואין צורך לתיבות לכל דבר בשביל זה. ובעצם אף שנקט תיבות לכל דבר בשביל ג' דינים אלו דיכול לגרש את אשתו ויכול ליתן מתנה ושיכול כהן ליכנס שם לא מתורץ ממש דהא עדיין יקשה מ"ש הני ג' דהוסיף הר"ן מאלו שנקט בפירוש בברייתא ונצטרך לבקש טעמים על זה, ולכן מפרש הש"ך דבשביל זה אין שום צורך למינקט תיבות לכל דבר אלא שמה שנקט גם לכל דבר הוא לענין שגם מחזיקין אותו לחי אף שלזמן המועט דאכילת התרומה לא ראתה אותו משום דיכולה לסמוך על מה שראתה אותו חי קודם שהתחילה לאכול התרומה שגם בשעת אכילת התרומה היה חי, שלכן הוקשה לו להש"ך על מה שמתאבלין כשאמרו לקרוב שקרובו גוסס זה ג' ימים מטעם דודאי

כבר מת הא יש לן להחזיקו אף לגוסס בחזקת חי כדתניא שגוסס הוא כחי לכל דבר שהוא אף לענין להחזיקו לחי גם כשאין רואין אותו, ותירץ לחלק דבעודו לפנינו היינו שדעתן עליו להשגיח כשהוא חי הוא כחי לכל דבר אבל לא כשאינו לפנינו ואין דעתנו עליו לענין חיותו כלום אלא הוא לענין ידיעה בעלמא שלענין זה לא שייך עניני חזקה שלכן הוא ענין מציאות שיש למיזל לפי המסתבר שהוא ודאי כבר מת אף להתאבל עליו. זה נראה בכוונת דברי הש"ך).

ו. בענין החיוב להתעסק בחולה שהרופאים אינם יודעים איך לרפאותו

ובדבר כשאין הרופאים יודעין איך לרפאות ואף הרופאים הגדולים ביותר אומרין שלא ידוע במה לרפאות או שלדעת הרופאים ליכא רפואה, ששאלת שאולי יש בכל זאת ליתן לו איזה תרופה כדי שלא יצא תקלה ח"ו להקל גם בשאר חולים, הא עכ"פ צריך לראות שלא יחסר לו כלום ממה שצריך חולה זה לקיום חייו שאפשר לו, ולא להפקירו אלא מחוייבין לראות שיהיה תחת השגחת רופא מומחה לחולה כזה להאכילו דברים הטובים לפניו לקיומו בזמן שיהיה אפשר לו להתקיים באופן טוב שלא יקולקל ח"ו להמעיט מחיותו לא בכמות הזמן ולא באיכות כוחותיו. והוא כליכא מציאות שיהיה שייך להחליט שאין שום תועלת במה שנחזיק כחו ואף אם יזדמן חולה כזה שכל הרופאים שאצלינו אומרים שאין ידוע להם רפואה ואף שיאמרו השערתם שא"א לו לחיות אלא זמן קצר מוכרחין לרפאותו במה שאפשר להחזיק את כחותיו אף לפ"מ שהם סוברים בידיעה שאין ידיעתם כלום כי ביד השי"ת הוא חיות ובריאות כל אדם בלא יאוש מצד אמירת הרופאים, כי מי שמתייאש מחייו הרי שייך שיתן לו לאכול דברים שקשים לפניו אלא ידע שאינו כלום באמירת הרופאים ושלכן צריך להזהר בכל הדברים שלחולה הוא לא טוב וכדומה. והוא כן לדינא לע"ד.

וממילא לא שייך הנידון אם צריך לרפאות אף כשהרופאים אומרין שליכא רפואה לחולה זה שהרי אף שהרופאים אין יודעין מ"מ מחוייבין להתעסק בו וליתן לו מה שטוב לפניו יותר לפי מצבו אף שאין יודעים לרפאות ממש וגם לא להקל, וגם אף רק שלא יתייאש החולה מוכרחין ומחוייבין להתעסק בו וליתן לו מה שטוב לפניו יותר לפי מצבו אף שאין יודעים לרפאות ממש וגם לא להקל, וגם אף רק שלא יתייאש החולה מוכרחין ומחוייבין להתעסק עמו וליתן לו סמי רפואה שהיאוש הוא המזיק היותר גדול להחולה, וכל צער אף הקטן והקל הוא מזיק לחולה, ואין לך צער יותר גדול כשיבין שאין הרופאים יודעין לעשות לחולה זה כלום לרפאותו, שלכן צריכין הרופאים ליתן איזו רפואה להשקיט רוחו אך סמים כאלו שברור שלא יקלקלו כשאין יודעין במה לרפאות וא"א להשיג רופא היודע יותר.

ז. רפואה לזקן מופלג, ואם יש להתחשב בזה לענין קדימה

ובדבר זקן מופלג שנחלה ודאי מחוייבין לרפאותו במה שאפשר כמו לאיש צעיר ואף אם אין החולה הזקן רוצה באמרו שמאס בחייו ואסור אף להעלות על הדעת דברים כאלו אף שהאומר זה הוא רופא גדול, ואף לענין קדימה להרופא למי ילך מסתבר שאין להתחשב בזה.

והנני חותנך אוהבך בלו"נ,

משה פיינשטיין

סימן עו

אם יש איסור בעישון סיגריות

אסרו חג שבועות תשמ"א

מע"כ ידידי הנכבד מאד בן תורה וירא שמים באמת מוהר"ר ד"ר ר' מאיר רוזנער שליט"א.

הנה ליתן כלל להא דאמרו שומר פתאים ה' בשבת (קכ"ט ע"ב) ובנדה (מ"ה ע"א) בשני דברים שאיכא בהם חשש סכנתא ולא זהירי בהו, אף שודאי בסתם חשש סכנתא אסור לסמוך ע"ז אף אם יזדמן כה"ג בדבר שיש בו חשש סכנתא ולא זהירי בהו אינשי, נראה פשוט דבדבר דאיכא הרבה שלא קשה להו לבריאותם כלום כגון הרבה מיני אוכלין שהאינשי נהגין מהם ביותר כבשרא שמנא ודברים חריפים ביותר אבל קשה זה לבריאותן של כמה אינשי, ליכא בזה איסור מלאוכלן מצד חשש סכנה, מאחר דהרוב אינשי לא מסתכנין מזה. ועיין ברמב"ם פ"ד מדעות שנקט שם עניני אוכלין ומשקין הטובים לבריאות הגוף והרעים לבריאות הגוף ולא כתב בלשון איסור לא מדאורייתא ולא מדרבנן שאסרו חכמים, כדכתב בהסרת מכשול שיש בו סכנת נפשות בפי"א מרוצח ה"ד שאסור להניחו ומחוייבין להסירו אפילו שהוא חשש רק לעצמו מעשה דקרא דהשמר לך ושמור נפשך ובלאו דלא תשים דמים, וכשאיכא רק חשש סכנה אסרו מדרבנן ומכין מכת מרדות (שם בה"ה) וחשיב פרטי הדברים ע"ס הפרק וגם בפי"ב, אלא כתב רק הקדמה מסברא בעלמא בראש הפרק הואיל והיות הגוף בריא ושלם מדרכי השם הוא שהרי א"א שיבין או ידע דבר מידיעת הבורא והוא

א. רפואה

הנוסח המלא של החלטת מועצת הרבנות הראשית בנושא ההשתלות

מועצת הרה״ר בישיבתה היום, א׳ דר״ח מרחשון תשמ״ז, אישרה פה אחד את המלצות ועדת ההשתלות כדלקמן:

1) הרבנות הראשית לישראל נתבקשה על ידי משרד הבריאות לקבוע את עמדת ההלכה ביחס להשתלות לב בישראל. לשם כך מינתה הרה״ר ועדה משותפת של רבנים ורופאים אשר למדה בעיון את ההבטים הרפואיים וההלכתיים הנוגעים לשאלה. הועדה נעזרה ביעוץ וחוות דעת של גדולי הרופאים בתחום זה בבתי החולים הדסה ושערי צדק בירושלים.

2) בתחילת עידן השתלות הלב (לפני 17 שנה) נפסק ע״י הגאון הרב משה פינשטיין זצ״ל והרה״ר לישראל הגרא״י אונטרמן זצ״ל לאסור השתלת לב מדין רציחת כפולה של התורם והמושתל כאחד.

ב־10 השנים האחרונות חל שינוי יסודי בנתונים העובדתיים והרפואיים הנוגעים להשתלות לב כדלקמן:

א) הצלחת הניתוח אצל המושתל מגיעה לכ־80% של ״חיי עולם״ (הוותרות בחיים לפחות שנה לאחר ההשתלה), וכ־70% נשארים בחיים חמש שנים.

ב) ניתן כיום לקבוע באופן אמין ובטוח שהפסקת הנשימה של הנפטר היא סופית ובלתי ניתנת לחזרה.

ג) הובאו לפנינו עדויות שאף הגר״מ פינשטיין זצ״ל התיר בזמן האחרון ביצוע השתלת לב בארה״ב, וכן ידוע לנו על רבנים גדולים המיעצים לחולי לב לעבור השתלת לב.

3) מאחר והשאלה נוגעת לפיקוח נפש ממש, חובה עלינו להכריע בהלכה זו באופן ברור בבחינת יקוב הדין את ההר.

4) בהסתמך על יסודות הגמ׳ ביומא (פה) ופסק החת״ס חיו״ד של״ח, נקבע המות על פי ההלכה בהפסקת הנשימה. (וראה שו״ת אגרות משה חלק יו״ד ח״ג סי׳ קל״ב). לכן יש לוודא שהנשימה פסקה לחלוטין באופן שלא תחזור עוד.

זאת ניתן לקבוע ע״י הוכחת הרס המוח כולו, כולל גזע המוח, שהוא הוא המפעיל את הנשימה העצמית באדם.

5) המקובל בעולם הרפואה שקביעה כנ״ל (בסעיף 4) דורשת 5 תנאים:

א) ידיעה ברורה של סיבת הפגיעה.

ב) הפסקה מוחלטת של הנשימה הטבעית.

ג) הוכחות קליניות מפורטות שאכן גזע המוח הרוס.

ד) הוכחות אובייקטיביות על הרס גזע המוח באמצעות בדיקות מדעיות כגון BAER.

ה) הוכחה שהפסקת הנשימה המוחלטת ואי פעילות גזע המוח, נשארים בעינם למשך 12 שעות לפחות, תוך כדי טפול מלא ומקובל.

6) לאחר שעיינו בהצעה לקביעת המוות כפי שהוצעה על ידי רופאי ביה״ח הדסה בירושלים בתאריך ח׳ תמוז מ״ה והוגשה לרה״ר בתאריך ה׳ בתשרי תשמ״ז, אנו מוצאים אותה כיכולה להיות מקובלת על פי ההלכה אם תתווסף לה בדיקה אובייקטיבית מדעית (BAER) של גזע המוח.

7) לאור האמור, הרבנות הראשית לישראל מוכנה להתיר השתלת לב (מנפגעי תאונה) במרכז הרפואי הדסה בירושלים בתנאים הבאים:

א) קיום כל התנאים לקביעת מותו של התורם כפי שאמור למעלה.

ב) שיתוף נציג הרבנות הראשית לישראל כחבר מלא בצוות הקובע את מותו של התורם.

נציג זה ימונה על ידי משרד הבריאות מתוך רשימה שתוגש למשרד הבריאות ע״י הרה״ר, פעם בשנה.

ג) תינתן מראש הסכמה בכתב של התורם או משפחתו למתן תרומת הלב.

ד) הקמת ועדת מעקב עליונה מטעם משרד הבריאות בשיתוף עם הרה״ר (Review Committee) לבדיקת כל מקרי השתלות הלב בישראל;

ה) משרד הבריאות יקבע בתקנות ארציות את כל הנהלים הנ״ל.

8) עד לקבלת התנאים המפורטים בסעיף 7 אין עדיין שום היתר לביצוע השתלות לב בישראל.

9) אם ינתן היתר עפ״י התנאים המפורטים בסעיף 7, אזי תוקם ועדת מעקב של הרבנות הראשית שתפקידה לוודא מילוי מלא של תנאי ההיתר.

נספחים: א. הקריטריונים לקביעת מוות מוחי לפי הצעת הדסה ירושלים;

ב. פרוטוקול לביצוע BAER.

נספח א׳

קביעת מוות מוחי

1. כללי

נוהל זה מיישם את החלטות הנהלת הסתדרות מדיצינית הדסה והועד הרפואי על נהלים לקביעת מוות מוחי. אבחנת המוות המוחי מתבססת על שלושה שלבים הכרחיים.

התמלאו שלושה השלבים, המפורטים בנוהל זה, במלואם ניתן יהיה לקבוע מוות מוחי, ע״י צוות רופאים, לפי הליך המפורט בנוהל זה.

2. מטרה

מטרת נוהל זה לקבוע כללים אחידים לקביעת מוות מוחי תוך פרוט הליך קביעת המוות, הרכב צוות הרופאים, קריטריונים לקביעת מוות מוחי ואחריות לבצוע.

3. הגדרות

3.1 מוות מוחי

העדר מוחלט של תפקוד גזע המוח.

3.2 חבלה מוחית קשה

פציעה של רקמת המוח עקב תאונה או חבלה לפי קריטריונים קליניים.

3.3 דמם תוך מוחי קשה

עדות באמצעות סריקה ממוחשבת של המוח (C.T.) להמצאות שטף דם ברקמת המוח.

3.4 נזק מוחי אנוקסי

נזק לרקמת המוח, בעקבות העדר אספקת חמצן, אפילו באופן זמני.

3.5 חוסר הכרה עמוק

מצב של חוסר עירנות, ללא תגובות שממנו לא ניתן להעיר את הנבדק. נבדק כזה אינו פוקח עיניים, אינו יוצר קשר, אינו נשמע לפקודות ואינו מזיז גפיים לגרויי כאב (פרט לרפלקס ספינאלי).

נספח ב׳

תוספת או שינוי לגבי סעיף 4.2.4
אפילו כשיש עדות להשפעת אחד הגורמים הנ״ל, ניתן לעבור לסעיף 4.3.6

4.3.6 בדיקה אוביקטיבית של תפקוד חשמלי של גזע המוח — בדיקת **Auditory** Nerve-Brainstem Evoked responses — ABR. שמות נרדפים **BEAP BERA**.

א. אין לבצע בדיקה זו אם החולה היה חרש דו־צדדית לפני המאורע או אם סובל מחבלה בסביבת האוזנים דו־צדדית.

ב. יש לבדוק את האוזניים של החולה ולוודא שהן נקיות ופנויות משעוה, מדלקת ומ־Debris.

ג. יש לתת גרוי קול בתנאים אופטימליים לאפשר קבלת תגובה — דהיינו בקצב 10 לשניה ובעצמה מירבית.

ד. יש לבצע 4 בדיקות חוזרות ולזהות (או לא לזהות) בצורה עקבית את אותם הגלים (או העדרם).

ה. אם נחוץ למנוע הפרעות חשמליות, יש להפסיק למשך הבדיקה חימום חשמלי ואולי אף מכשיר ניתור א.ק.ג. אם הם גורמים להפרעות.

ו. יש לוודא שאין ארטפקט מהאזניה על ידי חסימת הקול הבוקע מהאזניה עם משטח מתאים.

ז. יש לחזור על הבדיקה באותם התנאים כעבור לפחות 12 שעות.

ח. נוכחות של הגל הראשון (מעצב השמע) בלבד יחשב כעדות למות גזע המוח*.

ט. אם אין אפילו גל ראשון, יש לנסות לקבלו על ידי רישום עם אלקטרודה מתאימה מהפרומנטוריום (Promontorium) אחרי ניקור עור התוף.

י. אם עדיין לא מקבלים שום תגובה, יש לבדוק את תקינות המכשיר על ידי רישום מאדם נורמלי בקרבת מקום לחולה.

יא. אם לא ניתן לבצע את הבדיקה מהסיבות כגון אלה בסעיף א׳ או לא מקבלים שום תגובה, יש לעבור לבדיקה אובייקטיבית אחרת כגון Cerebral Angiography דו־צדדית.

ירושלים א׳ חשון תשמ״ז

מכתב

מהרב ר׳ משה טנדלר בענין השתלות *

בס״ד

לכ׳
פרופ׳ פנחס, נ״י
...

ברצוני להודיעך שלאור השיפורים בשיטות ניתוחים, ומדע נגד דחיות, השתלות לב עברו מגדר נסיוני למרפא.

ההלכה, כמענה לשינויים הקריטיים האלה בנהלים הניתוחיים/רפואיים, מאשרת השתלות כפי שנעשים עכשיו. השינויים הם:

1) התורם חייב להיות במצב של ״מיתת המוח״, זאת אומרת הפסקה של כל פעולות המוח, כולל ה״שורש״, כך התורם אינו מהווה בעיה אתית/הלכתית.

אם אפשר לוודא מיתת המוח בלי שום ספק. אנו ממליצים על בדיקות של זרימת דם המוח כהוכחה סופית, לאחר שכל הקריטריונים הקליניים (קריטריונים של ״הרברד״) התקיימו.

2) תיאום משופר בין תורם למקבל, וכן שליטה על דחייה משפר היחס של סיכון ותועלת, עד כדי כך שניתוח כזה הוא מציל חיי אדם על אף הסיכון הגדול.

חותני הרב משה פיינשטיין זצ״ל היה מודע להתקדמויות ואישר בשנים האחרונות השתלות לב.

ובאמת, שכן עבר השתלת לב ושתי ריאות לפני שנתיים בפיטסבורג (צוות של ד״ר סטרזעל) עבר ניתוח לאחר ייעוץ עם ר׳ משה פיינשטיין זצ״ל והרבי מלובאוויץ׳ שליט״א.

* מצאתי לנכון לצרף בזה מכתב מהרב ר׳ משה טנדלר חתנו של הגאון ר׳ משה פינשטיין זצ״ל בנידון. — העורך.

בס״ד

בירור עמדת הגאונים רבי משה פיינשטיין ורבי שלמה זלמן אויערבאך זכר צדיקים לברכה בענין מיתת המוח

משה דוד טנדלר, חתנא דבי נשיאה, רב ואב״ד ק״ק מאנסי - נוא יארק, ר״מ בישיבת רבנו יצחק אלחנן

בין המצרים תשנ״ה - ירושלים תובב״א

קראתי מילי דהספדא שכתב הרב נויבירט שליט״א על הגאון ר׳ ש.ז. אויערבאך זצ״ל בחוברת ״המעין״, ניסן תשנ״ה, ובאתי להעיר על דברים שלא באו על דיוקם בעניין מיתת המוח.

כיון שמן הדברים נשתמע בלבול בעמדת הגאון זצ״ל ובפסק ההלכה של מו״ח הגאון ר׳ משה פיינשטיין זצוק״ל בעל <u>אגרות משה</u>, אסכם את עמדתם בבירור ובתמציתיות ככל הניתן.

הרב נויבירט כתב: ״ויש ללמוד את דברי האגרות משה בתשובות לנכון, ונמצא בדיוק ההפך ממה שנאמר בשמו״.

מאחר שמשמע שכוונתו ״ממה שנאמר בשמו״ הינה לכותב שורות אלה, הרי יש לציין כי ״לימודו לנכון״ של הכותב שליט״א במה שאמר מו״ח זצ״ל בא ללמד על שיטתו כולה.

עשר שנים קודם פטירתו של מו״ח, באייר תשל״ו, נתפרסמה תשובתו אלי בענין מיתת המוח שנחשבת להלכה כמיתה מוחלטת - לא כספק גוסס- ולכן מותר להפסיק את מכשיר הנשמה אחר שנתברר שאין לחולה כוח נשימה עצמאי והוא ״שוכב כמת״ כדברי רש״י ביומא דף פ״ה. (אגרות משה ח״ו, יו״ד ח״ג סי׳ קל״ב).

אם היה ספק חי ספק מת, או ספק גוסס, דעתו של מו״ח היא לאסור להפסיק את ההנשמה המלאכותית מדין ספק רציחה.

כאשר שוחחתי אתו הוא דחה בשתי ידיים את הסברא שמכונת ההנשמה הוי רק מונע, ומותר להפסיקה אצל גוסס מדין הסרת מונע, כמו שפסק הגרש״ז אויערבאך זצ״ל. לפי דעתו של מו״ח, הפסקת אספקת האוויר או החמצן דינה כרציחה בידים (ועי׳ אגרות משה ח״ז חו״מ ח״ב סי׳ ע״ג אות א׳, וסי׳ ע״ד אות ג׳) כדאיתא בגמ׳ סנהדרין דף עז. בדין ביתא דשישא.

כל מה שכתבתי אז פרסמתי בשם מו״ח זצ״ל, אינו ממה שדייקתי בתשובותיו כמו שניסה לעשות הכותב שליט״א, אלא ממה ששמעתי מפיו ומה שראיתי שפסק כן הלכה למעשה. וכן יעידו עשרות מתלמידיו שגם הם שמעו מפיו דברי אמת לאמיתה של תורה. בחיי מו״ח לא העיז שום אדם לערער על מה שפירסמתי בשמו.

רק אחר מיתת הארי באו מי שלא העיזו להשיבו בחייו, לסלף דבריו לאחר פטירתו.

אוסיף כאן כמה מובאות קצרות שמוכיחות את צדקת מה שפרסמתי, אף שלאמיתו של דבר אין בהן צורך.

1. דברי מו״ח בתשובה לד״ר ש״ש בנדי נ״י נכדו של הגאון ר׳ יוסף ברויער זצ״ל בכסלו תשמ״ה:

״אף שהלב עדיין יכול לדחוף לכמה ימים מ״מ כ״ז שאין לחולה כוח נשימה עצמאי נחשב כמת וכדבארתי בתשובתי בא״מ יו״ד ג׳ סימן קל״ב.״

2. עדות של בנו הגאון הרב דוד שליט״א ר״מ תפארת ירושלים (כסלו תשנ״ג):

״כבר כתבתי שמה שכתב אאמו״ר זצ״ל בא״מ יו״ד חלק ג׳ סימן קל״ב היא תשובה אמיתית ואין להרהר אחריה...לבירור הדברים אם הוא שוכב כמת ואין בו שום תנועה אף שהלב פועם מאחר שאינו נושם הוא כמת גמור״.

3. עדות של עורך האגרות משה יו״ד חלק ג׳, חתני ר׳ שבתי א. הכהן רפפורט שליט״א (נדפס באסיא כסלו תש״ן):

״אין ספק בעולם וכן ידוע לי בבירור משיחה שניהלתי עם מורי זקני זצוק״ל בטלפון ואחר כך פנים אל פנים, תוך כדי עריכת הספר, שהשאלה נשאלה במקרים שהלב פועם״.

על חולה כזה - שוכב כמת ואין לו נשימה עצמאית - כתב מו״ח זצ״ל בתשובה הנ״ל ד״ע״י **המכונה הוא שייך שינשום אף שהוא** כבר מת דנשימה כזו לא מחשיבו כחי״. לעצם עניין תרומת אברים ממת **להצלת נפשות, פסק מו״ח** שמצוה לעשות כן, בתשובתו להגאון הרב י״י וויס זצ״ל כשהי׳ה רב במנצ׳סטר (**א״מ יו״ד סוף סימן קע״ד**).

ועתה לדעתו של הגרש״ז אויערבאך זצ״ל:

בח״י מנחם אב תשנ״א הופיעה תשובה קצרה של ד׳ שורות של הגאון בחוברת "Jewish Observer" **של אגודת ישראל** באמריקא, בענין חולה שמת מיתת המוח, וכתב שם שאין שום היתר **להוציא אף אחד מאיבריו ושיש בזה משום שפיכת דמים.**

אחר שכתבתי אליו תשובה ארוכה להסביר את עמדת מו״ח ולברר את המצב הרפואי של החולה, **בעיקר את העובדה שמוחו נהרס** מכיון שהחמצן אינו מגיע למוחו משום הפסקת זרם הדם, **שזהו מה שגורם למיתת המוח**, כתב הגאון לשואל בכ״ב טבת תשנ״ב, ונדפס בנשמת אברהם:

״**לענ״ד** נראה דחולה שזקוק להשתלה בארה״ב יתכן שאינו כשופך דמים כי לפי תיאורו של **הרב טנדלר הוא התורם** מקבל זריקה רדיואקטיבי...לראות אם זרם הדם מגיע למוח...**ואם באמת יעשו כן הרופאים דעתי העניה** שזה יהיה תלוי במה שעתיד להתברר שאם בלי מוח כלל...עדיין יכולה כשבה **מעוברת הצמודה למכשיר** הנשמה להמשיך לגדל בבטנה את העובר שבמעיה...ודבר זה יתברר בעוד מספר ימים...**לכן הנני חושב שאם הרופאים** יקיימו ויעשו הזריקות דלעיל **נראה לענ״ד** דלכאורה ה״ז **חשוב כהותז ראשו או נשבר מפרקתו של זקן** דחשיב כמת גם בלי רוב בשר״.

הנה, דמי שמוחו נהרס חשוב כמי שהותז ראשו או נשברה מפרקתו, זהו לשונו ממש של מו״ח **בתשובתו הנ״ל באג״מ** יו״ד ח״ג סי׳ קל״ב. א״כ ברור שדעת הגרש״ז זצוק״ל הייתה כדעת מו״ח זצוק״ל **שמיתת המוח נחשבת** כמיתה מוחלטת.

אלא שנולד לו ספק בעצם ההיתר לבצע את הבדיקות וז״ל:

״התורם עומד ודאי למות ולכאורה דינו כגוסס שהמקרב מיתתו ממש שופך דמים. ומה שהרב טנדלר **כותב שלא נוגעים** בגופו כפי ששמעתי א״א שלא להזיז את הגוף. אך גם עיקר הדבר הוא טעות, **שהרי עצם זריקת החומר** שמתפשט בכל הגוף הוא הרבה חמור מלהזיז קצת את הגוף או לעצום את העניים, דודאי אסור...**והרי כל הפעולות** אינן כלל לתועלת של הגוסס רק עבור אחרים״.

הנה שלעניין הפסיקה העקרונית שמיתת המוח היא מיתה להלכה, היתה דעתו כדעת מו״ח זצוק״ל. **ולעניין האיסור** שכתב הגאון זצ״ל בהיתר ביצוע הבדיקות, יפלא הדבר שלא זכה הגאון ליועץ רפואי **שהוא בקי בענינים אלו**. העובדות הרפואיות אינן כפי שנמסר לו.

א. הבדיקות לוודא אם המוח כבר מת או לא, הם לצורך החולה, **שאם יוודע שהמוח עדיין קיים, יעשו כל מה שאפשר** לעשות להציל את חייו

ב. לבדיקה הרדיואקטיבית אין צריכין ליגע בחולה אפילו באצבע קטנה.

ג. טעות גמורה היא לחשוב שהזריקה של החומר תשפיעה לרעה על חולה שנוטה למות אפילו תוך **רגע. הסבר** ברור לכל מבין ברפואה. זריקה זאת אינה מעלה ואינה מורידה בבריאותו של החולה.

ד. מסקנת הגאון ״שלפי כל האמור לעיל יוצא שבחו״ל שרובם נכרים מותר לקבל השתלה **ורק בא״י אסור״, א״א להולמה**. וכי מותר להרוג גוי כדי להציל ישראל? כפי שאסור לקרב מיתת ישראל **כך אסור לקרב מיתת גוי, לא** רק משום איבה אלא משום איסור רציחה. ואע״פ שהגויים אינם מתנהגים לפי **ההלכה, הרי אנו מצווים לנהוג** ע״פ הלכה - בין עם ישראל ובין עם גוי, וא״כ אין להבין את ההבדל בין **חו״ל לא״י**.

ה. בניסן תשנ״ב כתב אלי הגאון שלדעתו מיתת המוח הוי מיתה ע״פ הלכה, אלא דעדיין מסופק **הוא הלכה למעשה** משום הבדיקות, וז״ל:

״**אין לסמוך בוודאות** על המדע הרפואי כ״ז שיש עדיין פעימת הלב, אף שקרוב לוודאי שזה רק **מפני המכשיר בלבד**...נלע״ד דמ״מ יש לסמוך עליהם לענין זה שלאחר כל הבדיקות הנ״ל (לא ח״ו על גוסס רגיל) **להפסיק את מכשיר** ההנשמה, ולאחר שיעור של כחצי דקה ולא רואים שום פעימת הלב רק אז הוא כמת מוחלט״.

וכן כתב ביום כ״ה אדר ב׳ תשנ״ב לארבעה רופאים, וביניהם הד״ר שולמן שהכותב שליט״א הזכיר בהספדו. האמת היא שרוב המנתחים מוכנים להסכים לתנאי זה של הגאון ולבצע השתלת לב וכבד, אחר אי-פעימת הלב ל30 שניות, או כמו שכתב הגאון באסיא באלול תשנ״ד, שדי להמתין רק 15 שניות של אי-פעימת לב. אם יתקבל שינוי זה יביא הדבר ללא ספק לריבוי בכמות התורמים.

הרה״ג ד״ר אברהם שטיינברג שליט״א והרה״ג יגאל שפרן שליט״א העידו שהגאון זצ״ל התיר לעשות ניתוח קיסרי באשה שמתה מיתת מוח בביה״ח הדסה בירושלים כדי להציל את עוברה, אף שאם היא נחשבת כגוססת וודאי שהניתוח היה הורג אותה, והסכים לתשובתו של הגאון הרב ואלדנברג שליט״א שנדפסה ב״אסיא״ של כסלו תש״ן.
הגאון זצ״ל גם הצטרף לגאונים ר׳ דוד פיינשטיין ור׳ טוביה גולדשטיין שליט״א שהוציאו כרוז לעולם החרדי שקרא לתרום ריאה להציל בחורה, אע״פ שהיה מוכרח שהתורם יהיה חולה שמת מיתת המוח.
ידועים מעשים בפעמים נוספות שהגאון זצ״ל התיר לקבל אברים מבן ישראל, משום שהתברר אצלו שהבדיקות לקביעת המוות כבר נעשו ע״י הרופאים, וגם ידוע לו שבארה״ב עושים בדיקות אלו כדבר שבשגרה ולא שייך מה שלדעתו היה אסור לבצע את הבדיקות מלכתחילה. ומאחר שנעשו הבדיקות בידי מומחים בבה״ח המפורסמים, אין מה לחשוש שלא עשו הבדיקות כהוגן.

חשוב להוסיף שרוב הפוסקים הראשונים והאחרונים מתירים לאדם לסכן חיי שעה שלו כדי להציל חבירו לחיי עולם, ולכן אפילו אם יש ספק שהבדיקות ישפיעו לרעה על התורם, הרי בוודאי אין לו אלא חיי שעה כמו שכתב הגאון בעצמו, והבדיקות על הצד היותר רע אינן אלא ספק שישפיעו לרעה. א״כ ודאי מותר לעשות הבדיקות כדי להציל את חבירו.

ב״אסיא״ אלול תשנ״ד נדפס מכתב של הגאון המטיל ספק בכל מה שכתב לפני כן, משום שנודע לו ע״י מי שייעץ לו בענייני רפואה, ד״עוד חי במוח חלק הנקרא היפתלמוס, וא״כ מסופקני דאפשר מצד ההלכה לא מספיק כלל חצי דקה רק צריכים להמתן שיעור זמן שגם חלק הזה של המוח ודאי מת״.

ספק זה של הגאון נולד רק משום שהטעו אותו בהגדרת ה״היפתלמוס״. שהרי איתא בגמרא חולין דף כ״א, וכן נפסק להלכה בשו״ע יו״ד סי׳ ש״ע, שנשבר מפרקתו נחשב כמת מיד ומטמא באוהל ואשתו מותרת לעלמא, וזה הוי אע״פ שה״היפתלמוס״ עדיין חי. א״כ רואים שהחלק הזה לא נחשב כחלק מן המוח כיוון שאינו פועל כמו העצבים על תנועת הגוף, אלא כמו שאר הבלוטות שבגוף המפרישות הורמונים המשפיעים על חילוף החמרים בגוף.
וכן הוא בפירוש הרמב״ם על המשנה באהלות (א׳, ז׳) שהמוח הוא ״הכוח המניע מתפשט בכל האברים מיסוד ומוצא אחד״.

וא״כ התברר לכל מי שרוצה להבין האמת, שהגאון ר׳ משה פיינשטיין זצוק״ל התיר בלי פקפוק להשתיל אברים מתורם יהודי שמת מיתת המוח אע״פ שהלב פועם.

וכן הסכים הגאון רשז״א זצוק״ל, אלא שנולדו לו ספיקות בעניין הבדיקות לוודא מיתת המוח. משום שהיה איש אמת ותורתו אמת לא היתה לו ברירה אלא לפסוק בכל פעם לפי מיטב ידיעתו בחכמת הרפואה על פי מה שנודע לו מהרופאים שייעצו לו בעניינים אלה. מו״ח זצוק״ל זכה שבין תלמידיו נמצאו מומחים גדולים בכל מקצועות המדע שהם בני תורה אמיתיים יראים ושלמים, והם הסבירו לו מה שהיה צריך להבין בחכמת הרפואה, כדי לפסוק לאמיתה של תורה, ומעולם לא היה צריך לחזור מתשובה שכתב.

אקווה שמאמר זה יברר סופית את עמדתם של שני גאונים אלו בענין קביעת עת המות והשתלת אברים להציל נפש אחת מישראל.

עוד על דעת הגרמ"פ בסוגיית המות המוחי

בע"ה, עש"ק י מרחשון תשנ"ג

לכבוד העורך, שלום ורוב ברכות,

הצטערתי לראות את מכתבו של ד"ר לוינשטיין[1]. במכתבו זה הוא מביא את תשובתו של מורי חותני זצוק"ל (יו"ד ח"ב סי' קמו) כדי להעלות ספיקות בעובדא, שאינה ניתנת כלל לויכוח, שרב משה זצוק"ל החשיב את מה שהרופאים קוראים לו "מיתת גזע המוח" להוכחה מספקת, על פי דין תורה, שהאדם מת.

התשובה שהובאה במכתב האמור לעיל אינה מתייחסת כלל ל"מיתת גזע המוח" אלא לאדם הנמצא במצב קבוע של "צמח" (Permanent Vegetative State), כפי שנכתב שם בתחילת התשובה בפירוש "אף שעדיין הוא נושם". בטוחני שרופא, כפי שד"ר לוינשטיין חתם עצמו במכתבו, ידע שבהגדרה אדם ש"מת גזע המוח" שלו **אינו נושם** אלא מכוחו של מכשיר הנשמה. נשימה כזו, מכוח מכונת הנשמה, היא חסרת משמעות הלכתית כל שהיא, כפי שמו"ח זצוק"ל כתב בתשובה (יו"ד ח"ג סי' קלב) "שע"י המכונה שייך שינשום אף שהוא כבר מת, **בנשימה כזו הוא לא מחשובו כחי**".

אנא בטובך המצא לקוראיך את התשובה שכתב מו"ח זצוק"ל בר"ח כסלו תשמ"ה[2], אשר תודפס בכרך השמיני של "אגרות משה" הנמצא כעת בדפוס, שם מסיר ר' משה זצוק"ל כל ספק באשר לפסק ההלכה שלו. בתשובה זו נכתב מפורש "והנה אף שהלב יכול לדחוף לכמה ימים, מ"מ כל זמן שאין לחולה כוח נשימה עצמית נחשב כמת".

אני מקווה כי הבהרה זו תשים, סוף סוף, קץ לויכוחים בהבנת פסקי ההלכה של מו"ח זצוק"ל, אשר הם דין אמת לאמיתו.

משה דוד טנדלר

רב ואב"ד ק"ק מאנסי נ"י

ראש ישיבה בישיבת רב יצחק אלחנן

1. עוד על דעת הגרמ"פ בסוגיית המות המוחי. אסיא נא–נב, עמ' 187–189. — העורך.
2. ראה עמ' 24–25 לעיל. — העורך.

סימן קמה

בזה שהשמיט הרמב״ם דין דחייך קודמין

כ״ה תמוז תש״ז.

מע״כ ידידי הרב הגאון המפורסם מהר״ר מאיר כהן שליט״א.

הנה בדבר קושית כתר״ה ע״ז שלא הביא הרמב״ם הדין דחייך קודמין לחיי חברך אף דודאי הלכה כר״ע ואף ר׳ אלעזר לא פליג עליה כדאיתא ברא״ש ב״מ דף ס״ב והוא מוכרח מהא דנדרים דף פ׳. משמע מדברי כתר״ה שאם היה אפשר שיפסוק כבן פטורא היה ניחא ליה, אינו מובן כי לפסוק כבן פטורא ג״כ הוא חדוש גדול וכמו שהוצרך בן פטורא להשמיענו זה א״כ גם הרמב״ם היה לו להשמיענו זה וא״כ בכל אופן יקשה מ״ט השמיט הרמב״ם דהי״ל להזכיר הדין אם כבן פטורא או כר״ע.

ומה שתירץ כתר״ה דכיון דכבר נקט בפ״ה מיסודי התורה שכל המצות נדחין מפני פק״נ הוא פשיטא שגם מצוה זו דוחי אחיך נדחה ור״ע שהוצרך לקרא דוחי אחיך עמך הוא משום שאינו דורש פק״נ מוחי בהם, אינו מובן וכי ר״ע אינו סובר שכל המצות נדחות מפני פק״נ ומה לנו אם מקרא דוחי בהם או מק״ו דמעל מזבחי שנדחה מפני פק״נ שדורש ר״ע ביומא דף פ״ה דבדינא כו״ע לא פליגי דפק״נ דוחה כל האסורין חוץ מע״ז ג״ע ש״ד ואין חלוק מאיזה ילפותא ילפי וגם בן פטורא מודה בזה. אך מ״מ הכא שאני משום שעכ״פ ימות אחד ולכן הוצרך ר״ע לקרא דוחי עמך וא״כ עדין קשה מהשמטת הרמב״ם.

והנכון לע״ד דהנה צריך להבין טעם בן פטורא שבלא קרא סובר שמוטב שישתו שניהם וימותו הא רק על רציחה הוי הדין דיהרג ואל יעבור וג״כ הוא רק במעשה כמפורש בתוס׳ בכמה דוכתי דהיכא דלא עביד מעשה כגון שמשליכין אותו על התינוק ומתמעך אינו חייב למסור עצמו דמצי אמר אדרבה מאי חזית דדמא דחבראי סומק טפי עיי״ש בסנהדרין דף ע״ד וביומא דף פ״ב ופסחים דף כ״ה ויבמות דף נ״ד ובע״ז דף נ״ד וא״כ מה״ת יתחייב למסור נפשו למות בצמא בשביל מצות צדקה ואף בשביל הצלת נפש.

ולכן צריך לומר דהנה פרש״י בסנהדרין וביומא ובפסחים בטעם הסברא שרוצח יהרג ואל יעבור משום שלא תדחה נפש חברו דאיכא תרתי אבוד נשמה ועברה מפני נפשו דליכא אלא חדא אבוד נשמה דכי אמר רחמנא לעבור על המצות משום דיקרה בעיניו נשמה של ישראל והכא גבי רוצח כיון דסוף סוף איכא אבוד נשמה למה יהא מותר לעבור הלכך דבר המקום לא ניתן לידחות עיי״ש. וא״כ שייך בעצם טעם זה לא רק לאיסור רציחה אלא דאף לעבור עשה דצדקה והצלת נפש דכיון שאם יעבור כדי שלא ימות הרי ימות השני ויהיו תרתי אבוד נשמה ובטול עשה ואם יקיים העשה והוא ימות לא יהיה אלא חדא וא״כ אין לדחות דבר המקום אף בזה. וא״כ צריך לומר בטעם התוס׳ שבלא מעשה כתבו שיעבור ואל יהרג שדוחק לומר דפליגי על טעם רש״י כיון שלא הזכירו, שהוא מטעם שלא נתחייב כלל להציל נפש אחרים כשיהרג ע״י זה. לא מבעיא מצד העשה דהשבת גופו שהוא מקרא דוהשבתו לו דנאמר באבדה דהוא כמו באבדה דאבדתו קודמת אלא אף מלאו דלא תעמד על דם רעך נמי לא משמע שהוא אף בנפשו אלא שהוא על אופן שחייב דהוא גם לאטרוחי ומיגר אגורי כדאמר בסנהדרין דף ע״ג ולא שתחייבהו גם ליהרג כסברת התוס׳ דמאי חזית. וגם בלא סברתם מנלן דהא צריך קרא גם על מיטרח ואגורי ועוד קרא הא ליכא. וממילא כיון שליכא עליו חיוב הצלה הוא חדא נגד חדא ולכן מסתברא דמאי חזית דדמא דחבראי סומק טפי כדכתבו התוס׳.

וא״כ פשוט לע״ד דאם יאנסוהו לעשות מעשה שלא יוכל להנצל כגון שנפל אחד לבור ושם סולם ואנסוהו לסלק הסולם משם יהיה הדין דיהרג ואל יעבור דאף שאינו איסור רציחה ממש מ״מ גורם הוי ונחשב זה תרתי. ועיין בע״ז דף כ״ו שמשמע שאסור באלו שלא מעלין ולא מורידין לסלק הסולם משום דלעשות מעשה לסלק אפשריות הצלה חמור ממניעת הצלה דהוי גורם במעשה למיתה וכ״ש לענין יהרג ואל יעבור שאיכא אותו הטעם עצמו כמו ברציחה שאיכא תרתי. ורק בלא מעשה אף שיש עליו חיוב הצלה מוהשבתו לו ולא תעמוד על דם רעך לא נתחייב להציל במיתת עצמו.

וא״כ כשיכפוהו לאחד שישפוך המים שיש לנאסר בבית האסורים ולא יהיו לו אחרים כדי שימות בצמא נמי הוא כסלוק הסולם שיהרג ואל יעבור משום שנחשב זה תרתי. וא״כ מה לי אנסוהו נכרים או שאנסתו הצמאון שגם הוא צמא למים שבאם לא ישתה מים אלו ימות שג״כ יש להיות ימות ולא יעבור. ולכן סובר בן פטורא יותר שאף שהמים הם של אחד מהן כיון שמדין צדקה מחוייב ליתן גם לחברו הוו המים כעומדין גם לחברו להנצל בהם ממיתת הצמאון וכששותה בעצמו ואינו מניח לחברו הרי הוא כמסלק

במעשה שלא יוכל להנצל שהדין הוא שימות ולא יעבור. ומה ששניהם שותים אף ששניהם ימותו, הוא מחמת שגם השני מחוייב שלא לשתות כדי שלא יסולק אפשריות הצלתו וממילא מוכרחין שניהם לשתות ויחיו חיי שעה אף שאח״כ ימותו שניהם. וזהו טעם בן פטורא וא״צ קרא ע״ז כי הוא מוכרח מאותו הטעם עצמו דיהרג ואל יעבור ברציחה. ובאם לא יועילו לשניהם אף לחיי שעה ולאחד מגיע לישוב מסופקני בדעת בן פטורא ומסתבר שיודה בזה בן פטורא.

ובא ר״ע ולימד וחי אחיך עמך חייך קודמין לחיי חברך פי׳ שאין עליו חיוב צדקה כשצריך הוא עצמו להדבר כאותו צורך שצריך העני וא״כ כיון שהמים שלו לא עמדו אלא לעצמו כיון שגם הוא מהלך בדרך ולכן אף שכאן עושה מעשה במה ששותה ואינו מניח לחברו לשתות הוא כבלא מעשה מאחר שאינו מחוייב ליתן וא״כ רשאי לשתותם אף שיחסר לחברו וממילא ליכא כאן תרתי אלא חדא נגד חדא ולכן מאי חזית דדמא דחבראי סומק טפי כסברת התוס׳ כשהוא בלא מעשה.

ומסתבר שגם בן פטורא מודה בדבר שצריך הוא עצמו ויש אחר עני הצריך לזה ואין בזה פק״נ שלא יהיה מחוייב מדין צדקה ליתן להאחר דלא מסתבר שיפלוג אדין אבדתו ואבדת אחרים שאבדתו קודמת. וכן יודה בהא דנדרים דהא לא איירי שם באופן פק״נ דלא יפלוג ר׳ יוסי לומר שכביסתן קודמת לחיי אחרים כשאיכא פק״נ דעכ״פ בכביסתן איכא רק צערא טובא כדאיתא שם בר״ן. וגם אם היה גם בכביסה פק״נ איך פליגי רבנן דמ״ש פק״נ דשתיה מפק״נ דכביסה. אלא ודאי דלא איירי בפק״נ אלא בצערא טובא דלרבנן צער השתיה עדיף מכביסה שזה אפשר לבא לידי חולשת הגוף ולכן נקרא זה חיי אחרים ור׳ יוסי סובר דצערא טובא שיש מכביסה הוא ג״כ מביא לפעמים לידי שעמומיתא שג״כ הוא כחיי נפש. וגם עיין בתוספתא סוף ב״מ שא״ר יוסי בהמתן קודמת לחיי אחרים ואם איירי בפק״נ איך סובר דבהמתן קודמת אלא איירי רק מצערא טובא שלכן יש מקום לומר דבהמתן קודמת דג״ז הוא צערא טובא ויכול לבא גם לידי צער הגוף כשלא יהיו הבהמות. והטעם פשוט דהא ודאי שאסורין ליקח בעצמן בלא רשות הבעלים מדין גזל רק שעל הבעלים יש מדין צדקה חיוב ליתן להם וכיון שצריך לעצמו אין עליו חיוב זה דמהיכי תיתי יהיה עדיף חברו מעצמו. וגם יש למילף זה ממה שאבדתו קודמת וגם הא הקרא דלא יהיה בך אביון נכתב בהלואה ובצדקה. וממילא חייהן קודמין לחיי אחרים לכו״ע.

ורק כשימות שהוא פק״נ פליג בן פטורא משום דכשאיכא פק״נ הא רשאי ליקח גם בעצמו בלא רשות הבעלים דאין לך דבר שעומד בפני פק״נ דרק לענין תשלומין יש שמחייבי עיין בתוס׳ ב״ק דף ס׳ ועיין ברי״ף ונ״י שם דף קי״ז וברמב״ם פ״ח מחובל ה״ב ובראב״ד שם ובחו״מ סי׳ שפ״ח סעי׳ ד׳ ובסמ״ע וש״ך שם. ונמצא שאין צורך להשני שהאחד שיש לו המים יתחייב ליתן לו אלא אדרבה האחד שיש לו המים צריך להדין שכיון שהמים שלו אין לאחרים רשות ליקח שלכן יהיה לו רשות לשתות בעצמו ולא ליתן להשני, לכן כיון דסובר דמה שכשהוא בעצמו צריך אינו מחוייב ליתן לאחר העני הוא מטעם שלא עדיף חברו ממנו דאף אם יליף זה מקרא דלא יהיה בך אביון נמי סובר שהוא מטעם זה לכן לא שייך זה אלא לענין שאינו מחוייב ליתן וממילא יהיה על האחר איסור גזל ויהיה לעצמו אבל בהא דהמים שלא יהיה מחמת זה איסור גזל ואין צורך לחייבו ליתן אין כאן טענת שלא עדיף חברו ממנו לאסור על חברו ליקח דהא אדרבה לא עדיף הוא מחברו וממילא יהיה עליו חיוב צדקה להניחו ליקח כיון דבעצם יש כאן מצות צדקה וממילא אסור לו לשתות ולגרום בזה שחברו ימות דיהיה תרתי נגד חדא ומאחר שגם חברו מחוייב ישתו שניהם לחיי שעה.

ובא ר״ע וחידש דלא נאמר כלל מצות צדקה כשצריך בעצמו ואינו כמחוייב רק שאין בידו לקיים כגון מצות לולב וכדומה שאף כשאין לו ודאי הוא מחוייב רק שהוא אנוס מלקיים, אלא דאינו מחוייב כלל בצדקה אלא כשיש לו יותר ממה שצריך לעצמו לאותו הצורך ולכן אין כאן תרתי אלא חדא נגד חדא וממילא רשאי אף באלמות שלא ליתן דמאי חזית דדמא דחבראי סומק טפי כדלעיל. ומסתבר דלר״ע יהיה אסור להשני לחטוף ולשתות דכיון דרשאי שלא להניחו ליקח אף במעשה א״כ יכול לעכבו גם בדין גזל דאף נדחה מפני פק״נ אבל הכא הא יהיה תרתי נפש וגזל נגד חדא. ועיין במהרש״א בח״א שבאם המים של שניהם גם לר״ע ישתו שניהם כדסובר בן פטורא ופשוט שכוונתו אף שהוא ביד אחד והוא מטעם דיהיו תרתי גזל ונפש נגד חדא כדבארתי.

ועיין בר״ן נדרים שכתב שתייתן קודמת דחייהן קודמין כדדרשינן בריש איזהו נשך, ולמה שבארתי גם בן פטורא יודה בזה. וגם הגר״א ביו״ד סי׳ רנ״א סק״ו כתב על הא דכתב הרמ״א פרנסת עצמו קודמת לכל אדם נמי ציין להא דבא ר״ע ולימד חייך קודמין ולמה שבארתי גם בן פטורא יודה ובפרט שהגר״א הביא גם הא דאבדתו קודמת שלא מצינו שיש חולק

בזה. אך אולי נקטו הא דר"ע לרבותא דאף במקום פק"נ חייך קודמין וכ"ש בלא פק"נ.

והנה הרמב"ם רפ"ז ממ"ע כתב מ"ע ליתן צדקה אם היתה יד הנותן משגת, משמע דהוא תנאי בחיוב המצוה ולא כשאר המצות שג"כ הוא רק כשיש לו ולא נקט תנאי זה משום דבכל המצות החיוב עליו הוא בכל אופן רק שהוא אנוס מלקיים ואף ביכול לקיים בהוצאה יותר מחומש שפטור כדאיתא בסי' תרנ"ו הוא משום דסך גדול כזה מחשיבו לאנוס לענין עשה. או דלא חייבתו תורה לקיים חיובו ביותר מחומש אף שהוא חייב והוא כעין הא דמסדרין לבע"ח שאף שהוא עדין חייב מ"מ מסדרין ואינו משלם.

(ולמה שבמג"א סק"ז הוא כמפורש שאף חומש א"צ לבזבז אף על מצוה עוברת ואף על עישור נכסיו הביא בשם הב"י שהקשה על הרי"ו שמחייב שלא ידע מנין לו צריך לומר שסברי כטעם א' דאונס ממון נחשב אונס לגבי עשה והון רב לפי מצבו של כל אחד ואחד נחשב אונס דאלו לטעם ב' דהוא כעין הא דמסדרין מסתבר שהיה להם לקבוע שעור וגם מסתבר שהי"ל לקבוע חומש כדאשכחן בתקנה דאל יבזבז ששמו שעד חומש אין לחוש שיבא לידי עוני ואולי בזה פליגי דהסוברים עד חומש סברי כטעם ב' והסוברים דאף בהון רב שפחות מחומש אינו מחוייב הוא כטעם א').

אבל בצדקה הוא תנאי בהחיוב דרק כשמשגת ידו נאמר מצות צדקה. והוא למה דבארתי כר"ע ולא כבן פטורא וממילא אין טעם לחייבו למות ולא לעבור ונמצא שנקט הרמב"ם דין דר"ע. ופשוט שתנאי זה הוא מקרא דוחי אחיך עמך וכדמסיק שם הרמב"ם קרא זה ויהיה כוונתו לתנאי דידו משגת. וכן במנין המצות כתב ליתן צדקה כמסת ידו משמע שהוא תנאי בחיוב ולא לשעורא שלא שייך למינקט שעור בשם המצוה.

עוד היה קצת מקום לומר דבן פטורא סובר שרשאי להחמיר ליהרג במקום שרשאי לעבור עיין בתוס' ע"ז דף כ"ז ולכן יהיה כאן גם מחוייב דממילא הוא תרתי נפש ומצוה נגד חדא. ור"ע סובר דאסור להחמיר ולכן ליכא אלא חדא נגד חדא. ולכן הרמב"ם שפסק דאסור להחמיר בפ"ה מיסוה"ת ה"ד הוא ממילא כר"ע. אבל זה אינו דבחולי וסכנה אסור להחמיר עיין ביו"ד סי' קנ"ז לכן צריך לומר כדלעיל. ואולי בן פטורא סובר שרשאי להחמיר אף בחולי וסכנה. ומסתבר כדלעיל.

ידידו,

משה פיינשטיין

סימן קמו

במי שיש לו י"ג סעודות איך דינו לענין ליטול מן הקופה

מע"כ ידידי הרב הגאון המפורסם מוהר"ר אליעזר פופקא שליט"א.

במאי דהקשה כתר"ה ברש"י שבת דף קי"ח שאיתא שם מי שיש לו מזון י"ד סעודות לא יטול מן הקופה כתב אבל כשיש לו מזון י"ב יטול דהיה לו לומר אבל כשיש לו מזון י"ג נמי יטול שזה לכאורה פלא גדול מאד. הנכון לע"ד בזה דבר חדש דהשמיענו רש"י דיש חלוק גדול בין יש לו י"ג ליש לו רק י"ב דביש לו י"ג שחסר לו רק סעודה אחת לבקר דששי שאז חולקין הקופה יתנו לו דמי הסעודה החסרה לו בע"ש השני ויאכל באחור קצת דאחר שיתנו לו יקח הסעודה ויאכלנה וביש לו רק י"ב שיחסר לו גם ללילה דע"ש שהקופה לא תתחלק עד למחר ומוכרחין ליתן לו בע"ש זה יתנו לו עתה השתים. אך זה לבד אינו נוגע כ"כ דיקשה דכיון דיצטרכו ליתן לו מהקופה בע"ש השני מדוע לא יתנו לו עתה ויאכל שלא באחור דלא מסתבר שבשביל הרוחת זמן דדבר מועט כזה לא יתנו לו עתה, אבל הוא מחמת דיוצא מזה ממילא חלוק אחר דכשיש לו י"ג לא יתנו לו אלא אחת ולא יהיה לו לשבת אלא שתי סעודות אבל ביש לו רק י"ב שנותנין לו עתה יתנו לו שלש סעודות כדי שיהיה לו גם סעודה שלישית לשבת. והטעם הוא פשוט דהתוס' ב"ב דף ט' כתבו דבשביל סעודת שבת אין לו להתחיל ליטול אבל בשכבר צריך ליטול נוטל גם כדי לסעודת שבת עיי"ש, וברור שאין כוונתם שאם נטל פעם אחת מצדקה נוטל אחר זמן אף שיש לו י"ד סעודות בשביל סעודה השלישית דשבת דזה לא מסתבר כלל אלא דכל שבוע הוא דין בפני עצמו שאם יש לו בשבוע זו י"ד סעודות לא יטול אף שכבר נטל איזה פעמים מן הצדקה. ולכן כשחסר לו רק סעודה אחת שבשביל סעודה זו אין צורך שיתנו לו בע"ש זה אלא בע"ש השני כדלעיל שנמצא שכבר עברה השבת ואין שייך שיתנו לו ע"מ שעבר שכבר אין צורך לו בסעודה ג' דשבת העברה אין נותנים לו רק סעודה אחת החסרה לו עתה. וליתן לו עוד סעודה בשביל סעודה ג' דשבת הבאה, הא עתה אין נותנים לו כלל בשביל שבוע הבא שיחשב כדצריך ליטול שיוכל ליטול גם לסעודה ג' דשבת, ומצד שנטל בשביל העבר אין שייך להחשיבו נוטל גם לענין שבוע הבא כדלעיל. אבל כשחסר לו שתי סעודות כגון שיש לו רק י"ב

אגרות אורח חיים משה קנז

סימן עט

הנהגת רופא בשבת

י"ז אדר תשל"ט.

מע"כ ידידי מוה"ר מנחם דוד זעמבא שליט"א.

הנה כאשר מע"כ גמר למודו לרופא יצליחהו השי"ת להיות שלוחא דרחמנא לרפאות החולים שיבואו ורוצה אתה לדעת איך להתנהג בכמה דברים הנוגע להלכה, ואכתוב בזה קצת גם ליותר ממה שנשאלתי מאחר שזהו עיקר גדול לענין זה.

הנה הרמב"ם רפ"ב משבת כתב דחויה היא שבת אצל סכנת נפשות כשאר כל המצות, וכתב הכ"מ דכוונתו דהיא דחויה ולא הותרה שלכאורה תמוה דבשבת לחולה הא אף כשאפשר לעשות ע"י נכרים שהוא בהיתר נמי מותר ואדרבה הא כתב הרמב"ם דאף כשאיכא נכרי לפנינו אין עושין דברים אלו ע"י נכרים וע"י קטנים ופי' הכ"מ שמא יאמרו הרואין בקושי התירו ויבא הדבר דלא ירצו לחלל שבת ע"י ישראל גדולים וגם מחמת שאינם זריזים כל כך כדהביא הכ"מ מרמ"ך, וא"כ לאיזה דבר נוגע מה שהיא דחויה ולא הותרה דהא ל"ד לטומאה שהותרה בצבור שלר' ששת שהיא רק דחויה מהדרינן להביא טהורין אפילו מבית אב אחר כדאיתא ביומא דף ו' ע"ב, וצריך לומר שאף שאינו נוגע למעשה לענין השתדלותו אהדורי בתר היתרא יש לנו לידע אם עשיית מלאכה בשבת לפקוח נפש הוא מעשה איסור אך שמ"מ נדחו ומחוייבין לעבור האיסור דשבת וכן שאר איסורין לפ"נ, או שאינם מעשה איסור כלל כשהוא לפ"נ, ואף שאינו נוגע זה למעשה כשכבר בא החולה לידו איכא חלוק לענין הרופא שאם הוא במקום שאיכא עוד רופאים אין לו להמציא עצמו שיהיה נקל למצא אותו אלא צריך לסגור המשרד שלו, ומספר הטעלעפאן שיוכלו למצא אותו לא יהיה רשום בפנקסי הטעלעפאן מביתו אלא מהמשרד, כדי שלא יוכלו למצא אותו אלא המכירין אותו בלבד אף אם היה נוגע זה לחולים ישראל, וכן לא ישא עמו בשבת טעלעפאן ששומע כל מי שקורא אותו, דמאחר דאיכא עוד רופאים אין עליו שום חיוב רק לאלו שבאו אצלו מטעם דלא מכל אדם זוכה להרפא אבל הרופא יש עליו חיוב שישתדל שלא יבואו אליו מאחר שיש רופאים אחרים וגם נכרים שילך אליו החולה אף שהם ישראלים, אבל אם הוא רק רופא אחד בעיר מוכרח להיות במקום שאם איכא חולה יוכל לבא אליו.

ואם הוא במקום שהרוב עכו"ם ומעט ישראלים שדרים שם מכירים אותו ויודעין לבא אליו כשיצטרכו לרופא במקום סכנה, אז לענין העכו"ם יעשה כדיני המדינה שודאי יש לרופא להיות לו יום חפשי שכיון שהרופא הוא שומר שבת הרי קבע לו יום השבת ליום חפשי שלו שיכול ליסע מביתו ליום ההוא וכן יצטרך לעשות או באופן אחר שלא ימצאהו. ואף שלדין זה ולרוב הדינים אינו נוגע מה שדחויה יותר מהותרה מ"מ זריזות איכא להרופא שידוע שהוא דבר איסור אך שהותרה לפ"נ שיזהר ביותר לחלק בין מה שמותר ובין מה שאסור.

ועתה כשהקדמתי מה שצריך הרופא לידע ואין לחוש שיבא לזלזל בשבת מצד מה שצריך לפעמים בשביל חולה לעשות עבור החולה גם מלאכה בשבת אשיב על שאלת מע"כ בדבר עכו"ם, דהא ברור ופשוט שהתירוץ דאמר אביי בע"ז דף כ"ו ע"א דיכולין לומר דידן דמנטרי שבתא מחללינן עלייהו דידהו דלא מנטרי שבתא לא מחללינן לא תתקבל תשובה כזו במדינות שלנו לא אצל החולים וקרוביהן ולא לראשי המדינה, שלכן ודאי אם הוא בבית חולים ויאמר תירוץ זה לא רק שלא יועיל כלום דכשלא יהיה שם רופא אחר ולא ירצה לרפא ודאי לא ישגיחו על דבריו ואם לא יהיה שם רופא אחר ודאי ידונו אותו כפושע ורוצח אם ח"ו יהיה איזה סבה, שלכן לענין שמוש בבית חולים הרי ודאי בכל בית חולים יש הרבה רופאים וגם הרבה שעדיין צריכין שימוש והרוב הרי רוצים יותר כשלא יצטרכו להיות שם ביום הראשון יכולין הרופאים שומרי תורה להחליף שזמנם יהיה לעולם ביום הראשון לשבת ורופאים הנכרים יהיו ביום השבת ואני יודע שהרבה רופאים שומרי תורה עשו כן. ובעצם אף עם רופאים יהודים שאינם שומרי תורה שרוצים ג"כ יותר להיות שם שבת מיום ראשון יש אופן המותר ממש היינו שרופא השומר תורה ישתדל אצל הממונים על זה בבית החולים שאותו ירשום תמיד ליום א' בשבת שאף שבשביל זה יהיה מוכרח באם ליכא הרבה נכרים שירשום זמנו ליום השבת יהודי אחר אף שגם האחרים הם שומרי תורה שהוא רק כלפני דלפני דלא מפקדינן וכ"ש כשאיכא גם רופאים נכרים שלכן אף כל שומרי תורה יכולין להשתדל שלא ירשמו אותן להיות שם בשבת אף שעי"ז ירשמו אף את היהודים שאינן שומרי תורה שיהיו שם בשבת, אבל אף שלא נעשה כן ונרשם שומר תורה על יום השבת יש לו להחליף הזמן עם נכרים, ויש גם טעם גדול להתיר אף עם יהודים שאינם שומרי תורה שגם שכשישארו בביתם יחללו שבת במזיד בכל מלאכות שיזדמן לא פחות מהמלאכות שיעשה בבית החולים באיסור שא"כ אין בזה לפ"ע בזה שהוחלפו להו מלאכות במלאכות, ויותר נוטה שהופחתו כי יש הרבה חולים שמותר וגם הרבה הוא רק מדרבנן ומה שעושה בביתו רובן הם מדאורייתא.

אבל כשנזדמן שהוא מוכרח להיות שבת בבית החולים או כשהוא כבר רופא קבוע שאף שהמשרד שלו סגור בשבת בא דוקא אליו נכרי חולה בדבר שהוא

סכנה הוא מוכרח להזדקק לו אף בחלול שבת באיסור דאורייתא, וכ״ש כשנזדמן איזה אסון סמוך לביתו שקורין לרופא הסמוך יותר מאחר דלא מתקבל במדינותינו הדחוים שאמר אביי הוא סכנה ממש גם בעצם לגופו ממש מקרובי החולה, וגם אם הוא אינו חושש שתהא סכנה לו בעצמו יש לחוש לאיבה גדולה כל כך מצד אנשי המדינה וגם מהממשלה שיש ודאי לחוש גם לעניני סכנה מתוצאות זה, ואף שהתוס׳ שם ד״ה סבר תמהין איך אפשר להתיר משום איבה איסורא דאורייתא, כפי המצב במדינותינו בזמן הזה איכא מצד איבה סכנה גדולה אף במדינות שהרשות לכל אדם מישראל להתנהג בדיני התורה, שהוא עכ״פ שלא כשע״י זה לא ירצה להציל נפשות. ופלא על הגאון הח״ח (מ״ב סי׳ ש״ל ס״ק ח׳) שכתב דהא הרופאים אפילו היותר כשרים נוסעים כמה פרסאות לרפאות עכו״ם ושוחקין סממנים בעצמן ומסיק דמחללי שבת גמורים הם במזיד אף שיהיה איבה מזה, הא ברוסלאנד בעיירות הקטנות שהיה רק רופא אחד לכל הסביבה הרי ודאי ברור אם לא היה הולך לרפאות את העכו״ם היה ברור שהיו הורגין אותו בטענתם שגרם מיתה לבנם ובתם וכדומה וגם שופטי המדינה לא היו מענישין אותם כל כך או לגמרי לא היו מענישין את העכו״ם שהיה הורגו ואפילו באופן שהשופטין היו מענישין באיזה עונש קל הא היה שייך לחוש שיהרגהו בצנעא, וגם הא חזינן שחשש לזה פן יעשה איבה מזה שלכן הדפיס למטה הגה על זה שכוונתו הוא רק במדינת אנדיא ואם לא היה זה חשש סכנה לכלל ישראל לא היה צריך להגיד זה, וכיון שאיכא עכ״פ ספק הא אף בשביל ספק קטן הוא לקולא בפ״נ. ועיין בחת״ס חיו״ד סימן קל״א שכתב בפירוש ואם יש באיבה זו חשש סכנת נפשות יש להתיר אפילו מלאכה דאורייתא. ולשון הדברי חיים (ח״ב או״ח סי׳ כ״ה) אחר שכתב דמשום איבה לא מחללינן שבת באיסור דאורייתא שמסיק, אך המנהג ברופאים שמקילין ושמעתי שהוא מתקנות ארצות להתיר להם, שלכאורה לא מובן איזה תקנה שייך בזה, וצריך לומר שכוונתו שאף שסובר בעצמו דאין לחוש לסכנה בשביל איבה, מ״מ לא אמר למחות בהרופאים שמקילין דהוא משום דלא ברור לו שליכא חשש סכנה מהטעם דאומדנא שלו שאין לחוש לסכנה הא היה זה רק על מקומו שאולי היה במקומו והסביבה הרבה רופאים ולא היה איכפת להו כל כך שאף שודאי ניתוסף שנאה יותר בשביל זה הוא שנאה בעלמא כסתם שמעולם מעכו״ם לישראלים שיש שונאים ביותר שמ״מ אין בזה ענין סכנה, אבל ידע שודאי איכא מקומות שלא מצוי רופאים שיש שם חשש סכנה, אבל כתב שנוהגין הרופאים להקל גם במקומו ואינו מוחה בהם כי שמע שאיכא תקנה להתיר להם בכל מקום מטעם שלא יטעו להחמיר אף במקומות שהאיבה יביא לסכנה, כהא דמצינו בט״ז סימן שכ״ח סק״ה שאף במזומן נכרי יעשו גדולי ישראל ומביא מהא דנמצא הרבה פעמים בגמ׳ נמצאת מכשילם לעתיד לבא, וכ״ש בזה שאיכא כשלון גם תיכף משום שמצוי חולי עכו״ם מסוכנים בכל מקום וזהו טעם תקנת הארצות ואין זה ענין תקנה אלא מעיקר הדין לדידהו ולשון תקנה הוא על שיפרסמו זה, (עיין במנחות דף ס״ח ע״ב איכא לשון התקין לכוונה זו). והדברי חיים בעצמו אולי היה סבור דממקום למקום לא יבואו למילף עכ״פ לא מיחה אף במקומו שלא היה חשש סכנה, אבל בזמננו יש לחוש לסכנה כמדומני בכל מקום, וגם מצד פרסום הידיעות ע״י העתונים תיכף מה שנעשה בכל העולם איכא המכשול למילף ממקום למקום וגם הסתה להגדיל השנאה עד לרציחה גדול עי״ז לכן פשוט שבזמננו יש לדון זה כסכנה ממש, ויש להתיר כשנזדמן זה.

מה ששמע בשם האדמו״ר מקלויזענבורג שליט״א שלא יקחו שכר עבור הריפוי ודאי אסור להרויח מחלול שבת אלא שצריך לעשות רק מדין הצלה, וגם הוא עצה טובה שלא יבא לטעות ולומר שיש בזה חשש סכנה אבל לומר שעי״ז יהא מלאכה הצריכה לגופה אין זה נכון לע״ד, וסברת טהרת המים דבשביל פ״נ הוא מלאכה שא״צ לגופה היא סברת מהרי״ק (סי׳ קל״ז) עיין בתשובותי אג״מ ח״א דאו״ח סימן קכ״א.

ידידו,

משה פיינשטיין

סימן פ

יצאו להציל מתי מותרין לחזור למקומן

סוף חדש סיון תשל״ח.

מע״כ נכדי היקר הרה״ג ר׳ מרדכי טענדלער שליט״א.

הנה בדבר אלו שנתאגדו בנוא יארק וברוקלין לחבורה להצלת נפשות באשר שכמה פעמים אירע בכאן שאוכלוסי ישראל בחסד השי״ת הם מרובין, שאדם אחד בין בבית בין ברחובות פוסק מלנשום וכשמביאין לו שמה תיכף מיכל חמצן (אקסעדזען טענק) ועוד מיני כלים מדברים המועילין תיכף ממש הוא הצלה גדולה ויש שיותר לא צריך ויש שמועיל עד שיוכלו להביאו לרופאים באיזה בית חולים שבענין זה הוא ממש הזריזות אף לרגעים נחוץ מאד לקיום נפשו, ובלא זה עד שיבואו רופאים מבית החולים ומבתיהם נמשך זמן עד שכבר אין תועלת, ודאי דבר גדול הוא ויישר חילם וכוחם ויתברכו מהשי״ת כל החברים שנתאגדו לעשיית עניני הצלה אלו לשם שמים להצליח במעשי הצלתם ולהתברך בכל.

סימן פא

יציאה בשבת במכשיר קשר קטן הנצרך להצלת נפשות

ב' דר"ח אדר תשל"ט.

מע"כ נכדי היקר והחביב לי מאד הרה"ג מוהר"ר מרדכי טענדלער שליט"א.

בדבר העוסקים בעניני הצלה שהוא ענין גדול של פק"נ בערים גדולות כנוא יארק וברוקלין וכדומה שלובשין על בגדיהם מכשיר קשר (ראדיא) קטן שבזה שומע מה שמצוין אותו מהמשרד (האפיס) של חברת הצלה לאיזה מקום שצריך לילך להציל כדי שיוכל תיכף בלא שום שהיות ליקח מה שצריך להצלת הנפש שנשאלת ע"י חברך ר' זאב שמואל יעקב פייערשטיין שליט"א, אם יכול לצאת שהוא דבר קשה מאד לפני חברי ההצלה שביום השבת לא יצאו כל היום מהבית וימנעו בשביל זה הרבה מלהיות מחברי ההצלה.

והנה מהא דתנן לא יצא האיש לא בסיף ולא בקשת בשבת דף ס"ג ע"א תנן שם הטעם שפליגי על ר"א שסובר דנחשבו לתכשיטין דאמרו חכמים משום שאינן אלא לגנאי, אלמא דאף שהן דברים שאינם עניני הלבשת הגוף וגם אינם קישוטין שמייפין את האדם דאינם מזהב וכסף אלא ממינים שאין מייפין כלל כברזל ועצים, נעשו בחשיבות תכשיטין מאחר דזה מראה חשיבות האדם שהוא גבור שהוא חשוב לעלמא וצריכין ליה לעניני הצלה כשבאין עכו"ם בגייסות על ערי ישראל, ולמד ר"א זה מקרא דכתיב חגור חרבך על ירך גבור שמסיק הקרא הודך והדרך, היינו דלכן הוא הודך והדרך, דהוא משום דבזה נראה גבור דהוא חשיבות ומעלה אף שלא בשעת מלחמה.

והנה פליגי שם אמוראי אליבא דר"א מה השיב לרבנן על מה שהקשו לו וכי מאחר דתכשיטין הן לו מפני מה הן בטלין לימות המשיח דלחד לישנא השיב בברייתא לפי שאינן צריכין שנאמר לא ישא גוי אל גוי חרב והקשה הגמ' ותיהוי לנוי בעלמא ותירץ אביי מידי דהוה אשרגא בטיהרא, ולאיכא דאמרי השיב דאף לימות המשיח אינן בטלין כשמואל דאמר אין בין העוה"ז לימות המשיח אלא שעבוד גליות לבד, ולכאורה תמוה הא עכ"פ גם שמואל מודה דעל ישראל לא יבא שום גוי למלחמה דהא אמר שבימות המשיח לא יהיה שעבוד גליות שדוחק לומר דכוונת שמואל שיהיו מלחמות גם על ישראל וילחמו הגבורים בכלי זין אבל אומר שבכל המלחמות ינצחו ישראל ולא יהיו משועבדים לשום עם בעולם ומאחר שיהיו מלחמות יצטרכו לכלי זין, דהא מפורש בעירובין דף מ"ג ע"ב אליהו לא אתי במעלי שבתא משיח אתי דכיון דאתי משיחא הכל עבדים הן לישראל והוא מהפחד הגדול שזה אינו מצד היראה מהכלי זין, וכמה מלחמות למלכים הצדיקים היה בלא כלי זין כמו ליהונתן ולדוד עם גלית ולאסא וליהושפט ולחזקיה שנצחו בלא כלי זין שא"כ ודאי מלך המשיח לא יצטרך לכלי זין, וברמב"ם אף שכתב בפי"א ממלכים ה"ד שמלך המשיח ילחם מלחמות ה' שיש מקום לומר שיהיה בכלי זין הרי כתב אח"ז בפי"ב ה"ב שרק מלחמת גוג ומגוג יהיה בתחלת ימות המשיח שמשמע שאח"כ לא תהיה עוד מלחמה בימות המשיח, ובקראי דיחזקאל לא הוזכר כי מלך המשיח וישראל ילחמו בכלי זין אלא השי"ת יהרגם בדבר ובדם וגשם ואבני אלגביש ואש וגפרית, והכלי זין שהביאו גוג ומגוג לא יקחום להיות אצלם לצורכי מלחמות אלא בערו בהם אש, הרי שלא יצטרכו ישראל לכלי זין בימות המשיח, ולכן כתב הרדב"ז בפי"ב ה"א לתרץ קושית הראב"ד מה שראוי להאמין בזה שהדברים הם כפשוטם בארץ ישראל אבל בשאר ארצות יהיו מלחמות, וכן כתב מהרש"א שבת שם בח"א ע"ז דאמר שמואל דלא יהיה לישראל שעבוד מלכיות אבל באוה"ע יהיו מלחמות וקרא דגם גוי אל גוי לא ישא חרב יהיה רק לעוה"ב והוא כרדב"ז, וא"כ אף לשמואל הרי לא יהיה צורך בישראל לכלי זין. וצריך לומר דכיון שבאוה"ע הא יהיו מלחמות הרי יהיה שם מעלה לגבור שבשביל זה הוו כלי זין ענין נוי בזה שנראה ע"ז שהוא גבור אף שבכאן בא"י אין צורך לגבורים וניתוסף נמי שבח להשי"ת אשר נתן פחדו על כל הגוים אשר אין צריכין לגבורים וכלי זין, אבל להסוברין דלימות המשיח כבר לא יהיו מלחמות בעולם כלל אף לא באוה"ע שנמצא שאין בגבורים שום צורך אין זה שום נוי ולא שום שבח למקום בשביל העבר שהיה חשיבות ומעלה בגבורים מאחר שימות המשיח הא עדיפי וחשיבי שכולן יהיו צדיקים ולמה להו להתנאות בדבר שרק כשאיכא רשעים בעולם היה לזה צורך, ומסתבר שמה שאמר אביי מידי דהוה אשרגא בטיהרא הוא ג"כ אלעתיד שגם בלילה לא יהיה חשך דאור הלבנה יהיה כאור החמה שלשרגא לא יהיה שום צורך דבעוה"ז שהלילה הוא חשך וצריכים לשרגא הרי גם ביום הוא ענין נוי וכבוד כדנוהגין שבסעודה חשובה כפורים וסעודת נישואין מדליקין נרות לכבוד ולברית מילה מפורש בסנהדרין דף ל"ב ע"ב באור הנר בברור חיל משתה שם שפרש"י שהוא אור הנר ביום לכבוד ברית מילה וכן בתוס' בד"ה אור שכתבו מכאן נהגו להדליק נר במילה, אלא צריך לומר שכוונתו לעתיד שגם בלילה יהיה באור גדול לא יהיה אור הנר ענין נוי וכבוד משום דליכא צורך אף בלילה.

ועיין במהרש"א בח"א שכתב דאין להקשות מעוה"ב דהוא לאחר תחיית המתים דאז הא לא ישא גוי אל גוי חרב דאם לא קיימי הקראי על ימות המשיח הא עכ"פ קיימי על זמן התחייה שיהיו אכילה ושתיה וכל צורכי חיים הגשמיים אבל לא יהיו אז מלחמות

בעולם ויקשה לרבנן על ר"א אחרי שהשיב להם לל"ב דלא יבטלו לימות המשיח מהזמן של אחר תחיית המתים, דאיכא למימר כדלעיל לפי שאינן צריכין, שא"כ נמצא שליכא שום מחלוקת בין הני תרי לישנא לענין התירוץ דר"א דהעיקר הוא לפי שאינן צריכין ורק לענין מה ששאלו מימות המשיח איכא מחלוקת איך השיב להם ואולי צריך לומר דלא"ד ודאי שאלו אחר שתירץ דאף לימות המשיח אינן בטלין מעוה"ב ותירץ ר"א לפי שאינן צריכין, אך לא מסיק זה הגמ' משום דמוכרחין לומר כן. ונמצא לפ"ז שרבנן דפליגי הוא מחמת שלא סבירא להו טעם דאין צריכין לסלק בשביל זה קושיתם דמ"מ כיון שאיכא חשיבות בגבורים שייך שיהיו כלי זין דמראין חשיבות האדם שהוא גבור ענין נוי מחמת שכן הלכו הגבורים מלפנים, אבל מה שאדרבה פליגי על ר"א הוא מטעם דאינן אלא לגנאי ענין צורך זה שהוא מחמת שיש רוצחים בעולם ושבשביל החטאים באו גם חיילות מאוה"ע על ישראל וגם באים להצר על ערי ישראל ולא היה הזכות להנצל מהם בלא ענין כלי זין שלכן הוא גם זכרון חטאי ישראל שמטעם זה הוא גנאי לא רק לעתיד אלא גם בזה"ז ובערי גליות שצריכין לזה הוא גנאי מה שבחטאינו צריכין לזה ומטעם זה אינם תכשיטין.

וא"כ נמצא שבדברים שליכא גנאי אף שלא יהיה זה לעתיד הוא לרבנן תכשיט מה שמראה על מעלת האדם ועל מעשיו הטובים ואדרבה שלדידהו עוד יהיה זה תכשיט גם לעתיד, אף שלר"א משמע שלא יהיה תכשיט לעתיד מטעם דלעתיד יהיו הכל בריאים ולא יצטרכו לרופאים וא"כ אין לזה צורך דהוא כשרגא בטיהרא, ולרבנן שמה שלא צריכין אינו טעם לסלק הנוי מזה גם לעתיד יהיה זה נוי, אבל בזה"ז שעדיין צריכין העלמא לרופאים ולמתעסקים בהצלת נפשות הוו הדברים לצאת לבושים בהם בחשיבות תכשיטים לכו"ע בין לרבנן בין לר"א. ולכן מכשיר קשר קטן שלובשים כדי שישמעו בכל מקום שיהיו לאיזה מקום צריך לילך להציל מותרין לצאת בהם אף בשעה שאין צריכין לזה גם בשבת משום שהוא בחשיבות בגד, וכ"ש בשעה שצריכין שהוא כמעט תמיד שודאי אמת שהוא דבר קשה מאד שלא יצאו מבית כל השבת שאיכא בזה גם משום חשש דימנעו הרבה מלהיות מחברי ההצלה, ולא שייך להכין נכרים ליום השבת דצריך לזה זריזות יתירא והנכרים שלא איכפת להו בפק"נ אף שלוקחים שכר אינם זריזים כלל וכמפורש ביומא דף פ"ד ע"ב דאין עושין כל ענין פק"נ ע"י נכרים וכ"ש בחברי ההצלה שצריך זריזות ביותר שאיכא גם היתר זה.

והנני זקנך אוהבך בלו"נ,

משה פיינשטיין

סימן פב

ביאור הדברים האסורים משום חשד ומראית העין

ר"ח מנחם אב תשי"ט.

מע"כ בני אהובי הרה"ג ר' שלו' ראובן שליט"א.

בדבר תירוצך על הקושיא הגדולה ששאלת מה מועיל עדים בנושא סכין המילה בשבת בשעת הסכנה שלא יחשדוהו שנושא חפציו (שבת ק"ל ע"א) מ"ש מכל מקום שאסרו בשביל חשדא שאין מועיל עדים הנה יש מקום לתרץ כתירוצך שאין שייך לאסור על מה שיאמרו שעושה דבר אחר ממש שאין שייך כלל למה שעושה אבל מה שדמית למה שכתבתי אג"מ א"ח ח"א סי' צ"ו בהולך בקאר אחר הדלקת הנרות ל"ד דהתם שהחשש הוא רק מה שלא ידעו הדין אמרינן דאין לחוש לזה דאדרבה ילמדו מזה הדין האמת אבל הכא הרי יש ממש מקום לחשוד שנושא דבר אחר כיון שכן הוא רוב הדברים שנושאין ואין להחשיב להחושדין אותו לטועין יש אולי לאסור, וכדחזינן שהצריכו עדים מטעם זה. ומה שכתבת שהוא כדי שלא יפסלוהו לעדות הוא טעם דחוק דהא יוכל להביא את המוהל ואלו שהיו בשעת הברית שהביא איזמל וגם בעצמו כשיטעון שהיה איזמל למילה או שהוציא דבר לפקוח נפש מסתבר שלא יפסל לעדות אף שהוא מלתא דלא שכיחא כיון שהוא בחזקת כשרות.

וגם בלא זה מסתבר לע"ד שאיסור חשדא שילפינן בשקלים פ"ג מ"ב מקרא דוהייתם נקיים מה' ומישראל הוא איסור מדאורייתא מצ"ע שמחוייב שלא לעשות דברים שיחשדוהו וגם אחד מהטעמים שצריך להניח פאה בסוף שדהו משום חשדא בשבת דף כ"ג ע"א וא"כ א"צ לחקור איזה גדר איסור שייך להיות בזה דזה עצמו הוא האיסור. ויש שני עניני מראית עין דהיכא דלא שייך חשד שהוא עושה דבר היתר והכל רואים מה שעושה רק שיבואו לדמות דכשם שזה מותר כ"כ מותר גם דבר שמדמין לזה הוא ודאי רק מדרבנן וצריך לאיזה גדר שיוכלו לאסור. וכן יש מראית עין כהא דעכו"ם בקבלנות י"ז ע"ב תוד"ה אין שמצד חשדא דאורייתא אין לאסור דכיון דאיכא גם אופן ההיתר אף שהוא באופן שאינו טוב להבעלים כשכיר יום מ"מ אין לחשוד דכמה מצות ואיסורין הוא בקושי להאדם ולא יחשדו כלל שהוא עובר עליהן ואם אחד חושד הוא אדרבה עושה איסור דחושד בכשרים, אך מ"מ אסרו שלא יהיה מקום לבעלי לה"ר לדבר עליו או שהרוצים להקל יאמרו בכוונה שגם הוא עושה בשכירי יום כמו שטוב להדבר, הוא רק איסור דרבנן מטעם מ"ע ולא משום איסור חשד וצריך גדר לאסור. ובטעם זה הוא דין מי שנשרו כליו בדרך

סכנה הוא מוכרח להזדקק לו אף בחלול שבת באיסור דאורייתא, וכ"ש כשנזדמן איזה אסון סמוך לביתו שקורין לרופא הסמוך יותר מאחר דלא מתקבל במדינותינו הדחוים שאמר אביי הוא סכנה ממש גם בעצם לגופו ממש מקרובי החולה, וגם אם הוא אינו חושש שתהא סכנה לו בעצמו יש לחוש לאיבה גדולה כל כך מצד אנשי המדינה וגם מהממשלה שיש ודאי לחוש גם לעניני סכנה מתוצאות זה, ואף שהתוס' שם ד"ה סבר תמהין איך אפשר להתיר משום איבה איסורא דאורייתא, כפי המצב במדינותינו בזמן הזה איכא מצד איבה סכנה גדולה אף במדינות שהרשות לכל אדם מישראל להתנהג בדיני התורה, שהוא עכ"פ שלא כשע"ז זה לא ירצה להציל נפשות. ופלא על הגאון הח"ח (מ"ב סי' ש"ל ס"ק ח') שכתב דהא הרופאים אפילו היותר כשרים נוסעים כמה פרסאות לרפאות עכו"ם ושוחקין סממנים בעצמן ומסיק דמחללי שבת גמורים הם במזיד אף שיהיה איבה מזה, הא ברוסלאנד בעיירות הקטנות שהיה רק רופא אחד לכל הסביבה הרי ודאי ברור אם לא היה הולך לרפאות את העכו"ם היה ברור שהיו הורגין אותו בטענתם שגרם מיתה לבנם ובתם וכדומה וגם שופטי המדינה לא היו מענישין אותם כל כך או לגמרי לא היו מענישין את העכו"ם שהיה הורגו ואפילו באופן שהשופטין היו מענישין באיזה עונש קל הא היה שייך לחוש שיהרגהו בצנעא, וגם הא חזינן שחשש לזה פן יעשה איבה מזה שלכן הדפיס למטה הגה על זה שכוונתו הוא רק במדינת אנדיא ואם לא היה זה חשש סכנה לכלל ישראל לא היה צריך להגיד זה, וכיון שאיכא עכ"פ ספק הא אף בשביל ספק קטן הוא לקולא בפ"נ. ועיין בחת"ס חיו"ד סימן קל"א שכתב בפירוש ואם יש באיבה זו חשש סכנת נפשות יש להתיר אפילו מלאכה דאורייתא. ולשון הדברי חיים (ח"ב או"ח סי' כ"ה) אחר שכתב דמשום איבה לא מחללינן שבת באיסור דאורייתא שמסיק, אך המנהג ברופאים שמקילין ושמעתי שהוא מתקנות ארצות להתיר להם, שלכאורה לא מובן איזה תקנה שייך בזה, וצריך לומר שכוונתו שאף שסובר בעצמו דאין לחוש לסכנה בשביל איבה, מ"מ לא אמר למחות בהרופאים שמקילין דהוא משום דלא ברור לו שליכא חשש סכנה מהטעם דאומדנא שלו שאין לחוש לסכנה הא היה זה רק על מקומו שאולי היה במקומו והסביבה הרבה רופאים ולא היה איכפת להו כל כך שאף שודאי ניתוסף שנאה יותר בשביל זה הוא שנאה בעלמא כסתם שמעולם מעכו"ם לישראלים שיש שונאים ביותר שמ"מ אין בזה ענין סכנה, אבל ידע שודאי איכא מקומות שלא מצוי רופאים שיש שם חשש סכנה, אבל כתב שנוהגין הרופאים להקל גם במקומו ואינו מוחה בהם כי שמע שאיכא תקנה להתיר להם בכל מקום מטעם שלא יטעו להחמיר אף במקומות שהאיבה יביא לסכנה, כהא דמצינו בט"ז סימן שכ"ח סק"ה שאף במזומן נכרי יעשו גדולי ישראל ומביא מהא דנמצא הרבה פעמים בגמ' נמצאת מכשילם לעתיד לבא, וכ"ש בזה שאיכא כשלון גם תיכף משום שמצוי חולי עכו"ם מסוכנים בכל מקום וזהו טעם תקנת הארצות ואין זה ענין תקנה אלא מעיקר הדין לדידהו ולשון תקנה הוא על שיפרסמו זה, (עיין במנחות דף ס"ח ע"ב איכא לשון התקין לכוונה זו). והדברי חיים בעצמו אולי היה סבור דממקום למקום לא יבואו למילף עכ"פ לא מיחה אף במקומו שלא היה חשש סכנה, אבל בזמננו יש לחוש לסכנה כמדומני בכל מקום, וגם מצד פרסום הידיעות ע"י העתונים תיכף מה שנעשה בכל העולם איכא המכשול למילף ממקום למקום וגם הסתה להגדיל השנאה עד לרציחה גדול עי"ז לכן פשוט שבזמננו יש לדון זה כסכנה ממש, ויש להתיר כשנזדמן זה.

מה ששמע בשם האדמו"ר מקלויזענבורג שליט"א שלא יקחו שכר עבור הריפוי ודאי אסור להרויח מחלול שבת אלא שצריך לעשות רק מדין הצלה, וגם הוא עצה טובה שלא יבא לטעות ולומר שיש בזה חשש סכנה אבל לומר שע"ז יהא מלאכה הצריכה לגופה אין זה נכון לע"ד, וסברת טהרת המים דבשביל פ"נ הוא מלאכה שא"צ לגופה היא סברת מהרי"ק (סי' קל"ז) עיין בתשובותי אג"מ ח"א דאו"ח סימן קכ"א.

ידידו,

משה פיינשטיין

סימן פ

יצאו להציל מתי מותרין לחזור למקומן

סוף חדש סיון תשל"ח.

מע"כ נכדי היקר הרה"ג ר' מרדכי טענדלער שליט"א.

הנה בדבר אלו שנתאגדו בנוא יארק וברוקלין לחבורה להצלת נפשות באשר שכמה פעמים אירע בכאן שאוכלוסי ישראל בחסד השי"ת הם מרובין, שאדם אחד בין בבית בין ברחובות פוסק מלנשום וכשמביאין לו שמה תיכף מיכל חמצן (אקסעדזען טענק) ועוד מיני כלים מדברים המועילין תיכף ממש הוא הצלה גדולה ויש שיותר לא צריך ויש שמועיל עד שיוכלו להביאו לרופאים באיזה בית חולים שבענין זה הוא ממש הזריזות אף לרגעים נחוץ מאד לקיום נפשו, ובלא זה עד שיבואו רופאים מבית החולים ומבתיהם נמשך זמן עד שכבר אין תועלת, ודאי דבר גדול הוא ויישר חילם וכוחם ויתברכו מהשי"ת כל החברים שנתאגדו לעשיית עניני הצלה אלו לשם שמים להצליח במעשי הצלתם ולהתברך בכל.

אגרות אורח חיים משה קנט

וכשאירע זה בשבת ויום טוב ומצוי גם שיארעו שנים ושלשה במשך השבת בלילו ויומו הרי ודאי לילך עם מיכל החמצן למקום שנמצא החולה תיכף בין למקום קרוב מאד שהצורך הוא שהחבר שנודע ראשון ילך תיכף למקום שנמצא עם המיכל בידו שהוא הוצאה והכנסה לכרמלית ואף לרה״ר ועוד מלאכות הצריכין לכך שהוא בעניני חשמל (עלעקטרי) וכדומה ובין למקום רחוק אף במקצת שאם ילך ברכב (מאשין) יהיה זה אף רק במשהו זמן קודם אף שניתוסף הרבה מלאכות בהולכת הרכב בהבערת הגעז ובכבוי הא ליכא שום ספק דאפילו כמה מלאכות נדחין בשבת לפקוח נפש אפילו לספק רחוק וכ״ש בזה שהקדימה הוא עיקר גדול בהצלה זו, ואף אם בריצה יבא אף בלא רכב בקרוב הרי יהיה עיף ולא יוכל לעשות מה שצריך, אך אם הוא ביום שמצוי נכרים ובאופן שמכיר שאין לחוש לשמא הוא חשוד לגזילה ולרציחה ודאי טוב שיקח את הנכרי שיוליך את הרכב אבל כשהוא בלילה ואף ביום כשאינו רואה נכרי שמכירו ודאי אין לו לבקש נכרי שיש לחוש שישתהא איזה זמן, ואע״ג דאיתא ביומא דף פ״ד ע״ב אין עושין דברים הללו ע״י נכרים מ״מ אם יש להשיג תיכף נכרי להוליך את הרכב אף שהט״ז סימן שכ״ח סק״ה פליג על הרמ״א וסובר שאף שאפשר ע״י נכרי נמי בלא איחור כלל נמי יעשה הישראל בעצמו מחשש שמא אתה מכשילן לעתיד לבא ולבסוף מסיק שיש לחוש גם שלא יעשנה בזריזות כל כך, מ״מ לענין הולכת רכב כשיש צורך שאינו ענין ההצלה ממש ואיכא בזה חלול שבת אף שאין צורך להחולה כגון לענין העמדת הרכב במקום שיניחוהו יותר מצד הנהלת העיר, שענין המחשבה איך לעשות להקל האיסור נמי הוא שיהוי קצת ולא ירגיש בשיהוי זה וגם בעצם הולכת הרכב לא שייך ענין שיהוי דכל מוליך רכב מוליך במהירות האפשרי, טוב יותר ע״י נכרי כשמצוי ליקחנו תיכף בלא איחור אבל כשיש קצת שיהוי א״צ לחכות אף רגע אלא יוליך בעצמו את הרכב.

אבל עיקר מה שיש לדון הוא לענין החזרה לביתו ממקום החולה כשהוא במקום רחוק וא״א לילך רגלי ואף אם אינו רחוק כל כך אבל הוא בלילה שיש לחוש לילך רגלי מצד הרוצחים שמצוין עתה ולהשאר שם כל השבת ואף רק זמן גדול כעד היום ואף באם כשיצטרך לשהות בזה זמן גדול יש לחוש שבני ביתו לא יניחוהו בפעם אחר וגם שהוא עצמו יתרשל, אם יש להתיר לבא בחזרה בנסיעה ברכב. וזה פשוט שבמקום ריבוי האוכלוסין שמצוי שאפשר ליארע לעוד אינשי שיש צורך גם למיכל כי לא הכינו עוד מיכל שיש צורך גדול להביא המיכל בחזרה ברכב אבל הנידון הוא כשיש עוד מיכל בהמקום שנמצאים חברי אגודת הצלה זו וגם יש עוד חברים מאגודת הצלה זו שהוא רק לענין איש זה אם רשאי לחזור בנסיעה ברכב בכלל וגם אם ליכא נכרי שאפשר לסמוך עליו מצד חשש ההתרשלות. הנה מפורש בתוס׳ עירובין דף מ״ד ד״ה כל שכתבו הא דלא חשיב ליה בפ״ק דביצה (יא:) גבי הנך ג׳ דהתירו סופן משום תחלתן דזה אינו חדוש וכל הנהו צריכי, ופשוט שכוונת התוס׳ בזה שפשיטא להו דהוא משום דהתירו סופן משום תחלתן אף דבגמ׳ אמר דלמא להציל שאני דהוא דוקא להציל מאויבים עכו״ם שנפלו על ישראל שיש לחוש שמא ירדפו אחריהם וכעובדא דמייתי שבאותה שעה התקינו שיהו חוזרין למקומן בכלי זיין וכדפרש״י דרישא מי שיצא ברשות איירי בעדות החדש ובחכמה הבא ליילד, והוא משום דלתוס׳ דגם סיפא דכל היוצאין להציל איירי גם בחכמה הבאה ליילד והתירו אפילו לחזור למקומה אף שליכא חשש סכנה כשתשאר שם שהוא רק משום דהתירו סופן משום תחלתן, וכן מפורש בחדושי הרשב״א בביצה דף י״א ע״ב ד״ה בפלוגתא שכתב בפירוש בהקושיא אמאי לא חשיב הא דתנן בעירובין כל היוצאין חוזרין למקומן חכמה הבאה ליילד והוי טעמא דהנך נמי משום דהתירו סופן משום תחלתן, ותירץ דהתם פשיטא דהא תנינן להו וליכא למיתלינהו אלא בהתירו סופן משום תחלתן ומאי קמ״ל, היינו שפשיטא להו דכל היוצאין להציל שהוא סתם הצלות אינו דוקא בלהציל מן הגייס שבאים להלחם על איזה עיר שהוא הצלת רבים ולא מצוי כל כך שאינו ברוב הצלות שהוא גם בהצלת יחיד והם מצוין ביותר כחכמה הבאה ליילד והבא להציל מן הנהר ומן המפולת ומן הדליקה וגם מן הגייס מצוי יותר בעת שלום שאיזה גזלן אחד או שנים נפלו על איזה איש אחד או שנים שכשבאו להציל הרגו את הגזלנים הרוצחים שאין לחוש כלל לשמא יבואו עוד עכו״ם לנקום בישראל נקמת הגזלנים שהרגו ולא אוקמי דאיירי דוקא בבאו גייס גדול של עכו״ם להלחם בכל העיר שלזה יש לחשוש שאף אם נצחו אותם והצילו את ישראל מבני עיר זה יש לחוש שיחזורו לרדוף אחריהם, ולכן פשיטא להו לתוס׳ ולרשב״א שאיירי ברוב עניני הצלה ובשעת שלום והוא גם בהצלת יחיד שנמי חוזרין למקומן שהוא רק מטעם התירו סופן משום תחלתן. עכ״פ מפורש בתוס׳ ורשב״א שמותר לחזור אף רק משום חשש התרשלות דזהו ענין התירו סופן משום תחלתן, והתוס׳ כתבו דאין בזה חדוש כלל, ומלשון הרשב״א משמע שהפשיטא הוא לא מצד שלא צריך להשמיענו דין זה אלא דפשיטא זה ממתני׳ דעירובין משום דליכא למיתלינהו אלא בהתירו סופן משום תחלתן, ויותר נראה דגם זה אינו חדוש דכתבו התוס׳ הוא כדכתב הרשב״א שאינו חדוש לפרש טעם זה במתני׳ דהא מסקי וכל הנהו צריכי כדאמרינן התם שהוא רק לענין שטעם המשנה הוא משום דהתירו סופן משום תחלתן דאמר שם בביצה על כל מתני׳ דהקשה שם על עולא

דאמר ג' דברים התירו סופן משום תחלתן עור לפני הדורסן ותריסי חנויות וחזרת רטיה במקדש מאי קמ"ל עולא הא תנינא כולהו ותירץ משום דיש גם לפרש מטעם אחר קמ"ל עולא שהוא משום דהתירו סופן משום תחלתן וכן הקשה על רחבא א"ר יהודה דמוסיף פותח חביתו ומתחיל בעיסתו על גב הרגל מאי קמ"ל תנינא ותירץ משום דאפשר לפרש מטעם אחר קמ"ל דהוא מטעם התירו סופן משום תחלתן הרי הא דאמרינן התם הוא כהרשב"א שא"כ גם בתוס' צריך לומר דזה אינו חדוש לפרש כן במתני' אף שבעצם הדין הוא חדוש.

וצריך לפרש לדידהו סוגיית הגמ' דמקשה על הא דוכל היוצאין להציל חוזרין למקומן ואפילו טובא כשביתן רחוק יותר מאלפים והא אמרת רישא אלפים ותו לא וע"ז אמר הגמ' ומאי קושיא דלמא להציל שאני דרישא ביצא ברשות לעדות החדש שדוחין את השבת על מהלך לילה ויום שלא שייך להתיר להם איסורין שאינו בדין דחיה שהוא לאחר שבאו, ורק נתנו להם מתקנת ר"ג אלפים אמה לכל רוח שאיסור דרבנן זה לא אסרו להם, ול"ד לאיסור לצאת חוץ לאלפים אמה שאף שהוא ג"כ מדרבנן דהוא איסור מהיותר חמורים דאית לו אסמכתא בקראי.

וגם מסתבר לע"ד שאין תקנת ר"ג בבאין להעיד על עדות החדש שידחה איסור זה דרבנן אף שלשאר מצות דאורייתא אף למצות מילה לא נדחה שום איסור דרבנן מאלו שאין הכרח לדחייתם במצות מילה דהיה אפשר לעשותן מע"ש, אלא שהתקין להחשיב כלא נאסר כלל להם דהתקין שיתחשב להם שכן היה תחלת הדין, דהא לכאורה קשה מאד לשון המשנה ולא אלו בלבד אמרו אלא אף חכמה הבא לילד והבא להציל מן הגייס ומן הנהר ומן המפולת ומן הדלקה הרי אלו כאנשי העיר ויש להם אלפים אמה לכל רוח, הא ודאי חכמה הבאה ליילד והמציל מן הגייס וכדומה עדיפי מלילך לעדות החדש ואם נזדמן למי שראה את החדש שצריך לילך להציל נפש ולרפאה ממחלה מסוכנת ודאי מוכרח לילך להציל נפשות אף שלא יהיה שום עד לעדות החדש ואם התקין לבאין להעיד לעדות החדש כ"ש שיש לו להתיר להולכין להציל נפשות, ואף שיש אולי לדחוק דיש לחוש יותר שיתרשלו מלילך להעיד לעדות החדש משיתרשלו ליילך להציל נפשות, לא מסתבר דהרי לעומת זה החשש דשמא יתרשלו לילך לפקוח נפש אף שהוא חשש קטן ראוי לחוש לו יותר דהרי מחללין שבת לפ"נ אף על חשש קטן טובא כדאיתא במתני' דיומא דף פ"ג ע"א שנמצא שחשש התרשלות הקטן להציל נפשות עדיף לחוש לו מחשש גדול לעדות החדש.

ולכן נראה לפרש שכוונת המשנה הוא להוכיח שזה שביצא חוץ לתחום אין לו אלא ד' אמות לא היה זה איסור קבוע ומוחלט בכל אופן כהא דעצם איסור לצאת חוץ לאלפים אמה וכהוצאה לכרמלית וכדומה רוב איסורין דרבנן, ומה שמותר לילך להצלת נפשות הוא מחמת שפ"נ דוחה את השבת אף איסורין דאורייתא, שלכן אחר שבא לשם ואין לו צורך לענין הצלתו מה שיאסר לילך חוץ לד' אמות היה אסור, אלא אמרו חכמים שהיו עוד מלפני ר"ג מתחלת התקנה לאסור למי שיצא חוץ לתחום לצאת מד' אמותיו שלהיוצאין לפ"נ יש להם אלפים לכל רוח, שלכן התקין ר"ג שגם ליצאו ברשות לעדות החדש משום שעל מהלך לילה ויום מחללין את השבת דנמי יהיה כלא אסרו מעולם שרק בשביל זה יהיה להם אלפים לכל רוח במקום שבאו דאיסור ממש אפילו דרבנן אין להתיר כשליכא ענין הדחוי, ואם לא היה באיסור זה יוצא מן הכלל מתחלת התקנה לא היה שייך להתיר יצא ברשות אף למצות עדות החדש אף שהיה זה צורך גדול כדי שלא ימנעו מלבא כשיזדמן בשבת. והוי פירוש לשון ולא אלו בלבד דיצאו לעדות החדש היינו שר"ג התקין להתיר אלא אף חכמה הבאה לילד והבאין להציל שיש בהם ענין פ"נ שאמרו חכמים הראשונים להתיר נמי אף שבשבילן לא היו צריכין חכמים להוציאן מכלל תקנת האיסור, דאף אם היה תקנת האיסור שליצא מהתחום שאין לו אלא ד' אמות בסתם נמי היו מותרין לילך אלפים לכל רוח כאנשי העיר שבאו לשם מצד החשש דשמא יתרשלו לבוא לעתיד לבוא מאחר דהוא ענין פקוח נפש, מ"מ אמר ר"ג שלא עשו כן אלא אמרו חכמים שהתקינו שלאלו לא התקינו איסור זה כלל אלא מתחלה אמרו שהם כאנשי העיר, ואף שנזדמן שכבר נעשה מעשה שנמצא שכלפי שמיא היה גלוי שלא הוצרכו לילך כלל שלילך יותר אחר שנודעו שנעשה מעשה אין להתיר אף שנמצאים רחוק מן העיר כשליכא סכנה מלהיות שם עד מוצאי שבת, ולחוש שמא ימנעו בשביל זה מתחלה לצאת מביתם משמע שכיון שזה אינו מצוי כלל שבאמצע הדרך יודעו בברור מאיש נאמן שנעשה מעשה, דהא אף כשיש רק קצת ספק מחוייבין עדיין לילך למקום המעשה, ובשבת לא מצוי שיהיה שם אנשים נאמנים בדרכים, אין לחוש לשמא ימנעו לעתיד בשביל חשש רחוק זה, דמ"מ ליכא עלייהו האיסור דכשיצא מתחומו אפילו באונס אין לו אלא ד' אמות מאחר דבתחלת תקנת איסור זה אמרו חכמים שתיקנו איסור זה שליכא על היוצאין ברשות התורה אלא שיש להם אלפים לכל רוח כאנשי העיר שממילא איכא בכלל זה גם שאם נודעו באמצע הדרך אחרי שכבר יצאו מתחומם יש להם אלפים לכל רוח ממקום שנאמר להם. וממילא היה שייך מה שהתקין ר"ג שאף כשיצאו ברשות לעדות החדש שאיכא ענין דחיית איסורין יותר ממה שמוכרח להמצוה דהוא רק ההליכה לשם שנמי הם בכלל אלו שלא אסרו עלייהו דאף שחכמים דמתחלה שתיקנו לא הוציאום מן הכלל התקין שיתחשב זה כהיסח

הדעת ושגגה שלא הוציאו גם זה מכלל האיסור אלא גם זה הוא בכלל יצא ברשות שיש לו אלפים לכל רוח. והוא פירוש נכון וברור.

וניחא לפ"ז מה דלא חשיב להא דר"ג התיר שיהיו מהלכין אלפים אמה לכל רוח בפ"ק דביצה בהדי הני דהתירו סופן משום תחלתן משום דבנתינת אלפים לכל רוח שהתקין ר"ג לא התיר איסור אלא שבשביל סופן אמר שאין זה ענין דחיית איסור לדידהו אלא שליכא איסור אבל איסור הא לא התיר להן, ובעירובין אה"נ דלא הקשו מדין זה שיש להן אלפים לכל רוח כלל אלא מהסיפא דכל היוצאין להציל חוזרין למקומן דרק זה דהתירו לחזור למקומן אפילו טובא הקשו משום דאיסור תחומין דאלפים הוא איסור קבוע ומוחלט לכל בכל אופן אלא שהתירו לדחות מחשש התרשלות גם החזרה הוא שייך להחשיב בכלל אלו שהתירו סופן משום תחלתן אבל מרישא לא הקשו והוא מטעם דכתבתי, והתוס' דר"ה כ"ג ע"ב אולי מאחר שמה שלא תיקנו מתחלה היה זה משום תחלתן נמי ניחא להו יותר לומר דהוא משום דפשיטא דבשביל טעם זה דמשום תחלתן הוא.

אבל אמר בגמ' בעירובין שהקושיא היתה מהצלה על הצלה דר"ג הא הוכיח מחכמה הבאה לילד והבא להציל מן הגייס שג"כ לא התירו להם איסור דחוץ לאלפים אחר שהצילו אלא רק שלא תיקנו לאסור עלייהו האיסור דיוצא חוץ לאלפים אין לו אלא ד' אמות והכא תנן דיוצאין להציל דהוא חכמה הבאה לילד אף לחזור למקומן אף שהוא טובא יותר מב' אלפים. ואף שבעצם לא קשה דהא ודאי איכא חלוק ביוצאין להציל דבאלו הצלות שלא ידוע כמה זמן שייך שימשך כגון חכמה הבאה לילד שלא ידוע כמה זמן הוא דלפעמים נמשך משעה שהתחילו חבלי לידה גם יותר ממעל"ע והחכמה יודעת זה הרי באה מתחלה אף לישב שם יותר מיום השבת, וכן הבא להציל מן הגייס ומן הנהר נמי לא שייך שידעו כמה זמן ימשך זה, ואף מן המפולת ומן הדליקה הרבה פעמים אין ידועין דאם נפלו עליו גל גדול הרי אפשר לימשך ג"כ יותר מיום השבת, ואף בדליקה אפשר שתעשה דליקה גדולה שימשך יותר מיום השבת שאלו כיון שידעו מזה ומ"מ באו כחיוב התורה להצלת נפשות ולא נתרשלו, לא שייך לחוש לשמא יתרשלו כשיעזור להם השי"ת ונגמרה מלאכת ההצלה בזמן קצר אם יהיו נאסרין לחזור למקומם דהרשלנין הרי גם כשנתירם לחזור יתרשלו ולא יצאו כלל מחמת דידעו שאפשר שתמשך זמן גדול ויראי ה' שבאו אף שידעו דהוא מלאכה קשה ואפשר שתמשך זמן גדול הרי לא יתרשלו גם כשיהיו אסורין מלחזור כשנגמרה מלאכת ההצלה בזמן קצר דהוא עוד נקל מלעשות מלאכה, שלכן רק מה שיש להקל עלייהו בלא איסור שיוכלו לצאת מהד' אמות שהוא ג"כ צער בלא צורך דהוא בזה שלא תיקנו מתחלה עלייהו דיצאו ברשות האיסור יציאה מד' אמותם הקלו לעושי מצוה, אבל לא שייך להתיר להם לעבור איסור יציאה חוץ לאלפים שזה הא נאסר בכל אופן ורק שנדחה בשביל פ"נ שלחזור שאינו שוב פ"נ לא שייך שידחה. וגם אפשר שלצאת חוץ מד' אמות אף כשיצטרכו להיות שם כל יום השבת איכא זמנים קטנים שלא יצטרכו לעבוד במעשה הצלתם וכשיהיו אסורין לצאת מד' אמותם הוא הוספת צער על עבודתם שבאו, לזה איכא אולי גם חשש קטן דהתרשלות לא אסרו מתחלה עלייהו יציאה מד' אמות אלא נתנו להם אלפים כאנשי העיר ואם הוא בדרך שיהיה להם אלפים לכל רוח במקום שנמצאין. ואם הוא הצלה כזו שידוע היה שהוא רק לזמן קצר כגון רופא שבא לראות את החולה ולעשות סמי רפואה שידוע שכל צורך ביאתו להפ"נ הוא זמן קצר, וכן לפייס איזה ממונה מהשלטון שכעס על איזה ישראל ורוצה לדונו בהריגה שדרך הפיוס הוא במתנה חשובה שיביא לו או ע"י מכירו שיועילו בקשותיו שהוא רק לזמן קצר, וכדומה הרבה אופני הצלות שידוע שהוא רק זמן קצר אם נאסור לחזור למקומו יש לחוש להתרשלות שבזה התירו סופן משום תחלתן. וצריך לומר דהוא משום דסתמא תנן במתני' דכל היוצאין להציל דמשמע דאיכא דבר שכולן שוין מטעם לא פלוג ולא יהיה דבר זה תלוי באומדנא דאינשי, ועי"ז א"ר יהודה אמר רב שלענין חזרה בכלי זיינן שוין דאסור להניח הכלי זיין בשום מקום ולא לסמוך על אומדנא דאינשי שאין שוב מה לחשוש, אבל לענין חזרה לביתם שהוא יותר מאלפים תלוי אם הוא הצלה כזו שהיו סוברין שאפשר שיצטרכו לשהות שם יותר מיום השבת אסורין לחזור לבתיהן ואם הוא הצלה כזו שהיא רק לזמן קצר יהיו מותרין, ומה שחוזרין בכלי זיין שנאמר בלשון תקנה הוא דאסרו בתקנתם לסמוך על האומדנא שאין מה לחוש דהא ודאי בראשונה שהיו מניחין כלי זיינן בבית הסמוך לחומה הא נמי ידעו דאף בשביל חשש קטן מותר לחלל שבת שא"כ ודאי היו מניחין שם אחרי שהיה ברור להם שאין מה לחוש אבל כיון שאירע פעם אחת שהכירו בהן אויבים שלא כמו שחשבו באומדנא שלהם גזרו בתקנתם שאסור לסמוך על שום אומדנא הברורה שממילא נחשב כל הנחת כלי זיין מידם אפילו אחר שכבר הצילו לסכנה שמותר ממילא לחלל שבת, כן נראה מוכרח הפירוש אליבא דתוס' עירובין והרשב"א.

ולכאורה פירוש זה מוכרח בגמ' דלפרש דלמא להציל שאני כפרש"י דהבא להציל שאני הוא דיש לחוש שמא אויבים ירדפו אחריו הלכך אפילו טובא יכנסו לעיר, לא מובן מאי כוונתו אם הוא לעיר שנלחמו עליה ואיירי שבני העיר הוכרחו לצאת מהעיר לרדוף יותר מאלפים מחוץ לעיר ונצחו אותם שם שהיה רחוק

מהעיר והתיר להם ליכנס להעיר שהוא יותר בטוח מלהשאר חוץ לעיר הוא דחוק שכמעט אינו כהמציאות דאין יוצאין מחוץ לעיר להלחם ואם אירע שיצאו פשיטא שהוא סכנה ומאי קמ״ל, וברש״י ודאי אין לפרש כן דהא כתב בלשון יחיד שמא אויבים ירדפו אחריו הרי משמע דבני העיר לא יצאו מעירם אלא לגרשם מהעיר. ואם הוא להעיר שיצאו משם, הא אדרבה אם יש לחוש שמא האויבים ירדפו אחריהם כשיראו שיוצאין מן העיר הרי עדיין לא היתה הצלה גמורה, וצ״ע כוונת רש״י, ואולי כוונתו דלזה שבא להציל והציל יש לחוש שאותו ירדפו אויבים העכו״ם ביותר למסור אף נפשם עליו להורגו וכשיהיה כאן יש לחוש שאף שכבר ייראו העכו״ם להלחם על העיר יארבו אחריו לבד בסתר והוא לא יחוש כל כך ליזהר לכן טוב לפניו יותר כשיחזור לביתו שרחוק מהם ולא ידוע להם היטב לעשות בסתר שלא ירגישו בם שלכן מותר לחזור לביתו אף שהוא יותר מאלפים, אבל הוא דוחק דאם יש לחוש לזה פשיטא ומאי קמ״ל דבשלמא בחזרה בכלי זיין הוא חדוש גדול דאף שברי לפי האומדנא גזרו שלא לסמוך על האומדנא ואסור להם להניח כלי זיינם מידם וגם שאין צריכין בשביל זה להשאר במקום שנלחמו אלא שמותרין לחזור להעיר אם יצאו משם לצורך ההצלה אף שיעברו על איסור הוצאה והכנסה וטלטול ד׳ אמות ברה״ר אף שלפי האומדנא ליכא סכנה כשישארו שם, אבל לחזור לביתו שהוא חוץ לאלפים לא נאמר בגמ׳ תקנה כזו שמסתבר שאם ברור שאין מה לחוש אסור מצד פ״נ אם ליכא היתר מעצם החזרה לפ״מ דסובר רש״י לדחוי הגמ׳ אלא דאיירי שיש לחוש שא״כ פשיטא, וצ״ע.

וכן מה שפי׳ בתירוץ רנב״י דכאן בנצחו ישראל אלפים ותו לא ובנצחו אוה״ע חוזרין למקומן ואפילו טובא לא מובן דאם אוה״ע נצחו וא״א לעמוד כנגדם הרי כל אנשי העיר צריכים לברוח ולא שייך לחלק בין אנשי העיר להבאים להציל ולא שייך לקבוע מקום, וגם פשיטא הוא ומאי קמ״ל, וגם הא משמע דהבאין להציל הצילו ולא כשלא הצילו. ולפ״מ שפירשתי לתוס׳ והרשב״א נראה לפרש דודאי איירי בהצילו אותם אבל החלוק הוא דבנצחו ישראל ממש היינו שיד ישראל תקיפה לא רק בזמן שתקיפה ממש היינו בזמן הבית ובזמן שלום ואירע שבאיזה מקום נפלו נכרים על איזה עיר ובאו ממקום אחר והצילום אלא אף כשנמצאים ישראל תחת יד מלכי אוה״ע אבל תחת מלך חסד שאינו מניח להעכו״ם להלחם עם ישראל אך אירע באיזה מקום נפלו נכרים ובאו ממקום אחר והצילום חוזרין למקומן אף שרחוק, משום שבאופן כזו ידעו שלא יצטרכו להיות שם הרבה כי הרי יראים לשהות וגם אפשר שהיו סבורין שיותר קרוב שלא יצטרכו לשהות ולכן מותרין לחזור לביתם אפילו טובא, וכאן איירי כשנצחו אוה״ע דיושבין במדינה שאין המלך מקפיד על זה שהנכרים נופלים על ערי ישראל אף שאינו מסייע אותן אבל לא יענישם שאין הנכרים שנפלו יראים שא״כ הרי יותר היה להם לחשוב שיצטרכו לשהות הרבה דלכן אסור לחזור למקומן כשהשי״ת עזר להם והצילו בזמן קצר אין חוזרין למקומן אלא נותנין להם אלפים לכל רוח, וזהו פירוש נכון. עכ״פ לתוס׳ עירובין והרשב״א ביצה ברור שבענין הצלה שא״צ לשהות התירו לחזור אף באיסור דאורייתא דתחומין י״ב מיל ואף שיצטרך להוציא ולהכניס ולהעביר ד׳ אמות דכלי הזיין, שא״כ גם בהצלה זו שברוב הפעמים הצורך לשהות יש להתיר לחזור עם הרכב כשאין יכול להשיג נכרי שיוליכנו ברכב אף רק בשביל זה שיש לחוש לסופן משום תחלתן, וכ״ש כשא״א לו להשאר שם מפני חשש ליסטים ורוצחים שמצוי בשנים אלו במדינתנו וגם כ״ש כשצריכין שמיכל החמצן יהיה בחזרה כדלעיל.

והנה הרמב״ם פ״ב משבת הכ״ג כתב על מי שיצאו לעזור לאחיהם שבמצור ולהצילם מיד העכו״ם בשבת וכשיצילו את אחיהן מותר להן לחזור בכלי זיין שלהן למקומם בשבת כדי שלא להכשילן לעתיד לבא והוא כשיטת התוס׳ והרשב״א, וסובר כן בהלכו לעזור להם כשצרו על איזה עיר שהוא ענין מלחמה עם הרבה עכו״ם שודאי היה להו ספק דשמא יצטרכו להיות שם יותר מיום השבת דעכ״פ יש לחוש להתרשלות כשלא יניחום לחזור לבתיהם כשיעזור להם השי״ת שיצילו בזמן קצר. אבל קשה לכאורה ממש״כ הרמב״ם פכ״ז הי״ז דכל היוצאין להציל נפשות ישראל מיד עכו״ם או מן הנהר או מן המפולת יש להם אלפים אמה לכל רוח ממקום שהצילו בו, שמשמע שאסור להם לחזור לבתיהן, ורק אם היתה יד עכו״ם תקיפה והיו מפחדים לשבות במקום שהצילו בו הרי אלו חוזרין בשבת למקומן ובכלי זיינן, ומש״כ בהגהות יד איתן בפ״ב דקיצר רבינו כאן וסמך אמה שכתב בס״פ כ״ז דהיינו דוקא כשהן מתפחדים לישב במקומן שהצילו בו לבד שהוא דוחק גדול לא נכון כלל, דהא איכא הרבה חלוקים מש״כ בפ״ב ולא כתב בפכ״ז ומש״כ בפכ״ז ולא כתב בפ״ב, דבפ״ב לא כתב שלחזור למקומן הוא דוקא כשיד העכו״ם תקיפה ולא כתב כשהיו מפחדים, וכתב טעם שהוא כדי שלא להכשילן לעתיד לבא, ובפכ״ז כתב אם היתה יד העכו״ם תקיפה וכתב והיו מפחדים לשבות במקום שהצילו, ולא כתב טעם כדי שלא להכשילן, וגם עצם מעשה ההצלה הוא אחרת דבפ״ב הוא בעכו״ם שצרו על עיר ישראל ובפכ״ז ביוצאין להציל נפשות ישראל מיד עכו״ם. ובכלל לא מובן דאם איירי גם בפ״ב במתפחדין לשבות במקום שהצילו הרי הוא סכנה להשאר שם לשבות ולמה הוצרך לטעם שלא תהא מכשילן שהוא טעם להתיר אף בליכא שום חשש סכנה, וגם לא מפני התקנה בשביל המעשה שהיה שאין צורך לשום

תקנה בזה, דהתקנה היה לזה שאסרו לשום אינשי לסמוך על האומדנא שלהם ולהניח הכלי זיין מידיהם כמפורש בלשון הברייתא שגם מתחלה לא היו מניחין הכלי זיין כשלא אמדו שליכא שום חשש דגם דורות הראשונים ידעו שנדחה שבת בשביל ספק נפשות וגם הא איירי בעובדא שחללו שבת להצלת ישראל, אלא כשאמדו בדעתם שאין שוב מה לחוש הטמינו הכלי זיין, ואירע פעם זה האחת שטעו באומדתן שאין מה לחוש, שלדינא היה מקום לומר שאין לחוש בשביל פעם אחת שטעו כיון דמשמע שמתחלה כבר נזדמן איזה פעמים שלא נאמר בפעם השני הכירו בהן אויבים אלא פעם אחת דמשמע שכבר אירעו הרבה פעמים שהיתה אומדנא שלהם נכונה שא״כ אף שאין הולכין בפ״נ אחר הרוב אפשר היה לן להתיר מאחר שמה שאירע היה משום טעות שאפשר אין לחוש לטעות כשיאמרו שברי להם שאין מה לחוש משום שדעתן יותר גדול, והתקינו שאסור לשום אדם אפילו הם רבים לסמוך על אומדנתם שאין מה לחוש ולהניח הכלי זיין מידם, ותקנה זו לא היתה אלא רק על הכלי זיין שלהיכן שילכו יהיה הכלי זיין אצלם, אבל לא שייך תקנה זו שיחזרו למקומם הרחוק יותר מאלפים, דהא אדרבה בשביל זה דיש לחוש שעדיין לא עברה הסכנה מאנשי העיר שהיו בסכנה הרי יש להם להיות כאן ולא שילכו מכאן לבתיהם, ואיך שייך להתיר להם עוד איסורים וכמפורש ברש״י בכלי זיינן למקומן הוא רק האלפים דשרי להו, עכ״פ לא מתורץ כלום בדברי היד איתן לבד שכל דבריו מוקשין.

וגם באליהו רבא סימן ת״ז לא ראיתי שום תירוץ על הרמב״ם, וגם עצם דבריו מוקשין דהוא מפרש נצחו אוה״ע הוא במקום זה שהלכו להציל ולא יכלו להציל ונשאר עוד בקושיא על לשון הרמב״ם פכ״ז שכתב ואם היתה יד העכו״ם תקיפה והיו מפחדים לשבות במקום שהצילו שהוא סתירת דברים ועל הלבוש דפסק בנצחו כותים והצילו ישראל חוזרין למקומן עיי״ש, דהא ודאי איירי דנצחו ישראל במקום זה דאם נצחו כותים איך רשאין לחזור למקומן הא צריכין להיות פה לעוזרם ואם א״א לעזור הרי גם אנשי העיר צריכין לברוח ומ״ש הם מאנשי העיר, וגם מה שייך איסור תחומין אף בלא חזרה למקומן הא צריכין לברוח למקום בטוח אפילו יותר מי״ב מיל אם ליכא מקום בטוח, שלכן בהכרח איירי שבמקום זה הצילו ישראל אך כיון שבעצם הם בגלות תחת מלכי עכו״ם שאף שלא יסייעום מ״מ לא איכפת להו שיהרגו מישראל מתפחדים לישב שם וצ״ע דבריו לנו בעניותנו.

והנכון בשיטת הרמב״ם דבעכו״ם שצרו על איזה עיר הרי אלו שבאין להציל צריכין לגרש את העכו״ם שהם מחוץ לעיר וכשבאו לשם אנשים בכלי זיין שבכחם בעזר השי״ת להרגם ולגרשם הוא זמן קצר ברוב הפעמים, וכשיראו שבאין לעזרה לא יבואו שוב שלכן יש יותר לתלות שידעו שעל זמן קצר הלכו לשם דלכן רשאין לחזור לבתיהם אפילו יותר מאלפים ויותר מי״ב מיל מטעם כדי שלא להכשילן לעתיד לבא ואף אם נימא שהיה להן ספק שמא יצטרכו לשהות סובר נמי דיש לחוש להתרשלות כדלעיל, ובכלי זיין שמותר הוא מצד התקנה. ובפכ״ז לא הזכיר עכו״ם שצרו אלא כל היוצאין להציל נפשות ישראל מיד עכו״ם שלשון זה משמע שכבר נלחמים בעיר שאיכא שם כמה מקומות דכל בית ובית הוא מקום בפני עצמו ויכולין להתחבא והמצילין צריכים לחפש בכל הבתים והחצרות ובכל המחבואות שאפשר ואי אפשר להם לידע איך שניצולו עד זמן גדול שלכן אף שאירע שנודעו שכל העכו״ם כבר הלכו מהעיר בזמן קצר לא התירו להם לחזור לבתיהם שליכא חשש התרשלות מאחר שבתחלה הלכו על דעת כך כדלעיל. ובהא דרנב״י מפרש הרמב״ם כרש״י דבנצחו ישראל יש להם אלפים והוא מטעם דבארתי דליכא היתר דסופן משום תחלתן משום דידעו שיותר נוטה שיצטרכו לשהות עד אחר השבת. אבל בנצחו אוה״ע היינו שהמלך לא איכפת ליה שיפלו על ערי ישראל אף שאינו מסייען דיש לחוש שיחזורו אבל אנשי העיר בשביל חששא כזו לא יברחו מבתיהם שהוא דבר קשה מאד לפניהם אבל אנשי העיר האחרת שאין להם צורך להיות בכאן דאדרבה הם דרים בעיר האחרת הרחוקה אשר אין שכניהם העכו״ם רשעים מתפחדים מאחר דיש לחוש שיבואו עוד הפעם אין לחייבן להשאר שם מאחר שלפי שעה הצילם ובשביל שלא יבואו עוד הפעם הא אין לחייבן דהא אין לחשש זה סוף שלכן גם בני העיר אין יכולין לחייב את אלו שבאו מעיר אחרת שיהיו שם יותר אלא צריכין לצאת מן העיר, שלכן הם רשאין בשביל חשש קטן לילך לבתיהם אף שבני העיר רשאין להשאר בעירם, שזהו חדוש גדול דאיכא חשש פ״נ שאלו שקשה להם לילך מכאן מפני שהוא מקום דירתם רשאין להשאר בעיר ואלו שבאו ממקום אחר להצילם והצילו בפעם זה רשאים לחלל שבת ולחזור לבתיהם משום החשש שיחזורו, ודין זה הוא דין בעצם לא מענין תקנות וחששות דהתרשלות דלכן אם גם הם אינם מפחדים לשבות שם משום דליכא חשש אסור להם לחזור אלא יש להם אלפים לכל רוח וזהו באור מוכרח וגם נכון ברמב״ם, וא״כ גם להרמב״ם ברור שבעובדא דידן מותרין לחזור כדי שלא להכשילן לעתיד לבא.

זקנך אוהבך בלו״נ,

משה פיינשטיין

רפו אגרות יורה דעה משה

סימן קעד

בדבר השתלת הלב לחולה

י"ט תמוז תשכ"ח.

מע"כ ידידי הרב הגאון הגדול המפורסם מהר"ר יצחק יעקב ווייס הגאב"ד מנשעסטער שליט"א.

בדבר השאלה בהשתלת הלב לחולה מאיש אחר שהתחילו רופאים אחדים לעשות זה, איני רוצה להאריך בראיות ובסברות ובפלפולא, כי אני אומר שכל המוסיף לפלפל ולהביא ראיות הוא כגורע שמשמע שצריך ע"ז ראיות משום שלא פשוט כל כך ויבואו להקל לומר שאיכא למיפרך ואף שיהיו בדברי הבל מקליש זה כבר ויאמרו כי הרבנים חלוקים בזה שלכן שייך להקל ח"ו. ולכן אני אומר בתשובה להלכה ולמעשה דבר ברור ומוחלט ולא שייך כלל לדון ולפלפל בזה.

כי שתילת הלב שהתחילו הרופאים לעשות בזמן האחרון הוא רציחת שתי נפשות ממש, שהורגין בידים את מי שלקחו ממנו הלב כי עדיין הוא חי לא רק ע"פ דיני התורה שנמסר לנו חשיבות מיתה, אלא אף לדברי הרופאים שיש מהם שמגידים האמת אומרים שעדיין הוא חי, אבל מצד רשעותם אין חוששים לחיות זה שלו שהוא רק חיי שעה ואף חיי ימים. וגם הורגים בידים מחיים ממש של הרבה שנים ולפעמים אף עשרות בשנים את החולה במחלת הלב, כי ידוע שהרבה חולי הלב מאריכין הרבה ימים ושנים, ובזה שנוטלין ממנו לבו ומשתילים בו לב של איש אחר הא כולם מתו בזמן קצר רובן בזמן של שעות, וקצתם מתו בימים מועטים, ואף האחד שבאפריקא שעדיין אף שעברו ערך ששה חדשים הוא חי, כבר הסכימו לפ"מ ששמעתי שא"א לו לחיות. ופלא על אף המלכויות שבכל המדינות שמניחין לרופאים הרשעים לרצוח שתי נפשות בכל פעם מאחר שרואין כבר שאף אחד אינו חי מזה היה להם לענוש אותם כרוצחים גמורים כי אף שהסכימו החולים הרי הוא בטעות מצד הסתת הרופאים הרשעים, וגם בלא זה אין הסכמתם כלום שאין אדם רשאי להרוג אף את עצמו.

זהו התשובה אשר יש לפרסמה בלשון זה לא פחות ולא יותר בנידון זה.

ענף א

ועתה נשתעשע בדברי כ"ג בתשובתו הארוכה שדן בכמה דברים ואגיד הנכון לע"ד כפי שעוזרני השי"ת החונן לאדם דעת.

הנה בדבר אדם שניתז ראשו ועדיין הוא מפרכס, הרי ברמב"ם פ"א מטו"מ הט"ו מפורש שהותז ראשו ה"ז מטמא אע"פ שעדיין הוא מרפרף באחד מאבריו עיי"ש, משום דמפרש הא דתנן פ"א דאהלות מ"ו הותזו ראשיהן אע"פ שמפרכסין טמאין כגון זנב הלטאה שהיא מפרכסת קאי גם על אָדם דברישא. ואף שבחולין דף כ"א איתא כהבדלת עולת העוף לרבנן נחשב הותזו ממש, נראה דגם להרמב"ם הוא כן, ולא קשה כלום מהא דבנשחטו בו שני הסימנים כתב הרמב"ם שם דאינו מטמא עד שתצא נפשו, והוא ממה שאמר שמואל בגיטין דף ע' דשחט בו שנים ורמז שיכתבו גט לאשתו כותבין ונותנין משום דחי הוא, וכן איתא בחולין דף ל' בבהמה דשחט בה שנים ועדיין היא מפרכסת הרי היא כחיה לכל דברי' כדאיתא בכ"מ, דהא במליקת עולת העוף הוא גם בחתיכת שדרה ומפרקת ובגיטין ובחולין הוא רק בשחיטת הסימנים אבל השדרה ומפרקת קיימין. ופלא גדול על מרן הכ"מ דהקשה מגמ' דחולין דמשמע דמפרש הכ"מ בחולין דבשחיטת שני הסימנים לבד נמי נחשב הותזו, ודחק הכ"מ בשביל זה לומר דלאיכא דאמרי הוי לר"ל הותזו ממש שנחתך כל הצואר והוא משום דנשברה מפרקת ורוב בשר עמה הא לא"ה אע"פ שנחתכו הסימנים אינו מטמא ורק ללישנא קמא קרי הותזו לחתיכת שני הסימנים עיי"ש, דהא לא משמע שפליגי הלשונות בדין זה אלא שללישנא קמא לא פי' ר' אסי א"ר מני איזו הבדלת עולת העוף אם כרבנן או כר"א בר"ש ור' ירמיה בעי זה ולאיכא דאמרי פי' ר' אסי א"ר מני שהוא כהבדלת עולת העוף לרבנן כדפרש"י, דאין לנו לעשות מחלוקת יותר ממה שמוכרחין. ומה שדחק הכ"מ עוד יותר דגם ללישנא קמא הוי לר"ל הותזו ממש כל הראש לגמרי דלא כפרש"י, לא מובן כלל דהא מפורש שאם כהבדלת עולת העוף לרבנן לא פליגי אר"ל. אבל הא אין שום קושיא כלל ואין שום צורך לדחוק, דהא מליקת עולת העוף הוא גם בחתיכת שדרה ומפרקת וניחא הכל כפשוטו, דבשחיטת הסימנים לבד הוא חי כל זמן שיש בו חיות כמפורש בגיטין באדם ובחולין דף ל' לבהמה, אבל כמליקת עולת העוף דהוא חתיכת שדרה ומפרקת אף בלא רוב בשר ושני הסימנים הוא כמת ומטמא האדם באהל כדין מת והבהמה

אגרות יורה דעה משה רפז

מטמאה כנבלה שנחשבו כמתים ממש אף שעדיין הן מרפרפין ומפרכסין דזהו הותזו ראשיהן דמתני׳ דאהלות דהפרכוס הוא רק כזנב הלטאה דמפרכסת, וכן נשברה מפרקת ורוב בשר עמה אף שלא נחתכו הסימנים הוא בדין מת באדם ובדין נבלה בבהמה כדאמר זעירי בחולין דף כ׳ בבהמה ור״י אמר שמואל בדף כ״א באדם. והכ״מ שמפרש הותזו ממש היינו שנחתך כל הצואר והוא משום דנשברה מפרקת ורוב בשר עמה, א״א לפרש זה כלל ברמב״ם דהא דין נשברה מפרקת ורוב בשר עמה נקט הרמב״ם שם והוא אף בלא חתיכת הסימנים ולמה לו למינקט גם הותז ראשו דעוד גרוע דהא נחתכו גם הסימנים, וצע״ג בכוונת הכ״מ. אבל ברור ששיטת הרמב״ם הוא כדכתבתי וכמפורש בגמ׳. ועיין בבעה״מ חולין שם שמפורש כדכתבתי, והוא גם שיטת הרמב״ם.

אבל עיין בפירוש הרא״ש על המשנה באהלות בהגליון בסופו שכתב שמה שפרש״י שהוא בשרצים והתוס׳ כתבו דהוא בבהמה חיה ועוף כוונת שניהם הוא לאפוקי אדם שלא נאמר דהותזו ראשיהם קאי גם ארישא דאדם, וטעמו דהא א״א שרש״י יפרש דלא קאי על בהמה חיה ועוף דהא בהו איירי המשנה דלא הוזכרו שרצים בהמשנה שם וא״א לומר דהתוס׳ יסברו דבשרצים אין הדין כן דכיון שמביאה המשנה ראיה מזנב הלטאה דהוא שרץ הרי ודאי גם בשרצים הוא כן, לכן כוונתם דתרוייהו רש״י ותוס׳ לאפוקי אדם, ופליגי להגליון שבפי׳ הרא״ש רש״י ותוס׳ על הרמב״ם ובעה״מ דפירשו דקאי גם על אדם דתנן שם ברישא. אבל לא ידוע כוונתו במאי פליגי אם גם בהותזו ממש אינו כמת כל זמן שמפרכס ויש בו איזה חיות, ונצטרך לומר שהוא גם דלא כר״י אמר שמואל דנשברה מפרקת ורוב בשר מטמא באהל שהרי בהותז הראש נחתך ממילא המפרקת ורוב בשר כדכתב הכ״מ. ואין זה דבר קשה כל כך דהא מסתבר ששמואל סובר כזעירי דנשברה מפרקת ורוב בשר בבהמה אמר שהיא נבלה, וכיון שהתוס׳ כתבו דרשב״ל ור׳ אסי א״ר מני פליגי אזעירי דסגי ליה במפרקת ורוב בשר, וטעמם איתא במהר״מ דאף דמעצם הדין ליכא ראיה דזעירי הא אמר במפרקת ורוב בשר עמה לכן אף בלא חתיכת הסימנים היא נבלה ורשב״ל ור׳ אסי א״ר מני איירי בלא רוב בשר דכן הוא במליקה, מ״מ מדלא אוקמו מתני׳ דהותזו ראשיהן גם בנשברה מפרקת ורוב בשר עמה ראיה שאין חלוק לדידהו מצד חתיכת הרוב בשר אלא בחתיכת המפרקת והסימנים כמליקה לכל חד כדאית ליה דוקא היא נבלה בין ברוב בשר ובין בלא רוב בשר, שנמצא שלענין שהרוב בשר אינו עושהו כמת פליגי ודאי אשמואל לתוס׳, לכן אפשר שפליגי אשמואל לגמרי דלא קאי כלל הותזו ראשיהן על אדם ואף בהותזו ממש הוא בדין חי. ואפשר דכוונת הגליון דפליגי רק על הותזו דמפרשי רשב״ל ור׳ אסי א״ר מני שהוא כמליקה דהוא בחתיכת מפרקת בלא רוב בשר והסימנים דזה לא נאמר על אדם אבל בהותזו ממש שהוא גם בחתיכת רוב בשר גם באדם הוא כמת, ואולי גם בלא הסימנים כדסובר ר״י אמר שמואל. ואף לתוס׳ שרשב״ל ור׳ אסי א״ר מני פליגי אזעירי אולי לא תלוי הא דשמואל בהא דזעירי, דשמואל הא יליף מקרא דנאמר בעלי ששבירת מפרקת באדם עושהו כמת, אך שבלא זקנה מסתבר לו שבעי גם רוב בשר, דאם שבירת מפרקת לא היה עושה כלום לחשיבות מיתה לא היה מועיל גם בזקן, והקרא שהזכיר ותשבר מפרקתו וימת משמע לשמואל שזת עשאו למת כדפרש״י. ומה שליכא חלוק לדינא בין זקן לצעיר הוא משום דלא בקיאינן בחשיבות זקנה דלא תלוי בשנים לענין זה דיש זקנים שהם כצעירים לענין זה אף שהם חלושים לענינים אחרים. ואף שנמצא לפ״ז דאדם גרוע מבהמה לתוס׳ דפליגי אזעירי, והוא היפוך מה שמצינו לענין טרפות בחולין דף מ״ב בתוד״ה ואמר שלר״ת אדם דאית לו מזלא יש דברים שלא נטרף כבהמה, ואף למסקנת התוספות שפליגי על ר״ת סברי שהן שוין ולא שבהמה תהא עדיפא, מ״מ אפשר ליכא כלל הזה בחשיבות מיתה ולא יליף זה מזה כלל, ויהיה בזה מה שאין בזה ובזה מה שאין בזה, דבחתיכת מפרקת בלא רוב בשר עם הסימנים הוא כמת בבהמה וחיה ועוף ולא באדם ובמפרקת ורוב בשר בלא סימנים יהיה כמת באדם ולא בבהמה, ויהיה ניחא מה שלא כתבו התוס׳ דפליגי רשב״ל ור׳ אסי א״ר מני גם אשמואל.

עכ״פ לדינא איך שנימא בכוונת הגליון שבפי׳ הרא״ש אליבא דרש״י ותוס׳ אין לחוש לזה מאחר שהרמב״ם ובעה״מ סוברים דהותזו ראשיהן קאי גם אאדם ושיטתם הוא כפשטות משמעות הגמ׳ ובריוח ולא בדוחק, וסברת הגליון אליבא דרש״י ותוס׳ הוא רק מדיוק קלוש. שהרי בתוס׳ כתבו דגבי בהמה חיה ועוף מיתניא ובגירסתנו ליכא במשנה דאהלות רק בהמה וחיה ולא עוף, אף שיש לצייר הדין גם לעוף דהא אם חתך בשר מהחי אינו מטמא ובחתך מעוף חי אף אבר שלם אינו מטמא כדאיתא ברמב״ם פ״ג מאה״ט הט״ו, שלכן גם בעוף הי׳ למתני׳ למיתני דלא נחשבו עופות מתים לענין אם חתך ממנו בשר ואבר ובלעו שאינו מטמא עד שתצא נפשו ואם הותזו ראשיהן

רפח אגרות יורה דעה משה

אע״פ שמפרכסין מטמאין האבר והבשר שיחתכו מהם בבית הבליעה, ומ״מ ליכא בגירסתנו, וצריך לומר שהיה זה בגירסת התוס׳, ולדינא אף לגירסתנו אין לפלוג על התוס׳ משום שיש למילף מבהמה וחיה. וכמו כן פשוט שרש״י היה גורס במתני׳ דאהלות גם שרצים ונקט רש״י בשרצים קמיירי משום דשרצים היה גורס במתני׳ בסוף שהיתה גירסתו וכן בהמה חיה ושרצים, אבל לדינא סובר דהוא גם בבהמה וחיה וגם מתני׳ קאי עלייהו אך נקט רש״י חדא שנאמר באחרונה, וע״ז כתבו התוס׳ דלא הוזכר שרצים במתני׳ אלא בהמה חיה ועוף דכן היתה גירסתם, ואין כוונתם למיפלג על הדין בשרצים אלא לאוקמי הגירסא.

ומשמע לי מהרמב״ם שהוא גרס במתני׳ בהמה חיה ושרצים ולא עוף, דהא הרמב״ם נקט הדין באדם בספ״א מטו״מ ונקט הדין בבהמה וחיה בפ״ב מאה״ט ה״א ונקט הדין בשרצים בסוף פ״ד מאה״ט, ולא נקט דין זה בעוף בפ״ג מאה״ט ששם נקט דיני טומאת עוף טהור, אף שמסתבר שלדינא לא פליג גם בעוף, אבל הוא משום דנקט מה שמפורשין במתני׳. עכ״פ כמו שאין הכרח שיפלגו לדינא בעוף ובשרצים אף שרש״י לא גרס עוף והתוס׳ לא גרסי שרצים, כמו כן אין הכרח שיפלגו על אדם מכ״ש שאדם הרי הוזכר במתני׳, וגם נקט וכן על בהמה וחיה שמשמע שדינן שוין לאדם כדסברי הרמב״ם ובעה״מ.

ולכן במי שהותז ראשו אף שמפרכס הראש והגוף הוא בדין מת ממש. ואף אם נימא שאיכא מציאות לחבר הראש להגוף ויחיה ליכא חיוב זה אף בחול דאין חיוב להחיות מתים שלכן בשבת היה אסור. ועיין בב״ב דף ע״ד שר׳ יהודה משתעי דאיכא בעולם אבן טוב דבכחו להחיות מתים אף אלו שראשיהם חתוכים והשי״ת הטמינו מבנ״א עיי״ש, ופשוט שאף אם היה השי״ת מזמינו ליד איזה אדם לא היה חייב להחיות המתים דרק לרפא חולים חייבה תורה אף לחלל את השבת ולא להחיות מתים. ומש״כ התוס׳ בב״מ דף קי״ד דאליהו שהיה כהן דהקשה הר״י דאיך החיה את בן הצרפית שהוצרך להיות עמו באהל אחד וגם נשאו ונגע בו דהוא משום שהיה ברור לו שיחיה והיה מותר לו משום פקוח נפש, צריך לומר דאין כוונתם משום פקוח נפש דהמת אלא משום פקוח נפש דהאם שהיתה מצטערת מאד על שבשביל מצותה הגדולה והאמונה בהשי״ת ובנביאיו לפרנס את אליהו מת בנה כמפורש בקרא שטענה זה, וגם אולי בשביל פקוח נפש של עצמו שבדרך הטבע היה אליהו נחלה מזה שבשבילו מת בן האלמנה אשר מתגורר עמה ואף שהיה לו הבטחה שיחיה אפשר לא שייך זה לדיני התורה.

וא״כ לא שייך כלל להקשות ממצאוהו מרוצץ וגוסס שאף שראוי לחיות רק זמן קצר הרי עכ״פ הוא חי ומחויבין לעשות כל מה שאפשר כדי שיוכל לחיות מה שאפשר לפי מצבו אף לחלל שבת עליו, ולא מובן שום קושיא בזה.

ענף ב

והקושיא על הרמ״א או״ח סימן ש״ל סעיף ה׳ שאין נוהגין עכשיו אפילו בחול לקרוע בטן היושבת על המשבר ומתה להוציא את הולד משום דאין בקיאין להכיר במיתת האם בקרוב כל כך שאפשר להולד לחיות, אף שהיכר דנפסק הנשימה ע״י חוטמו הרי בקיאין גם אנחנו וקודם שנפסק הנשימה הרי גם בזמן הגמ׳ היה דינו כחי ממש, ולא מצאתי תירוץ בדברי כ״ג דמש״כ כ״ג דדין דמקרעין בטנה ודין דמעמץ עם יציאת הנפש ה״ז שופך דמים פליגי, הנה לבד שהרמב״ם כתב שני הדינים כדכתב כ״ג בעצמו, וע״ז כתב כ״ג שתשובת הגאונים שאסרו ג״כ לקרוע הבטן סוברים דפליגי שני הדינים והקושיא היא רק על הרמב״ם, הנה א״א כלל לומר שיסבור איזה גאון ולפסוק שפליגי דהא הדין דמעמץ עם יציאת הנפש ה״ז שופך דמים משנה מפורשת היא בשבת דף קנ״א, וא״א לומר דשמואל דערכין דף ז׳ דמקרעין בטנה יפלוג ע״ז, (ופלא על כ״ג שכתב רק שדין דמעמץ עם יציאת הנפש ה״ז שופך דמים הוא ברייתא במס׳ שמחות שזה גרם לכ״ג לומר שאפשר שהגאונים סברי שפליג שמואל שמצינו כמה פעמים שאין פוסקין האמוראים כאיזו ברייתא ולא כתב שהיא משנה בשבת שא״א למיפלג עלה), ונמצא שהיא קושיא על הגמ׳.

ולע״ד נראה דישהה מעט שמא נתעלף שכתב הרמב״ם לענין עצום העינים, הוא לא מחמת שאין לחוש לעלוף אלא רק לזמן מועט, דהא מצינו בנדה דף ס״ט דגזרו בזב וזבה שמתו שמטמאין באבן מסמא כזב וזבה עד שימוק הבשר מגזירה שמא יתעלפה אלמא דשייך לחוש לעלוף זמן רב, אבל הוא משום דגם מי שנתעלף מוכרח לנשום שא״א לחיות בלא נשימה אבל זמן מועט מאד דאיזו מינוטן יכול אדם לחיות בלא נשימה, וכל זמן שהאדם חי אף כשהוא חולה גדול יש לו כח לנשום ונושם בלא הרף

וניכר זה בחוטם, וכשפסק לנשום אפשר שהוא מצד שכבר מת ואפשר שנתחזקה מחלתו עד שאין לו כח גם לנשום שזהו העלוף שחוששין, אבל כיון שאין לו כח לנשום הרי אי אפשר לו לחיות אלא זמן מועט דאיזו מינוטן וכשהוין זמן זה הוא ודאי כבר מת. וזהו הישהה המעט שמא נתעלף שכתב הרמב"ם שהוא אחר שכבר נפסק נשימתו ע"י החוטם ישהה מלעצום עיניו עד הזמן דא"א לחיות בלא נשימה. וזהו אולי כוונת החת"ס שהביא כ"ג, לא שיצא מחשש עילוף למפרע אלא דיצא מעתה אחר זמן השיהוי מחשש שמא עדיין הוא רק מעולף דהא א"א לחיות יותר בלא נשימה.

אבל א"כ הוא רק כשכל העת שצריך לשהות בדקו בלא היסח הדעת אף לרגע קטן וראו שלא נשם כל העת, אבל אם לא בדקו כל זמן הזה הרי אפשר שנתחזק מעט ונשם איזה נשימות ונחלש עוד הפעם ולא יכול לנשום וכן אפשר לימשך זמן גדול, וזהו חשש עילוף שבנדה לענין גזירת טומאת אבן מסמא בזב וזבה שמתו דחיישינן לשמא לא בדקו כל הזמן שאפשר לחיות בלא נשימה, דהרי אפשר לא היה צורך לבדוק כי עדיין לא הספיקו לקוברו וכשיבואו לקוברו יבדקו כל משך זמן זה, ולכן אף שנמשך זמן דימים שלא קברוהו שייך לגזור, וממילא לא פלוג וגזרו בכל אופן כשלא קברוהו אף כשבדקו משך זמן זה עד שימוק הבשר שברור שמת אף בלא בדיקה. אבל לעצום עיניו וכדומה לא אסרו בשביל חשש זה, ואם בדקוהו כל משך זמן זה וראו שאינו נושם מותר לעצום העינים וכדומה שיש בזה צורך להמת ולא רצו לגזור, שהרי היה נמצא שלעולם יהיה אסור לעצום העינים וכדומה מהצרכים עד שעת קבורה ממש והצורך הא יש גם תחלה. וגם לבד זה מאחר דמשמע דחשש הריגה ע"י עמוץ העינים וכדומה אינו ברור אלא שהוא רק חשש בעלמא, וראיה ממש"כ בנקה"כ סימן של"ט לתרץ קושית הט"ז סק"ב ממה שהתיר הרמ"א הסרת מלח מעל לשונו משום דנענוע קל כזה לאו כלום הוא, וכיון שא"כא נענועים כאלו דאין עושין כלום ודאי אין לומר דהעצמת עינים וכדומה הוא ודאי הריגה אלא דהוא חשש, וה"ז שופך דמים שבמשנה הוא חשש שופך דמים דמצינו כה"ג בכמה מקומות שנאמר לשון שנדמה כפירוש ודאי אף על דבר שהוא רק ספק וחשש בעלמא, שלכן לא רצו לגזור שלא יעצמו העינים וכדומה מצורכי המת שהם רק חשש בעלמא בשביל גזירה בעלמא מאחר שבדקוהו משך הזמן שיש לחוש לחיות בלא נשימה וראו שאינו נושם.

והנה כשמתה על המשבר כשהיו שוהין רק זמן הקצר דאפשר לחיות בלא נשימה לא היה מת הולד ולכן היו מותרין וגם מחויבין לקרוע הבטן כדאמר ר"י אמר שמואל אחר שנפסק הנשימה משך זמן קצר זה, אבל כיון שהבדיקה צריך להיות כל עת זה בלא היסח הדעת החמירו להחשיב לדורות אלו לאין בקיאין להכיר במיתת האם בשיהוי רק זמן זה לומר שודאי לא היתה היסח הדעת כל העת והיא בדיקה טובה, אלא במשך זמן גדול שלא נראה שום שינוי בהנשימה סמכינן שהיתה בדיקה טובה אף שלא היתה הבדיקה כל משך זמן הזה בלא הפסק, אבל הסמיכות ע"ז הוא בזמן שכבר אי אפשר להולד לחיות. אבל לא החמירו לנו לאסור שלא לסמוך על בדיקתנו לעצום העינים וכדומה שהם מצורכי המת ושהם רק חששות בעלמא, אבל הוא דוקא אחר בדיקת כל משך הזמן שא"א לחיות בלא נשימה שהם איזה מינוטן בלא היסח הדעת כלל קודם שיעצמו העינים ושאר הדברים והנענועים וטלטולים שצריכין לעשות למת שנחשבו בסימן של"ט סעיף א', ולכן אף שלגבי קריעת בטן האשה להוציא את הולד כתב הרמ"א שאין נוהגין עכשיו כן מ"מ לענין עצימת העינים וכדומה לא השיג הרמ"א כלום משום שגם עתה מותרין, אבל ראוי להחמיר למה שבארתי גם לענין עצימת העינים וכדומה להשהות יותר זמן שקשה לבדוק בלא הפסק אף רק איזה מינוטן, וכמדומני שנוהגין לשהות הרבה יותר משיהוי מעט שכתב הרמב"ם, שעל זה יש לסמוך כשאין רואין שינוי בהנשימה בבדיקות איזה פעמים, אחר שבדקו משך איזה מינוטן בלא הפסק אף שיש לחוש שהיה היסח הדעת קצת כיון שאין בקיאין.

ומה שגם הגאונים השיבו דלא קרעינן לכרסה לאפוקי את הולד אף שמסתבר שהם היו בקיאים דהא הרמב"ם שהיה זמן רב אחריהם נקט דין זה למעשה, נראה שהשיבו זה למקום שהיו סתם אנשים שחששו לשמא אינם בקיאים.

ענף ג

ובדבר שעושין הרופאים לקיים את מי שרוצים ליטול ממנו איזה אבר שיחיה אף שלא היה ראוי כבר לחיות ע"י אמצעים מלאכותיים עד שיהיה מוכן להשתיל בחולה, נראה לע"ד דכיון שאינו לרפאותו אלא להאריך חייו איזו שעה אם חיי השעה שיחיה ע"י האמצעים של הרופאים יהיה ביסורים אסור,

ואף השבו"י שהביא כ"ג יודה בזה, דמסתבר דזהו הטעם שמותר להסיר דבר המעכב יציאת הנפש כשאין בזה מעשה כדאיתא ברמ"א סימן של"ט סוף סעיף א' שהוא משום היסורים, ואם היה מותר לעשות אמצעים להאריך חיי שעה אף כשיהיו לו יסורין איך היה שייך להתיר להסיר דבר המעכב יציאת הנפש הא אדרבה היו צריכין להביא הדברים שמעכבים יציאת הנפש דהא עי"ז יחיה מעט יותר. אלא ודאי דאסור לעשות אמצעים להאריך חיי שעה באופן שיהיה ביסורים, וסתם עכוב יציאת הנפש בגוסס הוא ביסורים כדמובא בבית לחם יהודה על גליון הש"ע בשם ספר חסידים בטעם שאוסר לצעוק עיי"ש, אף שלעשות מעשה לקרב מיתתו אסור כמפורש ברמ"א שם אף שהוא ביסורים והוא בדין רוצח שאסור ממש באותו איסור דלא תרצח וחייב גם מיתה כשיהרוג אדם בעל יסורים גדולים מצד רחמים עליו ואף ע"פ בקשתו. ועובדא דר"ח בן תרדיון בע"ז דף י"ח שהסכים להקלצטונירי להרבות בשלהבת ולהסיר הספוגין של צמר מעל לבו וגם נשבע לו שיביאנו לחיי עוה"ב, אולי דוקא לעכו"ם התיר אף שגם הם מצוין על רציחה, ואולי באותה המיתה שממיתין אותו בנ"א כהא דר"ח בן תרדיון רשאים לעשות שתהיה המיתה בקלות אף שהוא קירוב זמן, ועדיין צ"ע בהעובדא. אבל לעשות מעשה להאריך חייו ביסורין נמי אסור, וכיון שאסור לעשות זה בשביל חיי עצמו כ"ש שאסור לעשות זה בשביל חיי אחרים. ומה שיאמרו הרופאים שאינו מרגיש כבר ביסורין אין להאמינם כי אפשר לא שייך שידעו זה דהא משמע שעכוב יציאת הנפש הוא ביסורים אף שלא ניכר לנו, וגם אם האמת שלא יהיה לו יסורין הרי יהיה אסור להפסיק הרפואה ממי שרוצים ליטול ממנו האבר מאחר דיאריכו חייו אף רק לשעה, ולכן ברור שאסור לעשות זה.

ומש"כ המנ"ח בקומץ מנחה מצוה רל"ז דנראה לו דאם אחד מאבד עצמו לדעת אין מחויבין להצילו, והגאון ר' שלמה קלוגער ז"ל בחכמת שלמה בחו"מ סימן תכ"ו חידש עוד יותר שאם אין ההצלה לפי כבודו אינו מחויב להצילו כדהביא כ"ג, פשוט במחילת כבוד גאונים אלו אשר הוא טעות גמור ושרי להו מרייהו, דדברי חכמת שלמה הא ודאי ח"ו לאומרם דאם כבוד שמים נדחה דהרי נדחו כל איסורי התורה החמורים ביותר כשבת ומאכלות אסורות מפני פקוח נפש של פחות שבפחותים ואפילו בשביל עובר עבירות לתיאבון כ"ש שנדחה כבוד בשר ודם אף של הגדול שבגדולים, ול"ד להא דלא עשה ר"ש ק"ו מכבוד שמים בנדרים דף ס"ו שהוא כדפי' הרא"ש שם ול"ד להשקאת סוטה שקינא לה בעלה לשם שמים ובמה שאסרה עליו בקונם היה אדרבה באיסור וגם אף לפ"ז הוצרך הגמ' להטעם דלא לירגלי למידר דהא תיבות ועוד מוחק הב"ח מטעם דכן מפורש ברש"י שם שכתב ולהכי לא רצה לטעום כי היכי דלא למירגלי למידר ואף אם נימא שלהרא"ש גורסין ועוד והם שני טעמים הרי עכ"פ צריך טעם שלא למילף מכבוד שמים. ואף בזה שאיכא טעם פליג ר' יהודה משום דסובר דמק"ו גדול כזה דמכבוד שמים לא סגי בטעמים כאלו לדחות הק"ו, ולפי הכלל דר' יהודה ור"ש הלכה כר' יהודה יש לפסוק כר' יהודה למעשה ובפרט שבבא בן בוטא משמע שסובר כוותיה דהא ברך אותה ששברה השרגי על רישיה מחמת שחשבה בטעותה שכן ציוה לה בעלה בברכה גדולה ביותר, ואולי גם רשב"ג שרקקה אלבושיה סובר כר' יהודה דאף שמהעובדא עצמה אפשר לומר שרשב"ג לא ידע מרקיקתה ועשאה שלא בהסכמתו, אבל מהר"ן משמע שהיתה בידיעתו דהרי כתב ואיתי הכא האי עובדא לאשמועינן חסידותיה דבבא בן בוטא כי היכי דאיתי הכא עובדא דרשב"ג ודר' ישמעאל הרי מפרש דמילתא דרשב"ג היה נמי חסידות מרשב"ג ואם לא היה יודע לא היה שייך להחשיב מחסידותו, וגם מצינו דר"מ בירושלמי פ"א דסוטה עשה נמי מעשה כר' יהודה והוי ר"ש יחיד לגבייהו. ובלא זה לא שייך להקל בהצלת נפשות בשביל איזה ראיה אף אם היה ראיה טובה לכאורה דלכן אין להקל גם כדברי המנ"ח אף אם היה זה ראיה לכאורה.

אבל הא אינו ראיה של כלום, דהא דלא אמר בסנהדרין דף ע"ג דצריך קרא דלא תעמוד על דם רעך להצלת גופו לזקן ואינה לפי כבודו דמקרא דוהשבותו לו היינו אומרין שדינו כממון דהיה נפטר הזקן כמו בממון, הוא פשוט משום דבכה"ג היה חייב להשיב גם בממון בהא אימתי נפטר מהשבת אבדה מחמת שאינו לפי כבודו מפורש בב"מ דף ל' מכללא דרבא שהוא דוקא אבדה כזו שבשלו לא היה מחזיר משום שכבודו שוה לו יותר מהפסד הממון כזה ששוה האבדה, שלכן אם היתה האבדה שוה סך גדול שאם היתה אבדת עצמו היה מזלזל בכבודו הרי הוא מחויב להחזיר גם אבדת אחרים, וא"כ כשהוא הצלת נפש דבשביל הצלת נפש עצמו היה מזלזל בכבודו נמצא שאף שהיה דין הצלת נפש רק כאבדת ממון נמי היה חייב משום דגם בממון היה חייב כה"ג שבשלו היה מחזיר. ואף אם הוא אדם שכבודו עדיף לו מחייו, הרי הוא אסור למות בשביל זלזול הכבוד

ולכן ודאי אינו כלום מה שהיה רשע לזה לפוטרו מהצלת אחרים בשביל רשעתו, ולבד זה אינו נאמן שום אדם לומר שכבודו היה עדיף לו מחייו, וגם היה נבטל דעתו אצל כל אדם אף שלא היה איסור בדבר, ולכן טעות גמור הוא אף הבאת הראיה גופה.

וכן אינו ראיה של כלום גם לחדוש המנ"ח לפטור להציל מאבד עצמו לדעת, דהא ל"ד כלל לאבדת ממון מדעת, שלהשליך לחוץ במקום הפקר שיאבד ממנו הוא דבר שרשאי אדם לעשות כן בשל עצמו ואין מחייבין למנעו מרצונו ולהשיב, ואף אם ישליך למקום אבוד מן העולם שיש איסור בל תשחית, הרי עכ"פ לא שייך לחייב בשביל זה להשיב לו דוקא אלא היה שייך לחייב ליקח ממקום האבוד ולהניחו אף במקום הפקר, וזה הא לא חייבה תורה לאדם להציל דברים מהשחתה דהתורה אסרה רק להשחית בידים ולא להציל מהשחתה כשאין לחייבו מצד הפסד הבעלים, אבל לאבד נפש הא אינו רשאי אף נפש עצמו ולכן ודאי לא שייך שבשביל מה שהפקיר נפשו שאין לו הרשות לזה יפטרו אחרים מלהצילו, ואף בממון אם היה מציאות כה"ג שהיה עליו איסור להפקיר נמי היו מחוייבין להחזיר לו, שלכן אין צורך לקרא דלא תעמוד על דם רעך בשביל זה דאף מקרא והשבותו לו דהיינו אומרים שהוא רק כדין ממון נמי היינו יודעין שמחוייבין להציל גם מאבד עצמו לדעת. ונמצא שגם לסברת המנ"ח ליכא שום ראיה. ולכן ברור ופשוט שחייבין להצילו ואף לחלל שבת על הצלתו, ואמרו לי שכן מפורש בספרו של הגאון מהרי"ל דיסקין ובספר חלקת יואב בפשיטות דמחוייבין להציל גם בחלול שבת גם את מי שאיבד עצמו לדעת והוא ברור לדינא.

וראיית החכמת שלמה מטעם ר"פ באיסור לבעול פנויה להתרפא משום פגם משפחה בסנהדרין דף ע"ה שפרש"י שהיו בושין בדבר ג"כ אינו כלום, דהא הוא דין הנאמר מצד החומרא שבגילוי עריות שיהרג ולא יעבור וימות ולא יתרפא שהרי בענין זה איירי שם כל הסוגיא וכן ברמב"ם נאמר דין זה בפ"ה מיסוה"ת ה"ט בענין מסירות נפש בג' הדברים ואיסור להתרפאות בהן, ואם הוא מצד שאין מחוייבין להציל כשאינם לפי כבודו לא שייך למינקט דין זה בדיני מסירות נפש ואיסור רפואה בעריות, וגם הא הש"ך בסימן קנ"ז סק"י הביא שמזה ראיה דאף על לאו בעלמא יהרג ולא יעבור בע"ז וג"ע וש"ד, ואם הוא מצד בזיון משפחה שלא שייך אף לאיסור כלל, ואף לטעם ר"א בדר' איקא משום גזירה ונימא שיש כח ביד חכמים לגזור אף ליהרג ולמות איזו ראיה היא. וגם לטעם ר"פ לא היה זה איסור אלא היתר ואדרבה יותר ראוי היה שלא יקפידו בני המשפחה, ולכן ברור שלא שייך זה לענין בזיון דענינים אחרים, וגם לא מצד גזירות חכמים דאולי אין כח כלל לגזור ליהרג ולמות שליכא זה בכל דיני התורה, אלא הוא משום דנחשב מאיסורי עריות שאין מתרפאין בהם, ופגם משפחה שבושין בזה כשאירע במשפחתם אף פנויה זונה כמו אם היה במשפחתם א"א זונה עושה להחשיב גם זה מתרפא בעריות, וכן ממה שאפשר לפרוץ מזה בעריות יש להחשיב זה מתרפא בעריות, וכיון שנחשב מתרפא בעריות אסור אף שימות דגם באיסור לאו ואיסור דרבנן דבג"ע אסור אף שימות מזה כדהוכיח הש"ך מזה. ואף שהש"ך הביא התחלת המעשה שאיכא למימר שלא הביא אלא למ"ד שסובר דהיתה א"א מ"מ כיון שלא הזכיר דהוא למ"ד זה משמע דאף למ"ד פנויה הוא מטעם זה עצמו.

אבל נראה דבפנויה הוא רק לענין איסור להתרפאות דהוא מצד רצונו בהאיסור, שלענין זה אף שהוא ערוה רק מדרבנן לרוב השיטות ואף להרמב"ם דעל פנויה לוקה בלאו דקדשה הוא רק ערוה דחייבי לאוין, הוי זה כמתרפא בעריות דלענין הרפוי הוא אופן אחד עם עריות דאורייתא וכריתות דהטינא שעלתה בלבו מחמת רצונו בזנות הרי אפשר להיות גם בחיי"כ ונמצא דהרפוי בזנות אף שבפעם הזה הוא בזנות דפנויה הרי זה ממש אפשר להיות בא"א ובחיי"כ, ולכן שייך להחשיב רפוי זה אביזרייהו דעריות כיון דשם זנות הוא גם בפנויה כדחזינן מפגם המשפחה וממה שנפרצו מזה לעריות, ועל אביזרייהו איכא נמי איסור ימות ולא יעבור. אבל באנסוהו עכו"ם לבעול פנויה שאין הצלתו כשיבעול מצד שרוצה בזנות אלא בזה שעושה רצון המאנס ורק שמ"מ בג' עבירות דע"ז ג"ע וש"ד מחוייב ליהרג ולא לעבור לא שייך ביאות דכל הנשים האסורות לו להחשיבם כולהו כענין אחד לומר על ביאות הפנויות שהן מדרבנן ועל האסורות רק בלאו שהן אביזרייהו דעריות דאורייתא וחיי"כ, שלכן כתב שפיר הש"ך בס"ק זה בסופו ומ"מ משמע דבערוה דרבנן לכו"ע יעבור ואל יהרג ופשוט הוא, ולא הוקשה לו כלל מהא דלחד מ"ד דפנויה היתה אמרו ג"כ דימות וכן איפסק הלכתא ברמב"ם שם אף שלרוב השיטות הוא רק דרבנן, משום דלענין העלה לבו טינא בשביל שרצונו בהעבירה נחשבו כל ביאות דזנות כענין אחד והוי הרפוי בזנות דפנויה אביזרייהו דרפוי גם מזנות דחיי"כ, אבל באנסוהו עכו"ם כל אשה הוא ענין בפני עצמה ולא שייך להחשיב אביזרייהו מזנות

זו לזנות זו, ולכן בערוה דרבנן שהוא לרוב השיטות בביאת פנויה כשאנסוהו לבועלה יעבור ואל יהרג, ואיכא גם דסברי שאף בחייבי לאוין יעבור ולא יהרג כדסובר רעק״א וגליון מהרש״א הביא כן גם מספר זרע אברהם ובברכי יוסף הביא גם כן מרמב״ח בספר תוס׳ יו״כ עיי״ש. אך מ״מ שפיר הביא הש״ך ראיה דגם על אביזרייהו דלאו דלא תקרבו שהוא העמדת לפניו ערומה וחבוק ונשוק וכדומה יהרג ולא יעבור שהוא באנסוהו עכו״ם אף דבגמ׳ הא איירי ברפוי דהעלה טינא, דהא אם על הלאוין דבע״ז ג״ע וש״ד ליכא הדין דיהרג ולא יעבור רק על הביאה דהוא איסור הכרת דוקא לא היה לנו לאסור גם להתרפאות מהלאו דלא תקרבו דהא בכל איסורי התורה מתרפאין בסכנה ואף כשהסכנה באה לו מצד שנתאווה להאיסור כגון בהריח בשר חזיר כדאיתא בכתובות דף ס״א אלא צריך לומר משום דעל הלאווין דעריות נמי יהרג ואל יעבור ואיסור לא תקרבו הוא לאו בערוה זו, אך ממילא יצא חלוק בביאת פנויה וחייבי לאוין בין העלה טינא להתרפא בביאתן ובהקרבות שימות ואל יעבור לחד מ״ד גם בפנויה, ובין אנסוהו עכו״ם לבעול פנויה וחייבי לאוין דיעבור ואל יהרג כדבארתי.

ענף ד

ובדבר אם יש חיוב לאחד לחתוך אברו בשביל הצלת נפש של חברו, כיון שפליגי רבוותא בזה אין לחייב כהרדב״ז בתשובה שהביא בפת״ש יו״ד סימן קנ״ז ס״ק ט״ו ואין בידי הספר לעיין בדבריו, ונראה שהטעם הוא משום דלא תעמוד על דם רעך הוא ככל הלאוין שמחוייב להוציא כל ממונו כדי שלא לעבור על לאו כדאיתא ברמ״א סימן קנ״ז סעיף א׳, וכתב הש״ך שם סק״ג ואם יש סכנת אבר צ״ע אי דמי לנפש או לממון ומסיק דנראה לקולא, ונראה שהוא מטעם שלא נקט הרמ״א רבותא דאפילו אבר צריך לחתוך כדי שלא לעבור אלאו, אלמא דלחתוך אבר אינו מחוייב בשביל לאו ויעבור ולא יחתוך אברו אף שהוא אבר שאין בו סכנה. ואף שלחלל שבת בשביל סכנת אבר אסור כדאיתא באו״ח סימן שכ״ח סעיף י״ז וה״ה שאסור להתרפא בשאר איסורי לאוין בשביל סכנת אבר, וזהו כוונת הש״ך שציין לעיין באו״ח סימן שכ״ח סעיף י״ז שהוא לראיה לאסור ומ״מ לא חש לזה הש״ך ומסיק דנראה לקולא, נראה פשוט שהתם שהחולי כבר יש בהאבר אין לו לעשות איסור לאו ולחלל שבת כדי לרפאות את אברו, אבל כשהוא להיפוך שהוא אנוס לעבור על לאו אך בחתיכת אבר ינצל מלעבור על הלאו אינו מחוייב לחתוך האבר בשביל שלא יעבור הלאו. וסובר הרדב״ז מאחר שלא מצינו שעל לאו דלא תעמוד על דם רעך יהיה חמור מכל לאוין שבתורה שיהיה מחוייב גם לחתוך אברו להציל חברו שאינו מחוייב דבלא ראיה להחמירו משאר לאוין אין לנו לומר חדוש כזה ולכן אינו מחוייב לחתוך אבר בשביל הצלת חברו.

ועיין באור שמח פ״ז מרוצח ה״ח שהוא מביא בשם הרדב״ז דחייב לקוץ אבר שלו כדי להציל את חברו, (ואולי כוונתו להנידון בזה שם דהא הרדב״ז סובר לדינא שאינו מחוייב), אבל הוא מסיק דאינו מחוייב, וראייתו מסנהדרין דף מ״ד מעובדא דעדים הרשעים שהעידו על בנו של שמעון בן שטח שחייב מיתה וחזרו בהן אך לא הועילה חזרתן לפוטרו ממיתה מדין שאין חוזרין ומגידין שהיה להם לומר להעדים שיקטעו ידיהם שהיה נפטר ע״כ דאין מחוייבין לקטוע ידן להצילו אף דע״י עדותן בשקר נהרג בחנם, אינו ראיה דהא אף שהב״ד לא שייך שיחייבום דהרי אין נאמנים לדינא במה שחזרו בהן, מ״מ הם עצמם שידעו שיהרג על ידם היו מחוייבים ודאי לקטוע ידם כדי שלא יעברו על איסור רציחה ולא יענשו בידי שמים גם על חטא דרציחה והעונש הוא גדול טובא אלא רק על איסור עדות שקר לבד, ול״ד כלל להא דתוס׳ שבת דף ד׳ ד״ה קודם דבמה שנמנע מלרדות הפת שהדביק בתנור ע״י מה שאסרו לו לא יתחייב סקילה על אפיית הפת, חדא אף שנימא דאין אדם מחוייב לקטוע אברו להצלת חברו הרי עכ״פ ודאי לא אסרנו דהא אדרבה כתב הרדב״ז שמדת חסידות איכא כדהביא בפת״ש, וממילא יהיו העדים חייבין כשלא יקטעו ידם בעונש רציחה לשמיא, ועוד הא רק באיסור שבת שייך דנפטרהו מסקילה מאחר ששב בתשובה ורוצה לתקן איסור במה שירדה הפת אך הב״ד אין מניחין אותו לתקן האיסור, אבל ברציחה שלא מועילה תשובה כשיהרג וכשיקטעו ידם ולא יהרג תועיל תשובתם על חטא עדות השקר לא שייך כלל לפוטרו, ולכן ודאי היו העדים מחוייבין לקוץ ידם, ומוכרחים לומר שלא רצו רשעים אלו לקוץ ידם כי לא שבו בתשובה גמורה אף שחזרו בהם וממילא ליכא ראיה משם, אבל לדינא אמת שאין לחייבו לקוץ אבר להצלת נפש כהרדב״ז ומטעם שכתבתי שהוא נכון.

ולפי הטעם שכתבתי דלאו דלא תעמוד על דם רעך הוא בדין כל הלאוין, אין לחייב לאדם ליכנס בספק סכנה להצלת חברו מודאי סכנה, דהא להנצל

מעבירת כל הלאוין ודאי לא רק שאינו צריך אלא שגם אסור להכניס עצמו לספק סכנה דאדרבה הא מחללין שבת אף לרפאות מספק סכנה וכ"ש שאסור להכניס עצמו לספק סכנה להנצל מחלול שבת ומכל הלאוין, וא"כ אין לחיובו להכניס עצמו לספק סכנה גם בשביל להציל נפש חברו. אבל מסתבר שיהיה חלוק לאו דלא תעמוד על דם רעך משאר לאוין לענין איסור דבשאר לאוין הא אסור להכניס עצמו לספק סכנה כדי שלא יעבור אלאו כדלעיל, דהא אף להסוברין דרשאי להחמיר על עצמו גם ליהרג ולא לעבור בשאר עבירות מפורש בר"ס קנ"ז דהוא דוקא כשהעכו"ם המאנסו מכוין להעבירו על דת אבל אם אינו אלא להנאת עצמו אסור להחמיר ונקרא חובל בעצמו כמפורש בש"ך סק"ב, וכ"ש שמי שאינו מתרפא בשביל חלול שבת ואיסורין אחרים שהוא מתחייב בנפשו, וכ"ש שהוא מתחייב בנפשו ומאבד עצמו לדעת כשיכניס עצמו לספק סכנה במעשה בשביל איסורי לאוין. אבל להציל נפש חברו אף שג"כ הוא רק באיסור לאו יהיה מותר להכניס עצמו בספק מאחר דעכ"פ יוצל נפש מישראל לפ"מ שפרש"י בסנהדרין דף ע"ד ד"ה סברא בטעם שיהרג ולא יעבור ברציחה משום דכשיעבור ויהרוג והוא ינצל הרי איכא תרתי אבוד נשמה ועבירה וכשיהרג ולא יעבור איכא רק חדא אבוד נשמה דכי אמר רחמנא לעבור על המצוות משום וחי בהם משום דיקרה בעיניו נשמה של ישראל והכא גבי רוצח כיון דסוף סוף איכא אבוד נשמה למה יהא מותר לעבור, אלמא דשוין לדין זה נפש שלו ושל חברו וממילא שייך להתיר ספק נפש שלו בשביל ודאי נפש חברו. אבל לענין לחייב ליכנס לספק סכנה כיון שעכ"פ הוא רק בדין לאו אין להחמיר יותר מלשאר לאוין למה שבארתי בטעם הרדב"ז. אבל בלשון הב"י חו"מ סימן תכ"ו איתא שהגמיי"מ הביא מירושלמי שחייב והסמ"ע סק"ב כתב בלשון צריך שג"כ הוא כלשון חייב וא"כ הוא דלא כדכתבתי בטעם הרדב"ז לענין שא"צ לקוץ אברו להצלת נפש חברו, אבל לא קשה זה על הרדב"ז דהרדב"ז הא פסק דלא רק שאינו מחויב להכניס עצמו בספק סכנה אלא אף שליכא מדת חסידות דה"ז חסיד שוטה דספק דידיה עדיף מודאי דחבריה כדהביא הפת"ש עיי"ש, וגם כל הפוסקים לא פסקו כהירושלמי כדכתב הסמ"ע.

ואף שכתבתי דאף שאין האדם מחויב להכניס עצמו לספק סכנה בשביל הצלת נפש חברו מ"מ רשאי דל"ד לענין זה לשאר לאוין שאסור מאחר דניצול עכ"פ נפש מישראל שהוא אליבא דסברת רש"י דשוין נפש שלו ונפש של חברו, אין ראיה להתיר שיפקיר נפשו למיתה ודאית בשביל הצלת נפש אחר ממיתה ודאית, דהא הטעם דמי יימר דדמא דידך סומק טפי דלמא דמא דההוא גברא סומק טפי הוא דבר ברור כדרואה שכן נגזר מהשי"ת ולכן אינו יכול לומר שאולי דמא דידיה סומק טפי, אף באופן שיודע שמעשיו יותר מתוקנים ממעשה חברו ואף באופן שכן הוא החזקה שאם היו שניהם עומדין בסכנה ואפשר להציל רק אחד מהן היו מצילין אותו ולא את חברו כפי שתנן בסוף הוריות ואף שהוא ת"ח וחברו ע"ה אסור לת"ח לעבור על רציחת הע"ה כדי שלא ליהרג ומאותה הסברא עצמה דמי יימר אף שהוא כסתירה לדין הקדימה להצלה וכסתירה לגבי מעלת ת"ח נגד ע"ה דהא רק מהסברא ידעינן שלא נאמר קרא על ש"ד שיהרג ולא יעבור כמפורש בגמ' שם, והוא מטעם דהגזירה מקמי שמיא בזה שהעכו"ם יצוה לו להרוג לפלניא לא נחשב שנגזר על פלוני שיהרג, דהרי על גזירה שפלוני יהרג היה נגזר שהעכו"ם יהרוג אותו ולא שיהרוג הוא לפלוני דאין גוזרין משמיא לעבור איסורין, ובע"כ הגזירה משמיא היא עליו אך באופן שיכול להציל עצמו בעבירה ברציחה, ונמצא שרואה שאף שהוא ת"ח ובעל מעשים והשני ע"ה סומק לענין הריגה זו דמא דפלוני הע"ה להקב"ה ולא דמא דידיה אף שהוא ת"ח ובעל מעשים מטעמים שלא נמסרו לבנ"א אלא הקב"ה בעצמו יודע ותמים פעלו ולכן אסור לו להנצל ברציחה דפלניא אף ע"ה מסברא זו ממש.

וא"כ כשהוא להיפוך שנגזר על פלניא ליהרג ולמות והוא רוצה להצילו בסכנה ודאית שהוא ימות ויהרג תחתיו אף שזה שנגזר עליו הוא ת"ח ובעל מעשים והוא שיכול להצילו בחייו הוא ע"ה אסור לו להציל בחייו דהרי רואה דעתה דמא דחבריה לא סומק לענין זה ודמא דידיה סומק שלכן אסור להצילו בסכנה ודאית של עצמו. וזה שפפוס ולוליינוס אחים שאמרו על עצמם שקר שהם הרגו בת המלך כדי להציל את ישראל כדאיתא בתענית דף י"ח ברש"י וכן ברש"י ב"ב דף י' אף שמשמע שהם לא היו בכלל הגזירה מדחזינן שעשו דבר היותר גדול שהרי בשביל מצוה זו אין בריה יכולה לעמוד במחיצתן כדאיתא בגמ' שם הוא משום דהצלת ישראל שאני. אבל להכניס עצמו רק לספק שאפשר שגם הוא יחיה אין ספק שלו עושה להחשיב כנגזר ודאי על פלוני שימות מאחר שאפשר שיוצלו שניהם לכן אף שאין לחיובו כדלעיל עכ"פ רשאי.

ומש״כ כתר״ה שאין לחייב גם ליקח אבר ממת ממש מצד שהוא בזיון, הנה הוא לפי שיטת החכמת שלמה שנתבאר שהוא טעות וגם דברי הכלי חמדה אינם כלום למה שנתבאר, אבל לדינא האמת שליכא חיוב דהא איתא בתוס׳ שבת דף מ״ד דאדם בהול על מתו יותר מעל כל ממונו דהא איסור הצלה מדליקה הוא אף שישרף כל ממונו ולא חששו להתיר כדי שלא יבא לכבויי במזיד, ולהציל את מתו התירו למה שאיפסק הלכתא כר׳ יהודה בן לקיש מטעם דאי לא שריית לו אתי לכבויי במזיד משום שמצטער ביותר. וכיון שלא מצינו אלא שצריך להוציא כל ממונו אין לנו לחייב בדבר שהוא יותר מכל ממונו, והוא אצל שמצטערין טובא כמו חתיכת אבר מעצמו שאינו חייב. ומסתבר שלא יהיה מחוייב להנצל מעבירת כל לאוין ע״י שיתן מתו לחתכו ולבזותו באלו המצטערין טובא דלא נאמר אלא הוצאת כל ממונו ולא ביותר מזה להש״ך שמיקל בחתיכת אבר של עצמו. אבל מצוה ודאי איכא שאף שטבע האדם להצטער טובא על מתו יותר מעל כל ממונו מסתבר שחיוב ליכא ע״ז ולכן מצוה שלא יצטער טובא ויציל נפש באבר של מתו. וגם הא מדת חסידות איכא אף לחתוך אבר של עצמו כדי להציל נפש ישראל כדאיתא ברדב״ז, וממילא להניח לחתוך אבר מהמת הוא גם מצוה, דלחתוך מחי אין לומר שיהיה מצוה מאחר שהוא צער מוכרח דכל אדם מצטער בזה ולא שייך לומר שלא יצטער, אבל באמת הא שייך לומר שלא יצטער משום פקוח נפש דפלוני מאחר שהוא דבר ראוי לעשות שלכן הוא גם מצוה שלא יצטער טובא ויניח לחתך אבר בשביל הצלת נפש דעדיפא.

והנני ידידו מוקירו מאד,

משה פיינשטיין

סימן קסה

בענין כהן שעשו לו נתוח לאחר מיתה אם רשאין הקרובין ליטמא לו

ר"ח סיון תשל"ב.

מע"כ ידידי מהר"ר יוסף בראנדייס שליט"א, שלו' וברכה וחג התורה שמח באמת.

הנה בדבר כהן שעשו לו נתוח לאחר מיתה שסמכו על מה שכתבתי באג"מ חיו"ד סימן רנ"א בעשו לו נתוח בחיים שמותרין הקרובים ליטמא משום דחסרון מבפנים לא שמיה חסרון וכתר"ה רוצה שאכתוב איך דעתי אם רק לסניף כתבתי מטעם דהיכא דעשו הנתוח מחיים לרפואתו הרי שיטת הרמב"ן שהוא שיטת היש מי שאומר בשו"ע סימן שע"ג סעיף ט' שמיטמא אף לחסר אבר מבחוץ בחסר מבחיים שכתבתי שאף לשיטה הראשונה שמשמע שפליג ואינו מחלק מסתבר שחסרון מבפנים לא שמיה חסרון, אבל כשעשו נתוח לאחר מיתה שצריך לסמוך רק על הא דחסרון מבפנים לאו שמיה חסרון אפשר אין זה ודאי. הנה בעצם יש לסמוך ע"ז לבד ג"כ היינו דאפילו לא היתה שיטת הרמב"ן והיה הדין ברור שלחסר מחיים נמי אינו מיטמא היה אפשר לסמוך ע"ז לבד משום שראיות גדולות הם עיי"ש.

אבל מה שיש לדון הוא להי"א שאינו מטמא להרוג דמיקרי חסר שכתב הרמ"א שם והוא בב"י מהכל בו בשם הר"ש מאויר"א ונראה דמקורו הוא מנזיר דף ס"ה מהא דא"ר יהודה מת פרט להרוג כתבו התוספות כדאמרינן בסמוך דמת שחסר אין לו תפוסה ואין לו שכונת קברות וכן הוא בפירוש הרא"ש עיי"ש, ובבאור הגר"א ס"ק כ"ג ציין להא דנזיר דף מ"ג ובודאי הוא ט"ס דשם מפורש דפסקוה גנבי לרישיה וזהו ודאי כוונת צ"ע שבהגה"ה על באור הגר"א, אבל מתוס' ופי' הרא"ש הוא ודאי מקורו. וצריך לידע טעם שהרוג נחשב כחסר אם הוא מטעם דברוב הרוגים חסר מבחוץ קצת כדכתבתי בתשובתי שם לא הוי זה אלא בהרוג ולא בנתוח שעשו בדיוק הרופאים האומנים שלא עשו הנתוח אלא למה שהוצרכו וכדראו שלא חסר כלום מבחוץ וכן אם הוא מהלכה כדכתבו שם התוספות לחסר וכן הוא הלכה להרוג ג"כ לא שייך זה לנתוח שליכא ע"ז הלכה, אבל אפשר דהוא מחמת שניכר החסרון מבחוץ ע"י החתך דעשה ההורג מחוץ בין בצוארו בין בבטנו, שלפי זה גם בנתוח שאחרי המיתה הרי ניכר מבחוץ דאף אם תפרו את החתך עדיין יש להחשיב כניכר דהא לאחר מיתה א"א שיתדבקו ע"י התפירה דרק באדם מכח החיות נסתם ולא לאחר מיתה. אבל מ"מ מאחר שמשמע שהמחבר לא פסק כמותו דאף שהביאו בב"י לא הביאו בשו"ע, והוא גם מוכרח דלהרמב"ם פ"ט מטו"מ ה"ה דוקא מת שחסר אבר שאם ינטל מן החי ימות אין לו תבוסה וא"כ א"א לפרש שהרוג הוא מטעם דנחשב חסר דהא אין חסר ממנו אבר כלל, וגם הכל בו עצמו הביא תיכף דה"ר יחיאל אמר דלא מקרי חסר רק בכדי שאם ינטל מחי ימות וכוונתו דלר' יחיאל מטמא כהן לקרובו הרוג, והמחבר פוסק ברוב המקומות כהרמב"ם וגם אליבא דהכל בו דפסק הרמ"א כמותו נמי הוא רק ספק לכן יש להתיר לכהן הקרוב אם רואין שלא חסר כלום מבחוץ ושפיר עבדו.

והנני ידידו מוקירו,

משה פיינשטיין

סימן קסו

בדבר כהן שצריך לבקר חולה בהאספיטאל אם מותר

י"ד אלול תשכ"ד.

מע"כ ידידי הרב הגאון מוהר"ר יצחק דובער אושפאל שליט"א.

הנה האברים הנמצאים בבתי החולים יש למיזל בתר רובא דרובא שהם של נכרים, כי לבד שבמדינתנו הוא רוב נכרים במדה מרובה, הנה רובא דרובא של ישראל אין מרשין לנתח את המת ובלא רשות מהקרובים אסור להם מדינא דמלכותא לעשות נתוח, ואף כשנזדמן שמרשין הקרובים לעשות נתוח מתנים שיחזירו להם האברים, וממילא איכא רק מיעוטא דמיעוטא דרשעי ישראל שמניחין אף ליקח אבר ממת קרוב שלהם, שלכן מדינא יש למיזל בתר רובא שהם של נכרים שנפסק מעיקר הדין שאין מטמאין באהל. ולכן לצורך גדול יש להתיר לכהן לבקר חולה קרובו כגון מפני צערו הגדול כשהחולה הוא אביו או בנו, ומשום שלום המשפחה כשהם קרובי אשתו וכ"ש כשאשתו חולה שהוא ענין שלום בית וכדומה. אבל יברר מה שאפשר לו אם יש שם

עתה מת ישראל ואם א"א לברר יש לסמוך שליכא שם מת ישראל, דאף בבית החולים גדול טובא כהא דבעלויו האספיטאל אשר שם איכא כמעט תמיד מתים מצד ריבוי החולים שנמצאים שם, מ"מ חולים ישראלים הם מיעוט ויש לסמוך כשא"א לברר שחולי ישראל הם מהרוב חולים לחיים והמתים הם מהנכרים שהם הרוב הגדול מהחולים.

ידידו מברכו בכוח"ט,

משה פיינשטיין

סימן קסז

באהל טפח מצומצם מן הארץ והטומאה ממעט את החלל אם ממשיך הטומאה

מע"כ בני הרה"ג מהר"ר דוד שליט"א.

ובדבר אהל טפח שכתבת שצריך שיהיה החלל טפח שהוא למעלה מן הטומאה ודאי כן הוא שמפורש כן ברשב"ם ב"ב דף ק' שפי' שבשביל זה צריך רומן שבעה, וכן מפורש בראב"ד פי"ב מטו"מ ה"א, והכ"מ כתב שגם הרמב"ם סובר כן כדכתב גבי ארונות בה"ו אם יש בין כסוי הארון והמת גובה טפח חוצץ עיי"ש, ולכן לכאורה היה לן לומר דלשון רש"י בסוכה דף י' שכתב דליכא רום הפסק טפח ממנו ולקרקע הוא לאו דוקא כדכתבת. אבל כיון שגם בר"ש ובפי' הרא"ש פ"ג מאהלות מ"ז איתא אם אין מן הארץ גבוה טפח, צריך לומר דבר חדש שהוא רק לאו דוקא לענין מש"כ גם דלא חוצץ, דלזה צריך שיהיה טפח למעלה מן הטומאה, אבל לענין המשך הטומאה לצדדין נראה שהוא בדוקא דבחלל טפח ויש טומאה במקום אחד נמשך הטומאה על כל החלל אף שאינו חוצץ על גבה ויש לה דין טומאה רצוצה לעל גבה, מ"מ יש לה דין המשכה. ולפי זה לא נצטרך לדחוק שבמתני' שם ובפ' מגדל ובפ' כוורת ובגמ' שהובאו הוא לאו דוקא. וא"כ נראה שגם הרמב"ם סובר כן דלא כהכ"מ דהא כתב שם נמי במת לאויר ובצדו כלים אם האהיל עליהן אהל טע"ט והיה גבוה מעל הארץ טפח ה"ז מביא טומאה לכלים שהוא כלשון רש"י, ומש"כ בה"ו גבי ארונות שצריך טפח חלל ע"ג המת, הוא לענין לחוץ לטהר העומד ע"ג הארון וליכא סתירה שנדחוק לומר בה"א שרק העתיק לשון המשנה דדחיק הכ"מ שרק העתיק לשון המשנה שהרי הציור שנקט ולשון מעל הארץ ליכא במשנה. אבל הוא משום דמחלק ג"כ בין ע"ג להמשכה כדכתבתי לרש"י ור"ש ורא"ש. אך שג"כ נצטרך לומר שדין השני היו כלים אחרים ע"ג אהל זה ה"ה טהורין, הוא לבד מהטומאה וסמך בזה על הא דכתב בה"ו בארונות. והראב"ד השיג וסובר שאם אין חלל טפח ע"ג הזית מן המת אינו מביא כלים שבצדו. ולהראב"ד הוא בכ"מ שנאמר גובה טפח לאו דוקא. וטעם הראב"ד אולי הוא מפני שלא חשב בפ"ח דאהלות מ"ג במביאין ולא חוצצין גם כזית מת שמונח בטפח מצומצם בגובה מן הארץ ונמשך גובה הטפח גם ע"ג כלים כעובדא דדף שגובה מן הארץ טפח ומאהיל על כזית מת ועל כלים שמביאין ולא חוצצין, אלמא דגם אינו מביא כיון שנעשה לה דין טומאה רצוצה, ואולי בשביל זה הזכיר הראב"ד טומאה רצוצה היא, שלכאורה אין צורך להשגתו, אבל הוא לטעם שלא מביא בהמשכה משום שנעשה לה דין טומאה רצוצה לית לה דין השני דהמשכה. אבל אינו מוכרח דאולי מתני' נקט במביאין ולא חוצצין תרויהו למקום שאין הטומאה שם, שהוא רק במה שנקט דברים המקבלים טומאה. וזה סובר הרמב"ם וכן רש"י ור"ש והרא"ש.

אביך אוהבך בלו"נ,

משה פיינשטיין

סימן קסח

בדבר המנות דמביאין אחרים להאבלים

ט"ז תמוז תשי"ח.

מע"כ ידידי הרב הגאון המפורסם ציס"ע מגזע תרשישים מוהר"ר שלום יחזקאל שרגא רובין האלבערשטאם שליט"א.

הנה בדבר מה שבמדינה זו יש שמביאין להאבלים בימי השבעה חבילות של מיני אוכלין ומשקין וכתר"ה כותב שיש לאסור מתרי טעמי א' מדין האיסור לשלח מנות לאבל אף כל י"ב חדש וכ"ש בימי השבעה וב' מצד שהוא מנהג העכו"ם. ודאי צדק כתר"ה שאין לעשות כן והאמת שלא ראיתי ולא שמעתי שת"ח ואנשי מעשה יעשו זה. אבל לענין דינא יש לדון בזה ונוטה יותר שאין בזה איסור.

דהנה במו"ק דף כ"ז מפורש שהיו מוליכין לבית האבל מתנות דמאכל ומשקה ובראשונה היו עשירים

ראשון, דלא מסתבר להתיר לגרום אף אח״כ שיהיה ברכה לבטלה, ואף אם לא יהיה איסור ברכה לבטלה נמי לא היה לו לשמואל לעשות כן בשביל איסור ברכה שאינה צריכה דמצינו ביומא דף ע׳ שאסור אף באופן שלא היה ברכה לבטלה, והתירו בשביל זה אף לקרא תורה שבכתב פרשה ובעשור בעל פה אף שהוא איסור דאורייתא, וכ״ש שאין להתיר לגרום ברכה שאינה צריכה בשביל איזה טירחא. לכן נראה כפירוש ראשון, ויהיה ראיה ממילא דבמקום שאינו חושב לאכול סעודתו, אבל הוא צריך לאכול פירות וכדומה יהיה מותר לקדש אף שלא מצינו דין זה. וכ״ש כשלא יהיה לו אלא פירות שודאי אסור להתענות יצטרך לקדש כשיש לו יין או משקין. וראיה לזה ממה שאיתא בסימן רפ״ט סעיף ב׳ דבאין לו משקין לקדש אוכל בלא קידוש, ואיירי שם דאין לו פת כדאיתא במג״א סק״ד דכשאיתא פת הא מקדשין על הפת, ומ״מ דוקא אם אין לו שום משקה נאמר דאוכל בלא קידוש, משמע דבאיכא משקין צריך לקדש, וכן הוא גם בקידוש הלילה דאם יש לו יין ואף רק משקין ואין לו פת אלא פירות צריך לקדש. ויהיה מש״כ המג״א אם מצפה שיביאו לו ימתין עד חצות, הוא רק מצפה שיביאו לו יין ומשקין ואין צורך לצפות גם להבאת פת דאף כשלא יביאו פת צריך לקדש, וגם יכול לקדש אף לכתחלה ואין צורך לצפות על פת. ובמ״ב סתם הדברים אבל עכ״פ הוא כמפורש לדינא כדכתבתי.

ידידו,

משה פיינשטיין

סימן קסד

אם מותר לכהן ליסע בעראפלאן שמוליכין שם מת לקוברו בארץ ישראל

ב׳ סיון תשל״ב.

מע״כ ידידי הבחור בן תורה נכבד מר יצחק פאלאק שליט״א, מתלמידי ישיבת עץ חיים באנטווערפען, במדינת בעלגיא, שלו׳ לך ולתורתך, וחג שמח בקבלת התורה שלימה.

באוירון שקורין עראפלאן שמוליכין שם מת לקוברו בארץ ישראל אכו״ר לכהן ליכנס שם כי כל העראפלאן אף שגדול טובא ויש לו מקום למטה שמונחין שם המשאות ושם מונח גם המת שיש חציצה בין המת למקום העליון שיושבין שם האנשים הנוסעים כולו כלי אחד הוא והוא של מתכות שמקבל טומאה וממילא אינו חוצץ בפני הטומאה, ונטמא הכהן בטומאת אהל במת שהוא באיסור לאו ועשה.

אך יש לעיין דאולי רק אלו מיני מתכות שנאמרו בקרא ששה מינים שהם זהב וכסף ונחש וברזל ובדיל ועופרת הם מקבלין טומאה ולא מינים אחרים, וקצת היה נראה כן מדהוצרך הקרא להחשיבם בפרטיות ולא בכלל אך כל דבר מתכות וכלפי שמיא גליא שאיכא עוד מיני מתכות שלכן פרטן להשמיענו שרק אלו מק״ט ולא מיני מתכות אחרים. והעראפלאן כמדומה שאינו מששה מיני מתכות אלו, אבל אפשר שגם מין מתכות זה אינו מין אחר אלא שהוא נעשה מתערובת ממינים אלו, וצריך לחקור לידע זה. ואם יתברר שהוא מין אחר שהיה רצון השי״ת שיתגלה בדורות אלו האחרונים היה נוטה יותר שלא מקבלי טומאה דלבד ממה שפרטן ראיה שאין למילף למיני מתכות אחרים דהם ששה כתובים הבאים כאחד. הנה גם בלא זה אין למילף דיני טומאה למין חדש דכל דיני טומאה הם גזה״כ, וראיה קצת מהא דכלי זכוכית לא מק״ט מדאורייתא אף שהם ניתכין כמתכות ולא אמרינן שיהא להן דין כלי מתכות כאלו שבקרא, אבל מ״מ צ״ע לדינא, ואם הוא מתערובות מיני מתכות אלו טמא בפשיטות ואם הוא ממין אחר ויש בו תערובות גם ממינים אלו אזלינן בתר רובא כדתנן בפי״א מכלים.

ומדין אהל זרוק דלאו שמיה אהל גם לקולא שלכן אם האנשים יושבים שלא כנגד המת היה שייך לידון בזה, אבל במת ואדם וכלים שבתוכו מביא טומאה, עיין בפ״ח מאהלות מ״ה בר״ש שכתב בפשיטות אי בכלים שבתוך הבית איירי דבר תימה הוא מ״ט דר׳ יוסי, אך במאירי שבת דף ק״א מפרש בשם התוספות דאף כשהטומאה והכלים בספינה אם אינה קשורה אינו אהל, והוא דלא כתוס׳ שלנו שבת שם ד״ה קשרה, ומצאתי בספר סדרי טהרות פ״ח ד״ה וספינה שהקשה על המאירי ונשאר בצע״ג, שלכן יש להורות בפשיטות כהר״ש שטמא, וגם בלא זה הא נכנס לשם כשהאוירון הוא עומד על הקרקע דהוא אהל מונח.

ידידו המברכו להתגדל בתורה וביראה,

משה פיינשטיין

שהביאו שליכא חיוב אלא עצה טובה מטעם שלא אפשר כדאיתא בסנהדרין. והספרים שהביא כתר"ה אינם אצלי ואין לי פנאי וגם איני רואה צורך לחפש אחריהם כי הענין ברור כדכתבתי.

ומה שעמד כתר"ה על לשון ובתוך שלו שנאמר בירושלמי ובפוסקים שהי"ל לומר ולתוך שלו שלכן רוצה כתר"ה לחדש שרק כששני הקברים הם בתוך שדה שלו מותר לפנות למקום היותר קרוב לקבר אבותיו, הנה פשוט שמחמת שהוא דוחק גדול לפרש בירושלמי שאיירי בדבר רחוק המציאות כזה, וגם שהלשון איתא שם ובתוך שלו אפילו מן המכובד לבזוי ערב הוא לאדם שיהא נינוח אצל אבותיו, שלא הוזכר כלל ובתוך שלו לאביו, משמע שבתוך שלו הוא עצמו הוא לאביו כדפירשו הש"ך והט"ז, ומצד קושי הלשון נקט הש"ך לשון כלומר והט"ז נקט פירוש לומר שמוכרחין לפרש כן.

וידע כתר"ה כי מה שעושין באופן שלא יהיה עיכול אין רוח חכמים נוחה מזה כי הרי לכפרה עדיף שיתעכל הבשר ואף לר' אשי הא אפשר שבעיכול יש יותר כפרה ואיך עושין דבר שיתאחר הכפרה ואם אפשר יש למחות בידם מלקבור באופן כזה.

אח"ז הראני ידידי הרב הגאון ר' טוביה גאלדשטיין שליט"א בספר פרשת מרדכי להגר"מ באנעט שכתב בסימן כ"ד כדברי ודחה תשובת הנו"ב בלשון שהוא טעות וגם בספר שיבת ציון לבנו הגר"ש לנדא כתב שלא כדבריו בזה ונהניתי שכיוונתי לדבריהם.

ידידו מוקירו,

משה פיינשטיין

סימן קסב

אם רשאין לפנות המת כדי שיוכלו הבנים לילך על קברו לפעמים

ערב חג השבועות תשכ"ג.

מע"כ ידידי הנכבד מר ר' יצחק ברוידי שליט"א.

הנה בדבר לפנות ארונו של אביו ע"ה מעקראן לנוא יארק באשר שכל בניו נמצאיב בנוא יארק וקשה להם ליסע לעקראן לילך על קברו כנהוג, פשוט שאסור שפינוי זה אינו לכבוד המת אלא להקל על הבנים כשירצו לילך על קברי אבות. ובעצם כל הליכה על קבר אבות אינו חיוב ולכתבי האר"י שהביא המג"א סימן תקנ"ט ס"ק ט"ו אין לילך כלל לביה"ק אף לצורך בקור על קברי אבות. אבל אף שהעולם נוהגין לילך על קברי אבות וחושבין זה לכבוד אב אין זה כבוד המת ששייך להתיר הפינוי בשביל זה אף אם לא יוכלו כלל לילך על קברי אבות לעולם, שלא בשביל כל כבוד הנדמה לאדם מתירין לפנות כמפורש בש"ך יו"ד סימן שס"ג סק"ב דרק משום כבוד לקברו אצל אבותיו מפנים ולא משום כבוד אחר, וכ"ש בשביל כבוד זה דלהמג"א בשם כתבי האר"י אינו מן הראוי לילך כלל שאסור לפנותו.

ידידו,

משה פיינשטיין

סימן קסג

בכהן שאמר לישראל לקבור מת אם יש חשש איסור

י' אדר ראשון תשכ"ז.

מע"כ ידידי הרב הגאון מהר"ר שאול דוב יוסף גראס שליט"א שהיה אב"ד בילקא וכעת בירושלים עיה"ק.

הנה בדבר אם מותר לכהן לומר לישראל לקבור מת, פשוט וברור שליכא שום איסור דהא הכהן לא מיטמא בזה ולא שייך איסור כהונה ע"ז, ואין צורך כלל לדברי התו' רי"ד ולא לסברת הקצוה"ח בסימן קפ"ב סק"א במה שתירצו דלא שייך שליחות על מצוה שבגופו, דהא האיסור שעל הכהן אינו שלא יקבור מת אלא שלא יטמא למת, וכשמקבר ישראל את המת בשליחות הכהן אף שמדין שליחות נימא שנחשב כמו שקבר הכהן את המת מה לנו בכך הא עכ"פ לא נטמא הכהן בקבורה זו, ואף אם היה שייך שליחות על מצוה שבגופו נמי לא היה שייך לאסור שליחות אף אם היה בזה דין שליחות. ול"ד כלל להא דב"מ דף י' דכהן שאמר לישראל קדש לי אשה גרושה ולאיש דאמר לאשה אקפי לי קטן, דהקידושין

הרב משה דוד טנדלר
חתנא דבי נשיאה
מאנסי

כשדוחין נפש מפני נפש: הגדרות והגבלות

הקדמה

לפני כעשר שנים נולדו "תאומי – סיאם" היינו מחוברים מן החזה עד הטבור, אחר בדיקת הרופאים נתברר שלא היה ביניהן רק לב אחד מונח באמצע הגשר של עור, בשר, וגידין, המחבר אותן, וכן רק כבד אחד לשניהם. הלב היחידי לא היה בו מספיק כוח לספק דם לשתי הגופות, ובלי ניתוח להפריד אותן בודאי היו שניהן מתות תוך כמה שבועות. בבנין הגופות הפנימיות לא נראה שום חסרון בתינוקת אחת, אבל בתינוקת השניה נתגלה כמה מומים שעשו אותה לטריפה שאינה חיה אפילו רק לשעות אחדות אחר ההפרדה, ואפילו אם היו נותנים לה הלב והכבד, רק בעזרת אחותה המחוברת לה היתה האפשרות שתשאר בחיים, חיי שעה, בערך כמה שבועות.

השאלה עלתה על שולחן מלכים של מו״ח זצוק״ל, ואחר יגיעה עצומה התיר הניתוח, ניתוח שמעולם לא הצליחו הרופאים להפריד התאומים, ורק משום התקדמות הרפואה במשך השנים היה כן תקוה שהפעם יצליחו, וכן היה בדין צדיק גוזר והקב״ה מקיים.

ניתוח של השאלה:

מיסודי התורה שאין דוחין נפש מפני נפש; אעפ״כ יש אופנים שכן דוחין נפש מפני נפש. האופן הכי ידוע וזה היה "המהלך" שנקט מו״ח זצוק״ל בפסקו לשאלה זו, הוא דין רודף:

(א) מתני׳ אהלות [ז׳:ו׳] האשה שהיא מקשה לילד מחתכין את הולד במעיה ומוציאין אותו אברים אברים מפני שחייה קודמין לחייו, יצא רובו אין נוגעין בו שאין דוחין נפש מפני נפש. וכתב שם הרמב״ם "כולו פשוט אין

צריך ביאור".

(ב) בסנהדרין [ע"ב:] על המתני' דאהלות "איתיביה רב חסדא לרב הונא יצא ראשו אין נוגעין בו לפי שאין דוחין נפש מפני נפש ואמאי רודף הוא, ומתרצת הגמרא "שאני התם דמשמיא קא רדפי לה", פירושו – שלכן לא נחשב כרודף אחר שיצא ראשו, דמן השמים קא רדפי לאמו, דרק כשעדיין במעי אמו נחשב כרודף דכיון דכל חייו תלוי בחיות האם עדיין לא הוי נפש עצמאי, וא"כ אם יהיה אסון או בהאם או בהולד אין אפשרות להולד לחיות, אבל אחר שיצא ראשו שיש לו האפשרות לנשום אויר כעצמאי, אז אפילו אם מת האם כמו בלידת בנימין לרחל, נשאר הולד בחיים ולכן נחשב כנפש ואין דוחין נפש מפני נפש.

וזהו מה שהסביר הרמב"ם ברוצח [א: ט'] שהורגין העובר במעי אמו "מפני שהוא כרודף אחריה להורגה [דרודף מפקיר עצמו למיתה לא שנא גדול לא שנא קטן, כדאיתא בסנהדרין דף ע"ב:] ואם הוציא ראשו אין נוגעין בו שאין דוחין נפש מפני נפש, וזהו טבעו של עולם" עכ"ל. לענ"ד טבעו של עולם פירושו דכ"ז שלא יצא לחוץ טבעו של עולם הוא שחייו תלוין בחיות אמו, אבל משהוציא ראשו אז טבעו של עולם הוא לפעמים מת היולדת אחר הלידה משום העדר דם או דלקת ואין זה שייך להולד שכבר יצא לאויר העולם.

וא"כ בעובדא דידן הרי לתינוקת אחת היתה לה חיות עצמאית, ואחותה, כל חיותה תלויה רק על חיות התאום שאם תמות התאום אין לה שום תקוה לחיות וא"כ אפשר לדמות האחות בעלת מומין כעובר שחיותה תלויה באחותה שנחשבת כהאם, א"כ בלי הניתוח וההפרדה ימותו שניהן אז נחשבת האחות בעלת המומין, האחות האי־עצמאית, כאילו היא רודפת את אחותה וניתן להצילה בנפשה.

(ג) בחידושי רבינו חיים הלוי [רוצח א:ט'] הקשה על הסברא של הרמב"ם מניין לו דהורגין העובר מדין רודף, דילמא הטעם הוא משום דלגבי נפש אמו לא נחשב כנפש, ונדחה מפני פ"נ של האם ככל הדברים שנדחין מפני פיקוח נפש שהרי מסקנת הגמרא דלא הוי רודף משום דמשמיא קא רדפי לה.

ומבאר שם הר' חיים דהצלת הנרדף לא הוי משום פ"נ של כל התורה כולה אלא דין מיוחד משום גזה"כ להציל הנרדף בנפשו של הרודף וזה לומדין מדין נערה המאורשה מ"ואין מושיע לה" שלא שייך כלל לדין של פ"נ בכה"ת כולה.

וכיון דסובר הרמב"ם דעובר הוי נפש, לא היינו מצילין האם בנפשו של

העובר דאין דוחין נפש מפני נפש ורק משום שהעובר נחשב כרודף לכן מותר להורגו להציל האם דכן הוא הגזה"כ שהרי לגבי איסורי שבת ואיסורי יוה"כ נחשב כנפש ועוברים על כל איסורין שבתורה כדי להצילו.

אבל עדיין נשאר קשה מה שלגבי יצא ראשו לא נחשב כרודף משום דמשמיא קא רדפי לה, דודאי בלא יצא ראשו ג"כ הוי מן השמים, ומדוע נחשיבו כרודף. ומסביר הר' חיים דודאי דין רודף שייך בשניהם, בין יצא ובין לא יצא ראשו אלא דביצא ראשו דהוי טבעו של עולם, שזהו פירושו של משמיא קא רדפי לה לפי הרמב"ם, מפקיעין ממנו חיובו של רודף ולכן נשאר הדין של אין דוחין נפש מפני נפש אבל בלא יצא ראשו א"א לומר דמשמיא רדפי לה לאמו שהרי עיקר הסכנה היא להעובר משני צדדים, מצד מיתת האם וגם מצד חיותו, וא"כ משמיא רדפין אותו יותר מן האם, ולכן כיון שאינו נחשב לנפש גמור לגבי נפש אמו נדחה מפני נפש אמו מדין רודף דאין שום טעם כמו ביצא ראשו להפקיע ממנו חיובו של רודף.

וא"כ בשאלה דידן אפשר להבין שהאחות עם האפשרות לחיות אחר הניתוח נחשב כרודף כמו האחות השניה אלא דאין לה חויבו של רודף כיון דמשמיא קא רדפי לה לאחותה, אבל האחות השניה דאין לה שום אפשרות לישאר בחיים נחשבת כמו העובר דלא הוי נפש גמור לגבי אחותה ולכן נחשבת כרודף עם חיובו של רודף, ומותר להורגה כרי להציל אחותה, ועל זה מבוסס פסק דינו של מו"ח זצוק"ל להתיר הניתוח להפריד התאומים אע"פ שאחד מהן ודאי תמות.

(ד) ועדיין נשאר ק"ק לענ"ד לדמות שאלתינו לדין עובר דהוי רודף את אמו. שהרי הרמב"ם דייק שזהו טבעו של עולם, אבל בנ"ד הוי מקרה מוזרת מאוד דודאי לא הוי טבעו של עולם כמו באשה המקשה לילד.

ולכן חשבתי לילך בדרך אחרת שכל הנחלים הולכים אל הים ואפשר להגיע להאמת בכמה דרכים, דיש עוד אופן שדוחין נפש מפני נפש:

רש"י [בסנהדרין דף ע"ב: ד"ה יצא ראשו] מקשה ממעשה דשבע בן בכרי דחו נפש מפני נפש ולא מדין רודף.

המעשה: שמואל ב' [פרק כ'] ושם נשאר איש בלעיל ושמו שבע בן בכרי . . . ויאמר אין לנו חלק בדוד . . . ויעל כל איש ישראל מאחר דוד אחרי שבע בן בכרי . ויצאו אחריו אנשי יואב . לרדוף אחרי שבע בן בכרי . . . ויבאו ויצרו עליו באבלה בית המעכה . . . ויען יואב ויאמר . . . שבע בן בכרי שמו נשא ידו במלך בדוד תנו אתו לבדו ואלכה מעל העיר ותאמר האשה אל יואב הנה ראשו משלך אליך ביד החומה".

(ה) בירושלמי תרומות [ח:ד'] מובא ענין זה באריכות להלכה: [דף מ"ז.]

סייעת בני אדם שהוי מהלכין בדרך פגעו להן גוים ואמרו תנו לנו אחד מכם ונהרוג אותו ואם לאו הרי אנו הורגים את כולכם, אפילו כולן נהרגים לא ימסרו נפש אחת מישראל, ייחדו להן אחד כגון שבע בן בכרי ימסרו אותו ואל ייהרגו אמר ר״ל והוא שיהא חייב מיתה כשבע בן בכרי ורבי יוחנן אמר אע״פ שאינו חייב מיתה כשבע בן בכרי.

ורש״י בסנהדרין תירץ דהא דחו נפש מפני נפש במעשה דשב״ב ולא בהוציא ראשו, משום דבמעשה דשב״ב ״אפילו לא מסרוהו היה נהרג מיד כשיתפשנה יואב והן נהרגין עמו, אבל אם היה הוא ניצול אע״פ שהן נהרגין לא היו רשאין למסרו כדי להציל עצמן, אי נמי משום דמורד במלכות היה״ עכ״ל.

(ו) הרמב״ם יסודי התורה [ה׳:ה׳] פסק כר״ל לגבי ר׳ יוחנן וז״ל ״אם היה מחייב מיתה כשב״ב יתנו אותו להם ואין מורין להם כן לכתחילה ואם אינו חייב מיתה יהרגו כולן ואל ימסרו להם נפש אחת מישראל. ובכסף משנה מקשה מדוע פסק כר״ל לגבי ר׳ יוחנן ומתרץ ב׳ תירוצים דחוקים מאוד א) דספק נפשות להקל ולא ימסרוהו בידים בעד העכו״ם ב) כיון דהירושלמי והתוספתא מדמין ענין זה לשבע בן בכרי ושם כתוב בקרא ״נשא יד במלך בדוד״ הרי בפירוש דעיקר הוא שהיה חייב מיתה משום מורד במלכות בית דוד.

הב״ח ביו״ד קנ״ז פירוש דאפילו להרמב״ם אם חייב מיתה ולא אמרו בפירוש שיהרגו אותו אלא בסתם שאלה דאפשר דלא באו להרגו, יכולין למסרו, ואין עובר בזה על משנת חסידים.

וג׳ חלוקים בדבר א) אם חייב מיתה בדין תורה כשב״ב מורין לכתחילה שימסרו אותו ב) אם אינו ח״מ בדין תורה אלא בדיניהם ושאלו להרגו לאו משנת חסידים הוא ואין מורין כך לכתחילה, ג) אם שאלוהו סתם ולא נודע אם דעתם להורגו אם לאו, אם חייב בדיניהם שימסרוהו להם, יכולין למסרו להן ומורין להן ומורין כך לכתחילה.

וא״כ לתירוץ ראשון ברש״י דאם שתיהן היו מתות בלי הניתוח אז מותר להרוג האחת להציל השניה ודאי בנ״ד כן צריכין לעשות כמו שהורה מו״ח וצוק״ל, אבל לתירוץ השני ברש״י, וכן פסק הרמב״ם דבלי חיוב מיתה אין למוסרו, הרי האחות השניה לא עשתה כלום שתהא חייבת מיתה ואיך אפשר להורגה בידים כדי להציל אחותה?

וכן הרמ״א [ביו״ד קנ״ז] מביא פסקו של הרמב״ם כ״יש אומרים״ דאין למסרו אא״כ חייב מיתה כשב״ב ומשמע דכן צריכין לפסוק.

(ז) אבל נלענ״ד דאפשר לדמות מה שהקב״ה יחדה למיתה כחייב מיתה

קיח / לתורה והוראה בית הרב

בדין, שהרי האחות השניה א״א לה לחיות בין עם הניתוח בין בלי הניתוח שכך נגזרה מן השמים שתאום זה תמות ואין עוזר לה, סברא זו מבוססת על מה שמצאתי בהיד רמ״ה [סנהדרין ע״ב:] וז״ל ומילתא צריכא עיונא דהא הכא גבי עובר [באשה המקשה לילד] דכתנו לנו פלוני או פלונית דמי, וקתני שאין דוחין נפש מפני נפש, ואיכא למימר דשאני הכא דאפשר דמיתציל העובר וצ״ע עכ״ל, אבל אם אי אפשר דמיתציל העובר אז באמת הוי כיחדו למיתה דמי שא״א לחיות לפי הבנתינו בחוקי הטבע והמדע הרפואי הוי כנגמר דינו ע״י ב״ד של מעלה למיתה. והנה להתאום בעלת מומין פנימיים אין שום אפשרות שתשאר בחיים יותר מכמה שבועות, א״כ הוי כיחדה למיתה וחייבת מיתה, דמותר לכתחילה למסורה כדי להציל אחותה.

הרב יעקב אפרים הלוי ליוואוויץ
ירושלים עיה״ק

בענין שנים שעשו

במס׳ שבת דף צ״ב ע״ב במתני׳ המוציא ככר לרשות הרבים חייב, הוציאוהו שנים פטורין, לא יכול אחד להוציאו והוציאוהו שנים חייבין וכו׳. וברש״י כדילפינן בעשותה יחיד ולא שנים. בגמ׳ מבואר דמתני׳ ר׳ יהודה היא ושיטתו היא דזה יכול וזה יכול פטורים וזה אינו יכול וזה אינו יכול חייבים. ופירש רש״י דלר״י פטור דלאו אורחי׳ בהכי וזה אינו יכול וזה אינו יכול דאורחייהו להוציא בשנים דהא ס״ל לר״י כר״מ דחייב יעו״ש.

וצ״ב מהו הפירוש דלאו אורחי׳, הרי לא שייך כאן הפטור שלא הוציא כדרך המוציאין כגון פיה למטה וכו׳ דהרי בהוציא בשותפות מעשה ההוצאה הי׳ כדרך ממש, והפטור הוא רק משום ד״בעשותה״ יחיד ולא שנים. [וגם א״א לומר דהחסרון הוא משום מלאכת מחשבת, דהא בפסחים פ״ה ע״ב פירש״י בד״ה דעבד לי׳ וכו׳ דהכתוב בעשותה קאי על כל חייבי חטאת ומלאכת מחשבת הוא פטור רק בשבת, ודו״ק] ולקמן בדף צ״ג ע״א